Ingomar Pust

Tragödie der Tapferkeit

Ingomar Pust

Tragödie der Tapferkeit

Österreicher als Soldaten im Zweiten Weltkrieg

Mit 33 Abbildungen

Amalthea

Titel der 1. und 2. Auflage 1988/89:
Österreicher im Feuer
Tragödie der Tapferkeit

Umschlag: Wolfgang Heinzel
Herstellung: VerlagsService Dr. Helmut Neuberger
& Karl Schaumann GmbH, Heimstetten
Druck und Bindung: Wiener Verlag, Himberg bei Wien
Printed in Austria 1992
ISBN 3-85002-330-3

Inhalt

Vorwort zur 3. Auflage

800000 Österreicher standen im Laufe des Zweiten Weltkrieges in der Deutschen Wehrmacht unter Waffen. 170000 wurden verwundet, 300000 fielen oder blieben vermißt.
Auch jene, die Hitler nicht wollten, gehörten einem Deutschland an, dem sich schon die Gründer der Republik Österreich zugehörig fühlten. In Punkt 1 der Verfassung von 1918 hieß es: „Österreich ist ein Teil der Deutschen Republik."
Hunderttausende Österreicher waren nach dem „Anschluß" als deutsche Staatsangehörige, die sie durch Kollektiveinbürgerung geworden waren, unfreiwillig Soldaten im Zweiten Weltkrieg. In allen österreichischen Orten erinnern Mahnzeichen an die Opfer dieses Krieges.
Unter den Zurückgekehrten finden sich viele Menschen, die im Österreich der Zweiten Republik eine herausragende Rolle gespielt haben. Sie haben in den Reihen der Deutschen Wehrmacht die Lasten des unheilvollen Krieges getragen, prominente Österreicher wie Rudolf Kirchschläger, Georg Prader, Stephan Koren, Otto Rösch, Otto Scrinzi, die Soldaten gewesen sind und für die Zweite Republik Außerordentliches geleistet haben.
Dieses Buch gibt einen Eindruck von den Erlebnissen der „namenlosen" Österreicher, die in der Deutschen Wehrmacht und in der Waffen-SS den Krieg erlebten. Ihre Erfahrungsberichte sind mehr als eine abstrakte Beschreibung des Kriegsgeschehens.
Der Autor ist sich wohl bewußt, daß jene, die nicht an der Front waren, dem Bombenhagel der Luftflotten Amerikas und Englands ausgesetzt waren. Deren Kommandierenden setzt man auch 1992 noch Denkmäler, zuletzt in London jenem Mann, der Tod und Vernichtung über Flüchtlinge in Dresden brachte. Sie

sind verantwortlich für den Tod Hunderttausender, für die Vernichtung deutscher und österreichischer Städte zu einer Zeit, da diese Opfer strategisch nicht mehr erforderlich waren.
Der Autor ist sich bewußt, daß alle jene, die durch die Todesmühlen des Hitlerschen Regimes gegangen sind, ihr Opfer für die Freiheit gebracht haben.
Hier wird des Soldaten gedacht. Dem „Modernen", der der Wehleidigkeit größeres Gewicht beimißt als dem Leiden und dem Schmerz, wird in diesem Buch gezeigt, was österreichische Soldaten ertragen mußten. Die Soldaten, die in diesem Buch zu Worte kommen, haben Schweres durchlebt. Sie konnten berichten, was sie ertragen mußten. Keine Phantasie aber kann sich ausmalen, welche Qualen jene erlitten, die einsam und verlassen sterben mußten. Denn Tote machen keine Meldung. Ihrem Andenken gilt dieses Buch.

„Wahnsinnsunternehmen" Narvik

Wir wissen heute, daß durch einen seltsamen Zufall am selben Tag, am 14. Dezember 1939, hüben und drüben, in London und Berlin, an die Führungsstäbe die Weisung ausgegeben wurde, Pläne für eine Invasion in Norwegen auszuarbeiten.

In der Deutschen Wehrmacht geriet das Planen in die Mühle rivalisierender Wehrmachtsteile, und so wurde es Ende März 1940, bis die Pläne soweit gediehen waren, daß die „Unternehmung Weserübung" reif für den Startschuß war.

Oberst Wilhelm Weiß, erst vor einigen Jahren in Innsbruck verstorben und damals Kommandeur des Gebirgsjägerregimentes 138, berichtet, daß die Kommandeure des Unternehmens am 1. April 1940 zu Hitler in die Reichskanzlei befohlen wurden, wo sie ihm ihre Detaileinsatzpläne vortragen mußten.

Aber auch die Briten waren längst bereit zum Sprung. Sie wußten durch ihren Geheimdienst alle Einzelheiten der deutschen Vorbereitung für das „Unternehmen Weserübung".

Ja, mehr noch! Die Zerstörer der deutschen Kampfgruppe Narvik wurden schon bei Hellwerden am 7. April von britischen Aufklärern entdeckt. Britische Bomber griffen sie an. Das hätte die Briten alarmieren müssen.

Es gehört zu den Rätseln der Kriegsgeschichte, daß die britische Führung nicht reagierte.

Lieber tot als seekrank

Das Gebirgsjägerregiment 139, das zum größten Teil aus Kärntnern bestand, lag im März 1940 am Westwall an der

Eifel. Seit dem Polenfeldzug im September 1939 war der Krieg im Gange, aber die Riesenheere lagen sich untätig und lauernd gegenüber. Die Waffen schwiegen.

Inmitten dieser trügerischen Ruhe wurde das Regiment Anfang März an der Eifel alarmiert, verladen und in den Raum Berlin transportiert.

Irgendwas lag in der Luft: etwas Unheimliches. Aber niemand wußte was: auch die Offiziere nicht. Sie wußten ihr Ziel auch nicht, als es am 6. April 1940 nach Bremerhaven ging. Dort lagen die grauen Wölfe der See, die Zerstörer, am Kai. Ihre Bäuche schluckten die Gebirgsjäger.

Eine unwahrscheinliche Enge herrschte auf den Schiffen, von denen jedes 350 Mann Besatzung hatte. Nun wurden aber in jedes Schiff auch noch 200 Gebirgsjäger gepreßt.

Es war das erstemal in der Kriegsgeschichte, daß Kampftruppen der Infanterie auf Kriegsschiffen befördert wurden. Bisher dachte man, das könnte nur mit Transportschiffen geschehen.

Als die Zerstörer in dunkler Nacht vom 6. auf den 7. April die Anker lichteten, wußten die Kärntner und die Steirer noch immer nicht, wozu das Schicksal sie bestimmt hatte. Erst auf hoher See erfuhren sie es: Sie waren zu einem der tollkühnsten Unternehmen der Geschichte auserwählt. Sie sollten ungeachtet der britischen Bomber, Kreuzer, U-Boote und Zerstörer 2000 km weit über den Polarkreis vorstoßen und dort den Erzhafen Narvik erobern. Uns allen dünkte, sagten die Teilnehmer: „Das war ein Himmelfahrtskommando."

„Wir waren 45 Stunden seekrank", berichtet Landtagsabgeordneter a. D. Walter Fritz, damals Gebirgsjägerleutnant. Mit 200 Kameraden auf dem Zerstörer „D. Thiele" zusammengequetscht. „Wir lagen bewegungsunfähig auf den Gängen umher und auch in den Kojen."

Das Schlimmste an dem Unternehmen war diese Überfahrt. Ausnahmslos sagen das alle, die überlebten. „Wir wären am liebsten gestorben", sagt Walter Fritz mit einem Nachdruck in der Stimme, der erkennen läßt, wie tief sich dieses Erlebnis in die Erinnerung eingekerbt hat.

„Wir waren apathisch und sehnten ein Ende herbei: Eine Wasserbombe oder eine Bombe aus der Luft. Lieber sterben, als diese Qual in diesem stählernen Gefängnis zu ertragen, das die Wucht der Wogen hin und her warf."

Die langen schmalen Boote, die bis zum Bersten mit Menschen vollgepfropft waren, schossen immer wieder tief in die finsteren Abgründe der Wellentäler und wurden wieder hochgeschleudert. Die Seeleute sagten später, die Boote hätten bis zu 50 Grad übergekrängt. Eiserne Reelingstützen und Stahlrohre wurden von der unheimlichen Wucht der gewaltigen, tobenden Wassermassen wie Streichhölzer geknickt. Was an Deck lag, und war es noch so sicher festgezurrt, flog, von den aufgepeitschten Wellen weggerissen, über Bord. Die Wellen spülten die Motorräder, die Infanteriegeschütze, ja sogar die Wasserbomben vom Deck. Die gewaltigen Brecher verschlangen immer wieder den Zerstörer, und die Gebirgsjäger in den Kojen flogen krachend von einer Wand zur anderen.

Da und dort gingen beim Einsetzen des Sturmes auch Gebirgsjäger über Bord. Einer von ihnen überlebte. Ein Oberjäger im Zuge von Walter Fritz. „Die Woge spülte ihn beim Bug vom Schiff herunter, und eine andere schleuderte ihn beim Heck wieder auf Deck. Manchmal ritt der Zerstörer auf zwei Wellenbergen", berichtet Fritz. „Der Bug lag auf einem, das Heck auf der anderen. Dann spürten wir im Schiff förmlich, wie es über dem Wellental durchzusacken drohte".

„Als wir am 9. April im Morgengrauen in den Hafen von Narvik einliefen, raubte uns die Dämmerung und das Schneetreiben die Sicht. Auf Booten, die von den im Hafen liegenden deutschen Schiffen herangebracht wurden, erreichten wir die Mole. Hinter uns im Dunkeln zerrissen Detonationen die Stille. Das war die Vernichtung der norwegischen Panzerschiffe.

Aber das wußten wir damals nicht. Wir sahen die Silhouetten der norwegischen Maschinengewehre vor uns auf der Mole. Aber sie feuerten nicht. Ihre Bedienung war offenbar unentschlossen. Waren das Briten, die da an Land turnten? Waren es Deutsche? Auf Briten sollte nicht geschossen werden, hatte es in ihren Befehlen geheißen. In diesem verdammten Dunkel war auch nichts zu erkennen. Aber diese mangelnde Sicht rettete uns das Leben", erinnert sich Walter Fritz. „Ohne Schneesturm wären wir gar nicht nach Narvik gekommen. Die Briten hätten uns längst in Grund gebohrt.

Im Hafen bildete ich mit den ersten gelandeten Männern einen Stützpunkt, um das Anlanden der anderen zu sichern. Durch Schneegestöber und fast menschenleere Straßen strebte ich dann im gesicherten Marsch dem Ziel zu, das mir während der Überfahrt anhand einer primitiven Skizze als Feuerstellung meines schweren Maschinengewehrzuges zugewiesen wurde: Den Oscarberg über der Stadt. Dort sollte ich den landenden Kompanien Feuerschutz geben. Wir erreichten den Oscarberg bald. Aber ein Schußfeld gab es dort nicht. Die Stellung war völlig ungeeignet. Wir nisteten uns deshalb in einiger Entfernung in der Nähe des Berghotels Fjellheim ein. Dort lag das Hafenbecken und die Stadt wie ausgebreitet unter uns."

Geradezu dramatisch war die kampflose Besetzung von Narvik. Es gibt in Kärnten einen Augenzeugen für die ersten Begegnungen Dietls mit norwegischen Offizieren. Der ehemalige Oberst des Bundesheeres Hans Rohr, der sich in Narvik das Ritterkreuz erworben hatte und heute in Paternion im Ruhestand lebt.

Rohr hatte mit Dietl auf dem Flaggschiff der Zerstörerflotte, der „Heidkamp", die Sturmfahrt nach Narvik mitgemacht. Die „Heidkamp" wurde dann später als erster Zerstörer das Opfer der britischen Übermacht. Sie sank noch am Tag der Landung nach erbitterter Gegenwehr im Hafen von Narvik und mit ihr ging auch Korvettenkapitän Bonte unter, der am 9. April, nach der geglückten Landung, Dietl eingeladen hatte, er möge noch eine Nacht auf dem Zerstörer verbringen, bis sein Stabsquartier im Hotel Royal eingerichtet sei. Aber Dietl hatte dankend abgelehnt und war damit dem nassen Tod im Hafen entronnen.

„Ich hatte mit meinem Zug auf der Überfahrt den Befehl erhalten, nach der Landung sofort in die Stadt vorzudringen und den norwegischen Stadtkommandanten zu verhaften", berichtet Oberst Rohr. „Allerdings hatte mir niemand sagen können, wo ich diesen Stadtkommandanten eigentlich finden könnte. Ich hatte keine Ahnung.

Natürlich hatten wir keine Karten. Für Norwegen hatte der deutsche Generalstab nie Unterlagen gehabt. Narvik lag 2000 Kilometer von der deutschen Grenze entfernt. Als Information für Planung und Befehlsgebung diente dem deutschen Generalstab der Baedeker und andere Reise- bzw. Fremdenverkehrsprospekte.

Als unser Zerstörer bei dichtem Schneetreiben in den Hafen einlief, baute sich vor uns plötzlich eine dunkle Masse auf. Das norwegische Panzerschiff ‚Eisvogel'. Ihre 21 schweren Kanonen waren auf uns gerichtet. Das Panzerschiff war keine 150 Meter von uns entfernt.

Jetzt wechselten die Schiffe Blinksignale, dann sauste von der „Heidkamp" eine Barkasse mit einem deutschen Marineoffizier zum norwegischen Panzerschiff hinüber, um mit dessen Kapitän über eine kampflose Übergabe zu verhandeln.

Nach einiger Zeit stieß das Boot vom norwegischen Panzerschiff wieder ab, es nahm schon Kurs zu uns. Dann aber wurde es vom Norweger wieder zurückgerufen. Es gab einen neuen Wortwechsel. Dann flammte aus der deutschen Barkasse eine rote Leuchtrakete hoch. In jagender Fahrt kam die Barkasse zurück. Wir wußten, das Signal bedeutet: Es muß gekämpft werden.

Ich lief mittschiffs zur Reeling, und schon sah ich, wie die stählernen Haie, die Torpedos, ins Wasser glitten und mit ihrer Blasenspur dem Panzerschiff zustrebten. Werden jetzt die 21-cm-Geschütze der Norweger losbrüllen und unseren ungepanzerten Zerstörer mit 350 Matrosen und 200 Gebirgsjägern an Bord zerfetzen?

Aber der Norweger hatte schon zu lange gezögert. Einer furchtbaren Detonation folgte eine Feuergarbe, und dann flogen Trümmer durch die Luft. Die Torpedos hatten getroffen.

Als wir Kurs zum Hafen nahmen, war auch dort inzwischen das zweite norwegische Panzerschiff torpediert worden. Überall im Hafen trieben die Schiffbrüchigen im eisigen Wasser. Mit dem ‚Eisvogel' fanden 350 norwegische Seeleute den Tod.

Mit dem ersten Boot fuhr Dietl mit uns an Land.

Ich sah einen norwegischen Offizier am Ufer stehen. Dietl ging auf ihn zu und sagte: ‚Ich grüße die norwegische Armee', gleichzeitig streckte er dem Norweger die Hand hin. Der Norweger sah maßlos verdutzt drein. Er war so verwirrt, daß er die Hand des deutschen Generals nicht ausschlug."

Dietl fuhr mit Taxi in die „City"

An jenem stürmischen Morgen des 9. April 1940 herrschte heillose Verwirrung im Hafen von Narvik. Niemand hatte das Auftauchen von deutschen Kriegsschiffen für möglich gehalten. Was da aus dem Schneetreiben auftauchte, das konnten nur Briten sein. Und so geschah es, daß britische Seeleute von den Handelsschiffen den deutschen Zerstörern zuwinkten. Ein deutscher Handelsschiffskapitän versenkte beim Einlaufen der Zerstörer sofort sein Schiff, in der Annahme, die Briten seien da. Auch später noch an diesem Morgen wurden die Gebirgsjäger immer wieder in Narvik von den Zivilisten gefragt: „Sind Sie Engländer?" Stattdessen marschierten überall durch die Stadt mit ihren 10000 Einwohnern die kampfbereiten Trupps der Gebirgsjäger.

Oberst Hans Rohr erinnert sich: Wir sprangen am Hafen in ein Taxi und befahlen: ,,In die Stadt." Mehr wurde nicht gesagt. Wohin, wußten wir ja selber nicht. Ich wußte nur meinen Auftrag: den Stadtkommandanten verhaften. Es hat kein Zaudern und Überlegen gegeben. Der MG-Schütze stieg hinten ein, ich saß neben dem Taxifahrer. Vor uns fuhr Dietl.

An der Brücke über der Erzbahn, schon mitten in der Stadt, hielt uns plötzlich ein norwegischer Offizier auf. ,,Halt! Sie können nicht weiter!" – ,,Wer sagt das", fragte Dietl. ,,Der Oberst dort", antwortete der Norweger und wies auf eine Gruppe von Offizieren, die mitten auf der Straße standen.

,,Wir sprangen alle aus den Autos. Jenseits der Brücke überall norwegische Soldaten, gefechtsbereit adjustiert, aber offenbar unentschlossen, ratlos, auf Befehle wartend.

Sofort brachten wir unser MG in Stellung. Vor uns auf der Straße stand der Haufen Offiziere und Zivilisten. Wir gingen sofort darauf zu. Aus der Gruppe löste sich die Gestalt des Obersten Sundlo, des Stadtkommandanten, in seiner schlichten Felduniform.

Ihm gegenüber Dietl in friedensmäßiger Generalsuniform, aufgeputzt wie ein Christbaum", fügt Rohr lächelnd hinzu. ,,Der General stellte sich, Hand an der Mütze, regelrecht vor und sagte dann auf deutsch: ,Ich begrüße die norwegische Armee. Ich habe Auftrag, mit Ihnen gemeinsam Narvik gegen die Briten zu verteidigen, Eana Kenig', sagte er ins Bayrische verfallend, ,weiß schon davon.'"

,,Das stimmte sogar. Der norwegische König wußte damals wirklich von dem Auftrag, aber er war damit nicht einverstanden", lächelt Oberst Rohr.

,,Der norwegische Oberst erbat sich Bedenkzeit. Dietl

war nur zu fünf Minuten bereit und sagte offen: ‚Ich muß die Situation ausnützen. Wenn es zu einem Blutvergießen kommt, tragen Sie dafür die Verantwortung.'

Der Norweger ging, in drei Minuten war er wieder da und fragte allen Ernstes: ‚Wie stark sind Sie denn eigentlich?' Dietl antwortete: ‚Ich bin mit meiner Gebirgsdivision da.'

Sundlo ging wieder zu seinen Leuten zurück. Nach kurzer Beratung kam er wieder und sagte in hartem Deutsch: ‚Sosehr es gegen meine Offiziersehre geht, ich muß der Gewalt weichen.' Man kam dann überein, daß die Reservisten entlassen und heimgeschickt werden sollten. Man werde Verbindungsoffiziere austauschen.

Das war also gut gegangen.

Mein erster Auftrag war erfüllt, ich suchte nun den Weg zum Lazarett, das ich befehlsgemäß ebenfalls zu besetzen hatte. Es lag auf beherrschender Höhe. Dort wurden pausenlos Seeleute der versenkten Schiffe eingeliefert. Norwegische Schwestern reichten uns mit finsteren Gesichtern Tee.

Das war gegen 9 Uhr. Eine Stunde später sah ich aus einem Fenster zufällig im großen Hof der unter uns liegenden Schule, wie sich ein ganzes norwegisches Bataillon sammelte.

Die Norweger traten schließlich wie auf dem Exerzierplatz an, und mit ihren geschulterten Skiern zogen sie ab.

Erst später erfuhr man, was geschehen war. Während Oberst Sundlo General Dietl auf offener Straße die Übergabe der Stadt mitgeteilt hatte, war ein norwegischer Major, der zum Widerstand um jeden Preis bereit war, in die Kasernen geeilt und hatte alle verfügbaren Soldaten alarmiert. Sie wurden später unsere ernsten Gegner."

Während die Gebirgsjäger in Narvik ungehindert an Land gehen konnten, schlug ihnen in den Buchten des Trondheimer Fjords das Feuer einer sich zum Teil heftig wehrenden Küstenverteidigung entgegen.

„An Land gewannen wir aber rasch Raum“, erinnert sich General Anton Holzinger, damals Kommandant einer Gebirgsjägereinheit, der nach den Kämpfen in Mittelnorwegen das Ritterkreuz erhielt.

„Im raschen Vorgehen eroberten wir die Forts Hysnes und Brettinger, die nach Granatwerferbeschuß schließlich die weiße Flagge zeigten. Im Habtachtschritt kam ein norwegischer Offizier auf mich zu“, erzählt der General, „wir salutierten beide. In deutscher Sprache sagte der norwegische Hauptmann: ‚Ich habe die Ehre, Ihnen im Namen meines Kommandanten die Kapitulation anzubieten.‘

Im Fort hißten wir dann die deutsche Flagge und über Ersuchen der Norweger auch die norwegische, während die Besatzung und die Gebirgsjäger die Ehrenbezeigung leisteten. Es war wie im Bilderbuch, wie im soldatischen Ehrenkodex einer längst versunkenen, ritterlichen Zeit.“

Trondheim, das nicht verdunkelt war, wurde im Morgengrauen des 9. April besetzt. Als die Bevölkerung erwachte, waren die wichtigsten Punkte der Stadt bereits in deutscher Hand. An den Wänden klebten bereits die deutschen Aufrufe. Oberst Weiß erschien mit Begleitung im Geschäftszimmer des norwegischen Divisionskommandos, wo sich dann auch bald Behördenvertreter einfanden, die loyale Zusammenarbeit versprachen.

Nicht überall ging alles so glatt. Es gab vielerorts Widerstand und Verluste. Teile des norwegischen Heeres kapitulierten nicht, sondern kämpften weiter, Briten und Franzosen landeten dann kurze Zeit später im Süden und Norden Trondheims. Es waren die Truppen des alliierten Landungskorps, denen Hitler um 10 Stunden zuvorgekommen war.

Eine schwere Krise entstand. Die Gebirgsjäger behielten trotz verworrener Lage auch in Mittelnorwegen die Oberhand.

Es ging alles nach Plan. Aber was ganz und gar nicht nach

Plan gegangen war, das war der Nachschub. Alles, aber auch schon alles, was an Transportschiffen nach Narvik in Marsch gesetzt worden war, landete auf dem Meeresgrund. Die Artillerie, die Verpflegung, die Gebirgsausrüstung, die Munition, die Feldküchen, die Tragtiere, die Decken. –

Und dann das Gelände dazu. Ein unbesiedeltes, gletscherbedecktes Gebirge, das im Hinblick auf die Anforderungen an den Menschen unseren Dreitausendern entspricht. Meterhoch Schnee. Granit. Sogar um Tote einzugraben, brauchte man Dynamit.

Und zu allem: Von Deutschland 2000 Kilometer entfernt und völlig abgeschnitten. Nachschub unmöglich.

Daß die abgeschnittene, ihrer Ausrüstung und Bewaffnung nach zur wirksamen Verteidigung vollkommen ungeeignete Truppe standhalten könnte, glaubte niemand, auch Hitler nicht. Er stellte es Dietl sofort frei, sich in Schweden internieren zu lassen.

„Es ist unvorstellbar, was wir damals bei den Kämpfen im tiefverschneiten norwegischen Gebirge ausgehalten haben", erinnert sich Dr. Kerstnig, Abgeordneter zum Nationalrat, damals Gefreiter im Gebirgsjägerregiment 139. „Keine Winterbekleidung, keine Unterkünfte, kein Holz. Wenn es hoch ging, gab es dann und wann ein Feuer aus Zwergbirkenholz. Nach heutigen Vorstellungen hätten wir alle umkommen müssen. Wir aber wurden nicht einmal krank."

„Aus kürzester Entfernung sah ich nach der Landung in Bjerkvik zu", erzählt Dr. Kerstnig, „wie ein waidwund geschossener deutscher Zerstörer in voller Fahrt dem Ufer zuschoß, um auf einem Riff zu zerschellen. Das schreckliche Krachen des Aufpralls ließ uns erschauern. Das Schiff brach mitten auseinander und sank sofort.

In den Tagen nach der Landung wurden wir auf dem Hartvig-See Zeugen, wie die ersten Ju 52 mit einer Gebirgsbatterie an Bord landeten. Drei Maschinen, die wegen der Wolkendecke unter 1000 m fliegen mußten, waren beim Anflug von britischer Schiffsflak abgeschossen worden. Elf Maschinen aber landeten mit dem letzten Tropfen Benzin auf dem zugefrorenen Hartvig-See. 10 machten dabei Bruch. Im Frühjahr soffen sie ab."

Die Fjorde, die wie Finger einer Hand ins Gebirge greifen, ermöglichten es den britischen Kriegsschiffen, ganz nahe an die deutschen Stellungen heranzukommen. Sie hatten dabei nichts zu befürchten, denn die Kämpfer von Narvik besaßen keine Artillerie, die war bei der Sturmfahrt in Grund geschossen worden.

Es war also für die Briten ein Einsatz ohne Risiko. Die britischen Zerstörer schossen auf jeden einzelnen Mann. Nur auf einen schossen sie nicht. Auf den Gefreiten Herbert Oberberger aus Klagenfurt. Und das ist eine rätselhafte Geschichte, die er zu erzählen hat.

Der Melder Herbert Oberberger hatte im Mai 1940 mit einem Pferdeschlitten einen Verwundeten zum Lazarett zu bringen, das in der Nähe von Bjerkvik in einem Schuppen untergebracht war.

Chefarzt war dort Dr. Fehringer aus Klagenfurt.

Auf der Rückfahrt geschah es dann.

„Ich fuhr gemächlich die Küstenstraße entlang, bog dann nach Norden und wendete mich dann wieder den Höhen von Bjerkvik zu.

Auf einmal schrien aufgeregte Landser unserer Küstenfeldwache hinter ihren Schneewällen mir zu: ‚Mensch, scher dich zum Teufel, fahr doch zu.' Komische Leute, dachte ich, und fragte, ja warum denn. ‚Schau doch um', rief der Posten.

Und da sah ich das Schreckliche. Keine 150 Meter entfernt, an der Landungsbrücke, lag der britische Zerstörer. Die Breitseite mit seinen riesigen Kanonenrohren in ihrer ganzen furchtbaren Drohung mir zugekehrt. Ich sah die Rohre von 12 Kanonen. Die Mündungen der Vierlingsgeschütze und der

Maschinengewehre. Eine schönere Zielscheibe gab es noch nie. Einen Schlitten, ein Pferd und einen Gebirgsjäger in voller Uniform.

An Deck standen die Briten und sahen mit Ferngläsern auf mich. Ich versuchte verzweifelt, das Pferd in Trab oder Galopp zu bringen, aber der Norwegergaul, der erst seit drei Tagen in deutschen Diensten stand, verstand meine anfeuernden Schreie nicht. Er stapfte langsam und bedächtig, unbeeindruckt von meinem Schrecken, durch den Schnee.

Mir war zumute wie einem Delinquenten, auf den die Rohre des Hinrichtungskommandos gerichtet sind. Abspringen und davonlaufen? Sinnlos im tiefen Schnee. So blieb ich sitzen und wartete auf den harten Schlag im Rücken. Und gleich mir zogen die Männer der Feldwache wahrscheinlich die Köpfe ein und warteten auf den ersten Kanonenschuß oder die tödliche Garbe aus einem Vierlingsgeschütz.

Aber es fiel kein Schuß. Kein einziger Schuß. Eine Ewigkeit verging, bis ich ein Haus erreichte und der Sicht der Richtkanoniere entzogen war.

Warum hatten die Briten nicht geschossen? Wollten sie, die Pferdeliebhaber, das schöne kleine Norwegerpferd schonen? Die Frage könnte nur der britische Kommandant beantworten, und der ist sicher schon lange tot.“

Gebirgsjäger, die vom Himmel fielen

Die Lage der Gruppe Narvik schien hoffnungslos. Keine Artillerie, keine Luftwaffenunterstützung, und der britischen Marine stand der Weg nach Narvik ungehindert offen.

Aber es dauerte dennoch fast 14 Tage, bis die Briten und Polen im Süden von Narvik bei Ankenes landeten.

Am 12. Mai marschierten im Ofortfjord französische Kriegsschiffe auf, 100 schwerste Schiffskanonen, 120 Flakgeschütze, 100 Maschinengewehre überschütteten die dünnen deutschen Stellungen mit einem vernichtenden Eisenhagel, der mit fürchterlicher Wucht vor allem die im Erdkampf unerfahrenen Küstensicherungen der Marineeinheiten erschlug.

Es begann ein konzentrierter Versuch von Briten, Franzosen, Polen und Norwegern, die drei deutschen Gebirgsjägerbataillone von Westen, Süden und Norden einzukesseln und zu vernichten.

„Die Angriffe kamen eigentlich nie überraschend", erinnert sich Obstl. Pristan, damals Unteroffizier im Stab von Major Haussels, der mit seinem Bataillon Narvik-Stadt besetzt hielt. „Der Sender von Tromsö, der auch Sitz der norwegischen Exilregierung war, warnte die Bevölkerung Narviks, und aus diesen Warnungen konnte man schließen, daß eine Aktion bevorstand. Andererseits aber wußten auch die Briten alles, was bei uns vorging. Die Norweger hielten die Augen offen und funkten zu den Briten jede kleinste Information."

Die folgenden Wochen waren für die Gebirgsjäger entsetzlich hart und verlustreich. An der 40 Kilometer langen, aber unzusammenhängenden Gebirgsfront standen den 2000 Gebirgsjägern, die von etwa 3000 unausgebildeten Matrosen unterstützt wurden, über 24 000 Mann Elitetruppen der Alliierten gegenüber.

Es war der entschlossene Verteidigungswille der gut ausgebildeten, hart trainierten Gebirgsjäger und die Führungskunst eines Oberst Windisch, die sich jeder Umklammerung zu entziehen vermochten. Träger des Kampfes in dieser Bergwildnis nördlich von Narvik wurden kleine Gruppen entschlossener Männer, die in der arktischen Felswüste ohne schützendes Dach, ohne wärmendes Feuer und tagelang ohne Verpflegung auskommen mußten. Schutzlos waren sie in Fels und Schnee dem Polarwind preisgegeben!

Die Reihen der Kompanien schmolzen zusammen. Ersatz gab es nicht. Erst am 14. Mai sprangen zum erstenmal eigene

Fallschirmjäger ab. Es waren nur 66 Mann, ein Tropfen auf den heißen Stein. Aber immerhin, am 23. Mai gab es dann die nächste Überraschung: Zwei Kompanien Gebirgsjäger fielen vom Himmel. Es waren Tiroler und Salzburger. Lauter Freiwillige, die sich schon Ende April einer raschen dreiwöchigen Sprungausbildung unterzogen hatten, um den Kärntnern in Narvik Hilfe bringen zu können. Jeder hatte vorher zwei Probesprünge machen müssen. In der Tat hatten die Gebirgsjäger dann weniger Beinbrüche bei der Landung als die „gelernten" Fallschirmjäger.

Oberleutnant Erich Schwaiger, ein Salzburger, der Kommandant der einen Gebirgsjägerkompanie, die mit Fallschirmen gelandet war, fiel schon in den nächsten Tagen. Die Kompanie übernahm Leutnant Strachwitz, der spätere Ritterkreuzträger, der nach dem Krieg die Heimkehrer-Hilfs- und Betreuungsstellen aufzog.

Die Kompanie des mit Fallschirmen abgesprungenen Oberleutnants Hermann Rieger wurde bei der Verteidigung Narviks aufgerieben. Er selber wurde beim Versuch, durch die feindlichen Stellungen zu entkommen, von Franzosen gefangengenommen. Bei der Truppe glaubte man aber, daß er gefallen sei und meldete seinen Tod. Über England wurde er nach Brest gebracht und dort von deutschen Soldaten wieder befreit.

In Salzburg staunte man nicht schlecht, als der Totgeglaubte wieder auftauchte. Totgesagte leben lang. Rieger überstand den ganzen Krieg und lebt heute als Bundesheeroffizier des Ruhestandes in Salzburg.

Die Lage der erschöpften Narvikbataillone schien von Tag zu Tag hoffnungsloser zu werden. Mit dem Rücken an die schwedische Grenze angelehnt, hielt Windisch mit seinem Regiment eine halbkreisförmige Front von fast 40 km Länge.

Die Gruppe von Ernst Lexe (Baumeister in Villach), die auf vier Mann zusammengeschmolzen war, erhielt den Befehl, den Rückzug seines Bataillons zu decken. Er sollte so lange am Vorderhang ausharren, bis beim Bataillon eine Leuchtrakete mit Pfeifsignal abgeschossen würde. Drei Tage hatten die Männer schon nichts mehr gegessen. In ihren Schneelöchern kratzten sie Wacholdersträucher frei und kauten Zweige weich, bis die Zunge unerträglich zu brennen begann. Als das Signal zum Zurückgehen nach einigen Stunden kam, war es für die Gruppe zu spät. Lexe war mit einem Kameraden allein am Leben. Den ganzen Vormittag hatten sie im schwersten Granatwerferfeuer alle Angriffe der Norweger abgewehrt. Einmal sauste eine Mine mitten in das Schneeloch, in dem das MG in Stellung lag. Die Mine klatschte auf das Zeltblatt. Ein Wunder geschah. Sie explodierte nicht – Blindgänger. Da fiel auch Lexe durch einen Schuß ins Ellbogengelenk aus und der letzte Mann hatte keine Patrone mehr im Magazin.

„Es dauerte nicht lange und die Norweger faßten uns auch im Rücken“, sagt Lexe. „Es war aus. In der norwegischen Gefangenschaft wurde meine Verletzung, so gut es ging, versorgt. Wir bekamen zu essen, obwohl die Norweger selber nur dürftige Verpflegung hatten. Als wir zum norwegischen Stützpunkt kamen, wollten uns dort polnische Legionäre als Gefangene in Anspruch nehmen. Offenbar brauchten sie ‚Beute‘ oder Arbeitskräfte. Aber die Norweger lehnten entschieden ab.“

700 Kilometer freigeschossen

Während die Männer von Narvik, abgeschnitten von jeder Hilfe, sich mit dem Mut der Verzweiflung gegen Polen, Franzosen, Briten und Norweger wehrten, wurden in Mittelnorwegen alle Anstrengungen unternommen, um dem verlorenen Haufen in Narvik wenigstens auf dem Landweg Hilfe zu bringen.

Norwegische Berater und deutsche Alpinexperten hielten ein solches Unterfangen zunächst für aussichtslos.

Wohl führte von Drontheim aus eine schlechte Straße über

700 Kilometer bis zum Fischerdorf Sörfold. Aber sie führte durch wildzerklüftetes Bergland und sie war unzählige Male durch Schluchten und durch Fjorde unterbrochen.

Diese Straße mußte mit ihrem gefährlichen Gelände zu einer einzigen Todesfalle werden. Eine Handvoll mutiger Verteidiger konnte hier Bataillone vernichten.

Und wenn Sörfold wirklich erkämpft werden würde, dann wäre erst noch nichts erreicht. Denn dort ist die Welt zu Ende, dort baut sich dann zwischen dem Dorf und Narvik ein vergletschertes Massiv auf, das noch keines Menschen Fuß betreten hatte. 200 Kilometer weit Gletscher, Klüfte, Grate, 200 Kilometer weit über Gletscherbrüche und stürzende Wasser, unberührte Urwelt wie im Himalaja.

Aber die Expeditionen im Himalaja haben Zeit, sie können günstige Angriffszeiten wählen. Das Himmelfahrtskommando aber, das den vielsagenden Namen „Büffel" tragen sollte, stand unter ungeheuerem Zeitdruck.

Wenn die Hilfe für Narvik nicht zu spät kommen sollte, durfte man weder auf Wetter noch Schneeschmelze und faulen Schnee Rücksicht nehmen.

Es ging um jede Stunde. Allen Warnungen zum Trotz wurde das Unternehmen „Büffel" bis in alle Einzelheiten geplant.

Zunächst aber mußte sich die zweite Gebirgsdivision unter dem Befehl des beliebten Tiroler Generals Feurstein den Ausgangspunkt für dieses „Büffelunternehmen", das Fischerdorf Sörfold, erst erkämpfen. 700 km mußten in gebirgigem, unbesiedeltem Raum kämpfend überwunden werden.

Der Führer des Spitzenbataillons, das den Weg von Trondheim nach Norden freizukämpfen hatte, war Oberstleutnant August Sorko, ein Kärntner, dessen legendärer Ruf noch auf den ersten Weltkrieg zurückging.

Nichts konnte den Vormarsch aufhalten. Nach 28 Tagen, am 1. Juni 1940, hatte sich die Division den 700 Kilometer langen Weg nach Sörfold freigeschossen.

Offen und ehrlich bekannte Churchill: ,,Wir, die wir die Herrschaft zur See hatten und an jedem Punkt einer unverteidigten Küste zuschlagen konnten, wurden von einem Feind verdrängt, der auf dem Landweg gegen alle unerdenkbaren Hindernisse riesige Entfernungen zurücklegen mußte. In diesem norwegischen Kampf wurden unsere besten Truppen durch die Kraft, den Unternehmungsgeist und die Ausbildung von Hitlers jungen Leuten kaltgestellt."

,,Himmelfahrtskommando Büffel"

Nach dem Erreichen von Sörfeld sollte das Unternehmen ,,Büffel" einsetzen. 2000 Mann, die härtesten und besten Alpinisten der 2. Gebirgsdivision – fast durchwegs Salzburger und Tiroler –, sollten in drei Narvik-Bataillone gegliedert, ein vergletschertes Hochgebirge überwinden, das die Norweger für unpassierbar hielten.

Die größte Schwierigkeit bestand darin, daß Teile der Felsregion schon aper waren, so daß ein Skimarsch über die 200 Kilometer lange Strecke unmöglich war. Andererseits bildeten breite Bäche und Faulschneezonen immer neue Hindernisse. Lawinen donnerten überall.

Die Verpflegung der Truppe war nur aus der Luft möglich. Was aber, wenn Schneestürme oder auch nur Schlechtwetter den Einsatz der Luftwaffe unmöglich machte?

Wie sollte sich dann die Truppe orientieren? Die Magnetnadel spinnt da oben. Ist es das Nordlicht, ist es eisenhältiges Gestein? Auf den Kompaß war jedenfalls kein Verlaß.

Das Unternehmen lief gut an. Die Luftwaffenpiloten flogen auch bei Schlechtwetter und riskierten Kopf und Kragen. Schon beim ersten Anflug zerschellte eine Maschine an den Felsen. Später besserte sich aber das Wetter, die Alpinbataillone hatten sich schon bis auf 100 km an Narvik herangekämpft. Da kam am 9. Juni 1940 der Funkspruch: ,,Unternehmen ‚Büffel' abbrechen, Zug Gressel setzt Marsch nach Narvik fort."

Was war geschehen? Briten hatten Narvik geräumt. Die Narvikbataillone kehrten um. Fritz Gressel, heute bekannter Gast- und Forstwirt in Kötschach-Mauthen, erinnert sich. ,,Am 9. Juni 1940 um 16 Uhr brach ich mit 20 Mann zum Marsch nach Narvik auf. Schneelawinen donnerten nieder. Vor uns eine wilde, furchtbar zerrissene Mondlandschaft. Ein Wasserarm ging in den anderen über, jeder war mit einer Schneeschicht bedeckt, die auf hauchdünner Eisdecke lag. Immer wieder mußten wir unser Leben schmalen Schneebrücken anvertrauen, die sich über tiefe Wasserarme spannten. Langsam und vorsichtig schob sich der erste kriechend über den trügerischen Bau. Dann folgten, mit Rebschnüren gesichert, die anderen. Für eine Strecke von sieben Kilometern brauchten wir volle fünf Stunden. Ernste Schwierigkeiten bereiteten uns reißende Flüsse, deren Eisdecke bereits aufgetaut war. Wir suchten Furten. Nackt, die Waffen und den Rucksack hoch über den Köpfen, stiegen wir bis zu den Hüften in Eiswasser. Aber länger als zwei Minuten hielt es keiner aus. Schüttelfröste jagten uns. Nach drei Stunden erst fanden wir eine Furt, die uns einen Übergang ermöglichte. Schrecklich froren wir dann in dem Eiswasser, und um Haaresbreite wären zwei Mann ertrunken."

Ein ernstes Problem war die Orientierung. Ursprünglich hatte Gressel nur eine Karte 1:600000. Die hatte er sich von einem norwegischen Pfarrer ,,entliehen". Später erhielt er eine Karte 1:100000 von einem Pionieroffizier. Das war die Rettung für ihn. Sie gestattete wenigstens die Orientierung bei Tag.

Aber bei Tag konnte der Zug nicht marschieren. Da war der Schnee so weich, daß die Jäger bis zum Bauch einbrachen.

Also mußte man warten, bis der Schnee anzog und hart

wurde. Man marschierte nur bei Nacht. Da hätte der Leutnant natürlich seinen Kompaß gebraucht. Aber der spielte in der Nähe des Nordpols verrückt. So gut es ging, orientierte sich Gressel nach den Sternen.

Die Tücken des Geländes lagen in den Felsspalten, die vom Schnee zugeweht oder zugeschneit waren. Prompt stürzte der Jäger Ferdinand Gräf in eine Spalte. Er hatte unheimliches Glück und brach sich nur ein Bein. Aber auch das war in dieser Wildnis ein Problem. Denn der Zug mußte weiter.

Leutnant Gressel gab einem Sanitäter den Befehl, bei dem Verletzten zu bleiben. Aber der wollte nicht zurückbleiben. Also ließ Gressel das Los entscheiden. Alfons Klautzer aus Matrei verlor. Er schleppte Gräf mehrere Tage lang zurück, bis sie den ersten deutschen Stützpunkt erreichten. Von dort holte den Verletzten ein Flugboot ab.

Gefährlich war die Durchfurtung der vielen reißenden Flüsse und Seen. Bei der letzten Seenplatte vor dem Sjomenfjord wurde der Gebirgsjäger Gruber auserwählt, als erster die Furt durch den See zu durchwaten. Die Schuhe wurden dabei angelassen, um nicht am glitschigen Grund auszurutschen. Die Strömung schien an der Oberfläche sehr leicht. Aber das war eine Täuschung. Plötzlich riß ein gewaltiger Sog Grubers Beine vom Grund und spülte ihn fort. Er schien verloren. Durch reinen Zufall blieb er an einem Felsriff hängen, wo er sich so lange festhielt, bis die Kameraden ihn retten konnten.

Von diesem Zeitpunkt an überquerte man die Seen nur noch angeseilt. Als sich der Zug schon Narvik näherte, stieß er auf eine Gruppe norwegischer Soldaten, die bereits die Waffen weggeworfen hatten. Sie fürchteten schon, Gressel würde sie gefangennehmen. Aber der dachte gar nicht daran. Der Krieg mit Norwegen war ja aus.

Der schönste Augenblick für die „Büffelleute" war, als sie auf der letzten Höhe vor dem Sjomental vor Narvik das erste Mal nach 14 Tagen wieder grünes Land sahen.

Der erste deutsche Soldat, auf den sie stießen, war ein Kärntner: Oberjäger Hans Jaritz aus Klagenfurt. Er führte diese Seitensicherung der Narvikbesatzung. Dietl begrüßte persönlich den Zug, dessen Marsch im Wehrmachtsbericht rühmend Erwähnung fand.

12 von den 23 Angehörigen des Zuges überlebten den Krieg. Einer der Überlebenden hatte 1944 sogar das zerbombte Murmansk erlebt: Franz Kepplinger, der heute in den USA lebt. Er sah Murmansk, den „feuerspeienden Drachen", 1944 waffenlos, als Gefangener. Die anderen erreichten es nie.

Alle Zerstörer waren bei dem Unternehmen Narvik eine Beute der Übermacht geworden, denn die U-Boote, die die Zerstörer sichern sollten, fielen aus. Ihre Torpedos versagten wegen magnetischer Einflüsse. Das Norwegen-Abenteuer, das nach Churchill „an Wahnsinn grenzte", hatte der deutschen Marine drei Kreuzer und zehn Zerstörer gekostet. Es rettete England vor einer deutschen Invasion.

General Feurstein berichtet in seinen Memoiren, er habe Windisch, den Verteidiger von Narvik, nach den Kämpfen um Jahre gealtert vorgefunden. Tiefe Furchen hätten sein hageres Gesicht bedeckt. Er sei sich darüber klar gewesen, daß ohne die Führungsfehler auf alliierter Seite und ohne den Zusammenbruch der Alliierten in Frankreich das Schicksal der Gruppe Narvik nicht aufzuhalten gewesen wäre. Die Rettung kam im letzten Augenblick.

Im letzten Augenblick schossen auch die Schweden noch eine vollbesetzte Ju 52 mit Fallschirmjägern ab, die nur einige hundert Meter auf schwedisches Gebiet geraten war. Oberfeldwebel Hasse, der Pilot, gab seinen Fallschirm einem Jäger, dessen Schirm angekohlt war: Er selbst sprang ohne Fallschirm aus der brennenden Maschine; sein Körper zerschmetterte auf den Felsen. Die Schweden stellten seine Leiche dann auf bekränzter Bahre an die Grenze. Es waren die letzten Toten im Kampf um Narvik.

Sturm über Kreta

Narvik verdankt seine Berühmtheit dem Krieg. Kreta rühmt sich von alters her seiner Kultur.

Aber der Name klingt heute vielen Deutschen auch in einem anderen Zusammenhang im Ohr: Mit dem Opfergang der deutschen Fallschirmjäger und Gebirgsjäger im 2. Weltkrieg.

Über 5000 von ihnen liegen auf der Insel begraben oder sie ruhen auf dem Meeresgrund.

Der Polyglott „Kreta" erwähnt deutsche Soldatenfriedhöfe. Mehr wird von der jüngsten Geschichte nicht gesagt. Ein griechischer Führer berichtet über die Heldentaten der Kreter, die den Angriff bereits erwartet hatten, denn bei den Deutschen hatte die Geheimhaltung total versagt. Der Verfasser, der als Partisan gegen die Deutschen gekämpft hatte, schreibt:

„Die Schlacht um Kreta ist eine der stolzesten Seiten der langen, ruhmreichen, keltischen Geschichte. An diesem epischen Kampf nahm auf kretischer Seite die ganze Bevölkerung teil, also auch Zivilisten, Frauen und Kinder, die mit Messern, Jagdflinten und mit Stöcken und Sensen ihr Vaterland bis zum Tode verteidigten. Mit ihrem Heldentum schrieben sie sich unvergängliche Ruhmesblätter für alle Zeiten."

An das Heldentum der Deutschen erinnern Gräber und ein Denkmal. Sonst nichts.

Churchill schrieb über die erste große Luftlandeaktion der Kriegsgeschichte: „Niemals vorher und nachher wurde ein wagemutigerer, rücksichtsloserer Angriff in Szene gesetzt."

Der 20. Mai 1941 war ein Dienstag. Ein wolkenloser Himmel wölbte sich über dem Mittelmeer. Zuerst erschienen über der Insel die endlosen Ströme der Bomber, ihnen folgten die

Lastensegler. Sie sollten mitten in den Flakstellungen der Insel landen. Sie schwebten ins Verderben. Ebenso sprangen die nachfolgenden ersten Wellen der Fallschirmjäger in den Tod. Aber auf deutscher Seite waren über 30000 Mann bereit. Was fiel, das fiel.

Churchill bekannte: ,,Diese tapferen, großartig trainierten, unbedingt zuverlässigen Fallschirmjäger stellten die Blüte des deutschen Nachwuchses dar."

General d. R. von der Heydte, einer der prominentesten Fallschirmjägerkommandeure, führt die hohen Verluste auf einen Ausrüstungsmangel zurück. In seinem Buch ,,Muß ich sterben, will ich fallen", das im Vowinckel-Verlag erschien, schreibt er: ,,Die Fallschirmjäger sprangen ohne Waffen, sie mußten sich die Waffenbehälter waffenlos im Kugelregen erst suchen."

Die Fallschirmjäger, die da zu Tausenden in den 600 Maschinen gegen Kreta flogen, wußten nicht, was ihnen bevorstand. Nur die älteren von ihnen waren schon bei den Fallschirmunternehmungen am Albertkanal, gegen die Festung Holland und in Korinth dabeigewesen.

Aber das waren Aktionen, die die Gegner vollkommen überrascht hatten. Die Verluste waren deshalb verhältnismäßig gering.

Für die meisten jungen Freiwilligen, die nach einer ungeheuer harten Auslese jetzt in den Maschinen saßen, war es nach der Ausbildung der erste Sprungeinsatz gegen den Feind. Es war die Feuertaufe. Und keiner ahnte, was ihnen bevorstand, keiner ahnte, daß es diesmal keinen Überraschungserfolg gab, daß sie in die Hölle springen würden.

Einer von den wenigen, die damals am 20. Mai um 7.15 Uhr mit der allerersten Welle über Maleme absprangen und heute noch leben, ist der Salzburger Fleischhauermeister Walter Mayr aus Bruck an der Glocknerstraße.

,,Als die Insel vor uns lag", berichtet er, ,,drückte unsere Ju ungewöhnlich stark nach unten. Wir hechteten einer nach dem anderen aus der Maschine, die in diesen Augenblicken nur mehr etwa 80 m hoch war.

Sie mußte einen Treffer abbekommen haben. Möglicherweise hatte der Flugzeugführer etwas abbekommen, er muß die Maschine aber mit eiserner Energie in der Luft gehalten haben, bis der letzte von uns Fallschirmjägern aus der Maschine war. Dann stürzte die Ju mit ihrer Besatzung auf den Fels der Insel. Nach Tagen, als Maleme schon in unserem Besitz war, sahen wir die Trümmer unserer Maschine dort liegen.

Aber damals, als ich aus der Maschine sprang, wußte ich es nicht, daß sie im Abstürzen war. Ich hielt alles noch für normal, ich sah unten im Westen den Flugplatz, Buschwerk, Häuser, Hügel und wunderte mich über das Summen um mich herum. Es summte genauso, wie ich es vom Bienenstock kannte, vom Bienenstock am heimischen Hof.

Aber ich sah keine Bienen und konnte mir das Summen nicht erklären. Unten war nichts Beunruhigendes zu sehen. Aber es ging ja alles so schnell.

Erst nach der Landung, als wir die Toten sahen, wußte ich, was das unheimliche Summen war. Das waren die Geschosse, die mir um die Ohren gepfiffen hatten.

Nur ein Teil meiner Kompanie kam lebend zu Boden.

Ich kam ohne Sprungverletzung gut auf, etwa 20 Meter vor mir war ein anderer Kamerad zu Boden gekommen. Während ich mich vom Fallschirm befreite, sah ich unseren Gruppenführer schon in das nahe Olivenwäldchen feuern. Ich weiß seinen Namen nicht mehr, es war ein Württemberger. Er ist später gefallen. Er hatte bereits einen Waffenbehälter geleert und schoß nun stehend mit der MP in das Gebüsch. Plötzlich tauchten drei Zivilisten auf, sie warfen die Gewehre weg und hoben die Arme. Die Heckenschützen waren offenbar der moralischen Wirkung dieses ‚Sturmes der weißen Fallschirme' erlegen, die sie so wild beschossen hatten und die mit ihren

Schützen dennoch wie unverwundbar auf sie niedergeschwebt waren.

Wir hatten keine Zeit, uns um Gefangene zu kümmern, wir suchten im Feuer sprungweise unsere Waffenbehälter mit den Granatwerfern und den schweren Maschinengewehren, und wir hatten Glück. Binnen einer halben Stunde hatte unser Kompaniechef die Reste der Einheit beisammen, die kampffähig zu Boden gekommen waren.

Wir befanden uns in der Nähe einer großen Brücke bei Maleme. Über sie rollten eben in Kraftwagen britische Soldaten direkt auf uns zu. Wir setzten uns zur Wehr und bildeten den ganzen Tag einen feuerspeienden Igel nach allen Seiten hin. In der folgenden Nacht marschierten wir irgendwo im felsigen Gelände. Was da los war, weiß ich nicht. Als es Tag wurde, bezogen wir auf einer Höhe eine Stellung, rechts von uns war das blaue Meer, weit vor uns, vielleicht fünf bis sechs Kilometer entfernt, sahen wir im Westen den Flugplatz Maleme. Um den noch immer erbittert gekämpft wurde."

Ohne Kopf am Fallschirm

Ein Kreta-Kämpfer, der damals am 20. Mai 1941 als Fallschirmjäger einer schweren Kompanie beim Absprung schwer verwundet wurde, ist der Gold- und Silberschmied Josef Droblunig, der heute als Pensionist in Salzburg lebt.

„Schon beim Anflug", berichtet er etwas widerstrebend, als wollte er die Erinnerung an das Geschehen nicht mehr heraufbeschwören, „als wir uns zum Springen bereitmachten, waren wir in der Feuerzone der britischen Flak und der schweren MG. Unser Kompaniechef stand sprungbereit am Ausstieg. Noch im Abstoßen zerschmetterte ein Flakgeschoß seinen Kopf.

Er stürzte und der Fallschirm trug einen Toten ohne Haupt zur Erde.

Am Narvik-Fjord vorbei

Fallschirmspringer der Gebirgstruppe im Anflug auf Narvik

Leutnant Gressl, der seinen Zug über die „Büffelstrecke" nach Narvik geführt hat, meldet General Dietl: „Zu Fuß von Oslo nach Narvik!"

Ein historisches Luftbild

1940 stellte deutsche Aufklärung fest: sowjetische Armeen massieren sich im Westen der UdSSR. Ein österreichischer Oberleutnant, der Infanterieoffizier Rudolf Greiner aus St. Paul i. L., flog im Frühjahr 1941, also noch im „Frieden“ mit Luftwaffenpiloten Aufklärung über der Sowjetunion.
Bei einem solchen Aufklärungsflug hielt er auch den Wald von Katyn im Luftbild fest.
Das war am „17. 4. 1941“, ein Vierteljahr vor dem „Unternehmen Barbarossa“.
Damals hatte man aber noch nicht die geringste Ahnung, daß dieser Wald von Katyn die Leichen von Tausenden ermordeter polnischer Offiziere barg.
Von den Morden erfuhren die Deutschen zwar durch russische Kriegsgefangene schon Ende 1941. Aber die Leichen fand man erst im Frühjahr 1943 auf Grund von Angaben aus der Zivilbevölkerung.
Ein österreichischer Angehöriger der Waffen-SS, Julius Porupski, der heute in Velden lebt, erhielt durch einen Bauern Hinweise über die genaue Lage. Er sah die Leichenberge, die durch dichten Bewuchs der Sicht entzogen waren.
Wie der deutsche Generalrichter Conrad 1946 beim Nürnberger Prozeß aussagte,, machten die Leichen „einen mumienhaften Eindruck, alle hatten Genickschüsse, einige Mundknebel und Handfesseln“. Bei den meisten Leichen waren Schmucksachen, Geld und Papiere, so daß die meisten identifiziert werden konnten.

Auf dem deutschen Soldatenfriedhof von Maleme liegen 4465 Gefallene des Kampfes um Kreta, bei dem der Kern der deutschen Fallschirmtruppe vernichtet wurde. Nicht eingeschlossen in die Zahl der Toten von Maleme sind jene Gebirgsjäger und Flieger, die ihr Grab im Meer gefunden haben.

In unserer Maschine standen wir angetreten zum Springen. Der Kamerad vor mir brach plötzlich zusammen. Er war voll Blut, ein Geschoß hatte seinen Hals durchschlagen. Ein anderes hatte ihm die Lende aufgerissen. Wir räumten den Toten zur Seite und sprangen.

Wir hatten schon schwere Verluste, bevor wir in unserem Absprungraum – einer Insel nächst der Leprainsel – zu Boden kamen. Die Insel war das Einsatzgebiet unserer schweren Kompanie.

Was im Niederschweben geschah, kann ich nicht mehr genau sagen, ich weiß noch, daß es mich auf das hohe Gemäuer einer Burgruine zutrieb. Mit aller Kraft suchte ich durch Schwingbewegungen auszuweichen, um auf ebeneres Gelände zu kommen. Vergebens. Ich schlug mit aller Wucht auf die Krone der Mauer auf. Ein böser Schmerz in der Nierengegend und dann muß ich wohl weiter abgestürzt sein. Als ich wieder zu mir kam, war ich vollständig bewegungsunfähig."

Mit einem Nierenriß und einer Wirbelsäulenverletzung lag Droblunig tagelang im Gebüsch der Ruine – ohne Wasser, hilflos, dem Verschmachten nahe. Die Fallschirmjäger trugen ja bei 45 Grad im Schatten dieselbe Springerkombination, mit der man am Polarkreis abgesprungen war. Tropenkleidung war angeblich aus Tarnungsgründen nicht ausgegeben worden. Jetzt mußten vor allem die Verwundeten, die sich nicht helfen konnten, in dieser Kluft fast ersticken.

Wiederholt sah Droblunig bewaffnete Zivilisten. Die Kreter haben keinen verschont. Der junge Salzburger Fallschirmjäger biß die Zähne zusammen, er schwieg und wartete, nicht wissend, wie die Lage war und ob ihn die Kameraden jemals finden würden.

Sie fanden ihn.

Was in Heraklion an jenem 20. Mai geschah, weiß man nur von denen, die überlebten.

Die Einheiten des Sturmregimentes vor Heraklion suchten

sich Schritt für Schritt zum Flughafen und zum Hafen vorzukämpfen. Das Gelände und die Angriffsobjekte war ein einziges System von Schützennestern, MG-Bunkern, Artillerie- und Flakstellungen. Auf den Bäumen, auf den Dächern und hinter Felsen lauerten Scharfschützen, überall Heckenschützen, Leichenfledderer, ja sogar Zuchthäusler, die man bewaffnet hatte. Ohne Deckung mußten sich die Fallschirmjäger aus der Ebene heraus gegen das Felsplateau vorarbeiten, auf dem der Flugplatz lag. Und am Flugplatz selber Felsbunker auf Felsbunker.

Unter denen, die damals am 20. Mai Soldatenglück hatten, war Oblt. Reinhard Egger, der mit wenigen Männern die Höhe 296 mit ihren Vierlingsgeschützen eroberte. Der kühne Fallschirmjägeroffizier mit dem Ritterkreuz von Kreta ist 1987 in Seeboden in Kärnten gestorben.

Ein Detail am Rande: In Heraklion starben an jenem 20. Mai, neben vielen anderen, als Fallschirmjäger drei Sprosse eines alten deutschen Adelsgeschlechtes, drei Grafen Blücher, einer 23, einer 19 und einer 17 Jahre alt, fast zur selben Zeit.

Der Generalstab hatte einen fast auf die Sekunde ausgerechneten Start- und Landeplan ausgearbeitet. Aber kein Mensch hatte an den Staub gedacht.

Schon als die ersten Maschinen in Richtung Heraklion und Rethymnon gestartet waren, herrschte durch den Staub auf den Flugplätzen Dunkelheit wie bei einem Sandsturm. Die Maschinen konnten nicht rasch hintereinander starten, es mußte gewartet werden, bis die Sicht wieder einen Start zuließ. Das warf den ganzen Plan über den Haufen. Die ungeheure Staubentwicklung zog auch die Landungen der vom Einsatz zurückkehrenden Flugzeuge in die Länge. Als der Fallschirmjägerangriff deshalb um Stunden zu spät einsetzte, traf er zum Teil auf eine erbitterte Abwehr. Oberst Bräuer, der hier mit seinem Regiment absprang, ahnte nicht, daß ihm Kreta erst sechs Jahre später zum Schicksal werden sollte.

Einer der Überlebenden des Fallschirmregimentes, das auf Heraklion absprang, ist der Salzburger Konditor Hans Petrik. Er gehörte als blutjunger Fallschirmjäger der furchtbaren neuen Waffe an, die später unter dem Namen Nebelwerfer und Stalinorgel so gefürchtet wurde.

„Unser D-Werferzug war dem Fallschirmjägerregiment des Oberst Bräuer zugeteilt", berichtet Hans Petrik.

„Als die Küste von Heraklion vor uns lag, drückten die Maschinen auf 200 m. Wir machten uns fertig zum Absprung. Unser Zugführer stürzte sich im Hechtsprung ins Nichts.

Aber was da draußen los war, erfuhren wir erst im nächsten Augenblick. Nach dem Zugführer sollte ein Kamerad aus Düsseldorf springen. Dann ich. Aber als der Düsseldorfer am offenen Ausstieg stand, sackte er vor mir zusammen. Er hatte blutigen Schaum vor dem Mund: Lungenschuß. Wir konnten ihm nicht helfen. In 10 Sekunden mußten wir 12 Mann aus der Maschine sein, wenn wir nicht abgetrieben werden wollten. Wir packten den Kameraden, zogen ihn zur Seite und schon hechtete auch ich aus der Maschine. Der Verwundete ist auf dem Rückweg noch in der Maschine gestorben.

Ein Drittel unseres Zuges kam nur noch tot oder verwundet zu Boden. Nachdem die braven Jus uns abgesetzt hatten, wendeten sie wieder in weitem Bogen und flogen leer neuerlich Heraklion an, um die Briten von uns abzulenken.

Als ich mich dem Boden näherte, sah ich mit Schrecken, daß ich genau auf eine große Zisterne fiel. Es war einc der riesigen Zisternen dieser Insel, die 30 m im Durchmesser hatte. Diese Zisternen sind oft bis zu 30 m tief. Ich wußte, wenn ich in diese Zisterne falle, bin ich verloren. Wer mit dem Fallschirm ins Wasser stürzt, hat keine Chance mehr. Keine Laus hätte mich da mehr gefunden.

Mit Schwingbewegungen suchte ich verzweifelt, dem tödlichen Landeplatz auszuweichen. Es gelang. Mit knapper Not landete ich vielleicht drei Meter vom Rand der Zisterne entfernt.

Wir hatten Glück. Unsere Raketenwerfer waren heil zur Erde gekommen. Mit ihnen unterstützten wir von der Insel aus den Angriff unserer Kameraden auf dem Flugplatz. Wir hielten unsere Stellungen bis zum 28. Mai. In der Nacht auf den 28. hatte die britische Flotte vom Hafen aus 4000 Mann britischer Truppen evakuiert. Sie kamen später in den Bombenhagel unserer Luftwaffe. Aber wir selbst – wir lagen auf einer Insel etwa vier Kilometer vom Hafen entfernt, hatten von dieser nächtlichen Räumungsakton nichts gemerkt."

Unvermutet schnell ist auf Kreta der Übergang von der Nacht zum Tag. Das sollte den damals 29jährigen Reserveoffiziersanwärter und Oberjäger der Fallschirmtruppe Karl Körner in Bedrängnis bringen, der am 20. Mai mit der ersten Welle über Iraklion abgesprungen war.

Aber lassen wir Körner, der einst in Kärnten und Salzburg ein bekannter Sportler war, selbst erzählen: „Wir flogen in etwa drei Meter Höhe ohne jeden Begleitschutz. Unsere Maschine war schwer überbelastet. Vor Kreta zog sie hoch, und da erkannten wir, was uns da erwartete. Als das grelle Hupensignal, der Befehl zum Absprung, durch die Maschine tönte, sackte der Kamerad am offenen Ausstieg mit einem Schrei zusammen. Wir zerrten den Schwerverletzten zur Seite, aber wir verloren damit wertvolle Sekunden, die uns vom Haufen unten dann trennen mußten.

Aber gerade diese Verspätung hat mir wenigstens das Leben gerettet. Denn das Gros der Kompanie sprang damals bei schwersten Verlusten direkt in konzentrierte Abwehr. Auf dem Flughafen sahen wir später gräßlich zugerichtete Leichen von Fallschirmjägern, die von den Panzerketten der Briten überrollt und zerquetscht wurden, bevor sie sich noch von den Gurten befreien konnten. Wir aber sprangen zu weit im Süden ab, wo die Abwehr schwächer war.

Um mich pfiff und knallte es trotzdem, als ich mit dem Fallschirm in einem Weingarten zu Boden kam. Wie ich mich rührte, spritzte der Dreck um mich auf. Ein Schütze hatte mich direkt in der Visierlinie. Da gab ich die Bemühungen, die Gurte zu öffnen, zunächst auf und stellte mich tot.

Später machte ich mich vom Fallschirm frei. Ich war mutterseelenallein. Jeder Fallschirmjäger ist ein Einzelkämpfer. Ich wußte, daß ein paar hundert Meter im Westen der Flugplatz lag, unser Angriffsziel, und so sprang ich los.

Ich traf bald auf ein paar Fallschirmjäger, die sich mir anschlossen. Einer hatte ein MG, aber was für eins. Kein Kolben, kein Zweibein, eine Feuerspritze nur, aber die schoß. Im Vorgehen wuchs plötzlich eine Gestalt vor uns aus dem Boden. Ein Mann in einer fremden Uniform, er riß die Hände hoch und schrie etwas, aus dem zu entnehmen war, daß er ein Grieche sei und kein britischer Soldat. Er hielt das für einen Milderungsgrund. Die Briten hatten ihnen ja erzählt, daß die deutschen Fallschirmjäger lauter entlassene Zuchthäusler seien, die jeden Gegner hemmungslos umbringen würden. Diese ganze Propagandawirkung offenbarte sein Gesicht. Aus seinen Augen irrlichterte die Todesangst.

Was sollten wir jetzt mit diesem Bündel Angst anfangen? Anderswo, wo man sich heute noch zum Richter über deutsche Soldaten aufwirft, war die Lage in solchen Fällen völlig klar. Man knallte einen solchen lästigen Gefangenen nieder.

Uns kam so etwas gar nicht einmal in den Sinn. Wir winkten ihm ‚Hau ab'.

Wir wollten uns nun im Feuerschutz unseres MG vorarbeiten. Ich führte dem MG-Schützen die Gurte zu, unser MG bellte auf, aber auch ein unsichtbarer Richtschütze drüben hatte uns im Visier. Es klatschten seine Garben nur so in die Erde vor uns. Lautlos senkte sich der Kopf meines Richtschützen. Es war der erste Tote, den ich im Zweiten Weltkrieg sah. Der nächste in dieser verrückten, deckungslosen Feuerstellung mußte jetzt ich selbst sein. Wir sprangen von diesem Todes-MG weg.

Ich erreichte am Hang einen schützenden toten Winkel und war wieder allein. Und wieder robbte ich weiter in Richtung Flugplatz. In einem kleinen Graben stieß ich auf den verwundeten Leutnant Fischer. Neben ihm lagen zwei blutige Finger, auf einem glänzte ein Ring. Ein merkwürdiger Anblick. Ein Splitter hatte dem Leutnant die zwei Finger einer Hand so weit abgeschlagen, daß sie nur noch an Sehnen oder Hautfetzen gehangen hatten. Mit der einen gesunden Hand hatte Fischer sich die Finger selber abgeschnitten. Er dürfte auch sonst verletzt worden sein. Er sagte nur matt: ‚Laß nur, Körner, geh vor, für mich ist der Kampf zu Ende.' Ich konnte dem Leutnant nicht helfen. Dennoch schrie ich gellend in die Umgebung: ‚Sanität, Sanität . . .'."

„Dämmerlos brach damals am 20. Mai die Nacht herein", berichtet Karl Körner. „In einer flachen Mulde stieß ich auf Fallschirmjäger, die hier Deckung vor dem Feuer aus den britischen MG-Nestern gefunden hatten.

Als es Nacht wurde, versuchten Offiziere den versprengten Haufen zu ordnen. Bei dieser Gelegenheit fiel ich dem Bataillonskommandeur Mjr. Burckhard in die Hand, der mir befahl, mit acht Mann in Richtung Flugplatz aufzuklären.

Das war ein Himmelfahrtskommando mitten hinein in das tiefgegliederte britische Verteidigungssystem. Als wir in die Finsternis krochen und die ersten britischen Stacheldrahtrollen durchschnitten, hatten wir Angst, verdammte Angst sogar. Wir schoben uns lautlos vor, und erst später am nächsten Tag wurde uns klar, daß wir mitten unter den Briten gewesen waren. Sie verrieten sich nicht, sie schossen nicht. Als es der Uhrzeit nach höchste Zeit zur Umkehr war, geschah es: Urplötzlich, gut eine Stunde bevor ich es erwartet hatte, wurde es übergangslos hell. Und wenige Schritte vor uns ein Flakgeschütz und einige ahnungslose

Tommys. Sie waren so verdutzt, daß sie Reißaus nahmen, als wir auf sie zustürmten, um sie unschädlich zu machen. Wir hatten jetzt die Kanone, mit der wir nichts anfangen konnten, wir hatten eine schützende Höhle, aber wir saßen dennoch in der Falle. Der Weg zurück durch die britischen Stellungen war versperrt. Wir igelten uns um die Höhle ein, entschlossen, unser Leben so teuer wie möglich zu verkaufen. Die Neuseeländer griffen auch bald an, immer wieder. Sie wußten, daß wir unsere Munition bald verschossen haben mußten.

Als es soweit war, standen wir vor der Wahl, im Nahkampf mit Messer und Kolben zu sterben oder uns zu ergeben. Der jüngere Oberjäger war gegen Übergabe. Ich ließ abstimmen, die meisten waren dafür. Ohne Munition war Widerstand sinnlos. Als die Schützenketten wieder vorsprangen, winkten wir mit einer weißen Mullbinde.

Die Tommys hatten vor uns so Respekt, daß sie drei Meter vor uns schußbereit stehenblieben und ‚Hands up' schrien.

So marschierten wir in die Gefangenschaft, in eine Kiesgrube. ‚Aus', dachten wir, ‚hier legen sie uns um.' Aber der Kelch ging vorüber. 6 Tage verbrachten wir in einem Gefängnis in Heraklion, bis die Briten flüchteten."

Dieses Heraklion war übrigens schon am 20. Mai erobert worden, in einem mörderischen nächtlichen Kampf. „Um 3 Uhr morgens", erinnert sich Obstl. Reinhard Egger, „waren wir im Besitz von Heraklion. Aber es wurde uns befohlen, die Stadt wieder zu räumen und die den Flugplatz beherrschende Höhe 296 zu nehmen. Nach 36 Stunden ununterbrochenen Kampfes waren wir oben und richteten die eroberten Vierlingsgeschütze gegen den Flugplatz."

Für diese Waffentat erhielt Reinhard Egger damals das Ritterkreuz. „Wir igelten uns ein und hielten unsere Stellung. Wer von den Verwundeten nur irgendwie bewegungsfähig war, kämpfte mit. Eines Tages landete eine Ju 52 in der Nähe der Höhe 296. Ein fliegerisches Bravourstück. Diese Besatzung riskierte Kopf und Kragen, um unsere Schwerverwundeten auszufliegen."

„Mit 160 Mann", sagte Obstl. Egger, „bin ich am 20. Mai abgesprungen. Mit 36 Mann marschierte ich am 27. in Heraklion ein. Von diesen 36 Mann war nur ein einziger unverwundet."

Und noch eine Erinnerung hält der einstige Fallschirmjäger für erwähnenswert:

„Auf Kreta fiel am 20. Mai in meiner Kompanie ein 18jähriger Fallschirmjäger. Ein Jahr später meldete sich in der Heimat in Gadeleben sein 41jähriger Vater als Fallschirmjäger und bat, er wolle in derselben Kompanie dienen, in der sein Sohn auf Kreta gefallen war."

Nur wenige von den Fallschirmjägern leben heute, die am 20. Mai mit den Lastenseglern auf Kreta gelandet sind. Einer von ihnen ist Dr. Josef Platzer, Magistratsdirektor in Klagenfurt: „Unser Lastensegler ging im Feuer im Sturzflug nieder und dann schlugen wir hart auf dem Boden südwestlich von Maleme auf. Der Lastensegler mit der Geschützbedienung zerschellte nebenan, die Bedienung war tot. Wir bargen die Teile des Geschützes aus den Trümmern, und dann sammelte sich im Feuer das, was von der Batterie noch übrig war."

Während das Fallschirmjägerregiment Meindl am Morgen des 20. Mai im Raum Maleme blutete, war 18 km östlich davon das Fallschirmjägerregiment des Oberst Heidrich bei Chania abgesprungen, um Hauptstadt und Flugplatz zu erobern. Ein Teil des Regiments sprang direkt ins Feuer und wurde vernichtet.

Heidrich war mit seinem Stab 6 km südlich Chania in der Nähe des leergestandenen Zuchthauses gelandet und hatte im Gefängnis seinen Gefechtsstand errichtet. Der Divisionskommandeur, General Süßmann, der die Fallschirmjägerregimenter auf Kreta führen sollte, erreichte Kreta nie, er stürzte schon beim Anflug samt Stab mit dem Segelgleiter ab.

Einer der Fallschirmjäger, die damals in Chania absprangen, ist der Salzburger Polizeibeamte Ferdinand Thaller. Er erinnert sich:

,,Schon bei der Annäherung an die Küste pfiff es uns ganz schön entgegen, ringsum schossen die weißen Sprengwolken der Flak ins Blaue. Unsere Maschine wurde getroffen, das Leitwerk war beschädigt, die Maschine konnte sich nur mehr mühsam halten, vor dem Ziel knallten weitere Treffer in die Maschine, zwei Kameraden wurden verwundet.

Dann sprangen wir aus 80 Meter Höhe, die beiden Verletzten mit. Wir kamen schnell zu Boden, aber was für Boden. Ein Großteil unserer Einheit hing in einem Olivenhain an den Schirmen. Und jetzt ging die Hölle los, der Gegner schoß aus allen Löchern, noch bevor wir zur Gänze unsere Waffen bergen und einsatzbereit machen konnten. Jetzt wurde jeder zum Einzelkämpfer. Unser Regiment war bald zu einem Bataillon zusammengeschmolzen. Die Durchführung unseres Auftrages, die Kastellhöhe und Galatas zu erobern, wurde immer aussichtsloser, die Verluste immer größer. Aber wir ließen uns nicht kleinkriegen.

In jenen Tagen waren nicht nur Briten, Heckenschützen und Griechen unsere Feinde. Unsäglich litten wir unter der Hitze und dem Durst. In unserem Zug versuchten gute Kameraden wie Ernst Billy, Erich Grieb und ein weiterer Jäger zu einer Zisterne auszubrechen, um uns Wasser zu bringen. Sie kamen nie wieder. Auch ihre Leichen wurden nie gefunden. Heckenschützen hatten sie abgeschossen und verscharrt.

Eines Tages landete ein tollkühner deutscher Stukahauptmann mit seiner Ju 87 mitten in unserer Stellung. Die Briten hatten nämlich deutsche Fliegersichtzeichen erbeutet und legten sie nun in ihren Stellungen aus, um vom Bombenhagel unserer Stukas verschont zu bleiben. Der tapfere Staffelkapitän riskierte nun mit seiner Maschine Kopf und Kragen, um die Lage zu klären. Von unserer Stellung aus dirigierte er dann seine Staffel zum Feind.

Zweimal wurde ich auf Kreta verwundet, zuerst ein Schuß im Oberarm, eine Woche später zwei Steckschüsse in der Wade. Im Zuchthaus von Chania war ein sicherer Verbandsplatz eingerichtet worden. Dort traf ich u. a. den weltbekannten Boxer Max Schmeling.

Notdürftig verbunden besuchten wir vom Verbandsplatz im Zuchthaus aus Kameraden, die um das Gebäude in Stellung lagen. Nach dem Wiedersehen ging's zurück zur Wundversorgung. Rupert Schleiß aus Salzburg, leider schon verstorben, und ich hatten unseren am Fuß verwundeten ‚hupferten' Bataillonstrompeter in der Mitte. Kaum die halbe Strecke hinter uns gebracht, sackte Herbert Klein mit einem Herzschuß zusammen."

Die Fallschirmjäger bei Chania waren schon fast aufgerieben, als ihnen die Gebirgsjäger nach sechs Tagen zu Hilfe kamen. Bei Chania war es übrigens, wo das 1. Bataillon des Gebirgsjägerregimentes 141, durch einen Führungsfehler in eine tödliche Falle lief. 10 Offiziere, 116 UO und Mannschaften tot, 46 verwundet. Einer, der aus dieser Falle entkam, Franz Gössering, lebt heute in Klagenfurt. Er war wenige Tage später in einem dramatischen Duell mit einem britischen Offizier verwundet worden.

Am 21. Mai in den Morgenstunden dröhnten wieder die Ju 52 über Maleme und wieder standen zum Schrecken der Briten Hunderte und Aberhunderte von weißen Fallschirmen in der Luft. Die Entscheidungsschlacht um den Flughafen Maleme begann.

Unter den tausend Fallschirmjägern, die hier am 21. Mai über Maleme absprangen, war auch der 20jährige Fritz Janeschitz, der heute als Beamter in Klagenfurt lebt. Er erinnert sich:

„Die ganze Nacht vorher mußten wir Fallschirme packen, weil wir von der Fallschirm-Panzerjägerabteilung zunächst ja für den Seetransport vorgesehen waren, der zum blutigen Fiasko wurde.

Jetzt stiegen wir nach einer fast schlaflosen Nacht in die Maschinen. Blutrot ging über dem Meer die Sonne auf.

Wir huschten im Tiefflug über die Wellen, um den britischen Jägern auszuweichen. Noch einmal überprüften wir die Sprungausrüstung. Vor der Insel zog die Maschine steil hoch zum strahlenden Himmel.

Wir flogen in 200 Meter. Ich stürzte im Hechtsprung in die Tiefe und wartete im Fallen gespannt auf den Entfaltungsknall. Dann rauschte der Fallschirm, das erlösende Zeichen, daß alles gut gegangen war.

Unter mir sah ich die Küste der Insel, ein zerrissenes Gelände mit Felsen und Gräben, in dem es kein ebenes Stück für eine gute Landung gab. In den Büschen sah ich das Mündungsfeuer aus den Gewehrläufen der Verteidiger. Ihre Geschosse zwitscherten uns um die Ohren. Wir hatten Mühe, nicht ins Meer zu fallen.

Aber wir kamen ohne große Verluste durch die Abwehr zu Boden, dafür gab es schwere Sprungverletzte durch das Gelände, das auch unsere 3,7-Pakgeschütze schlimm zugerichtet hatten. Sie waren für den Abwurf auf ebenem Boden vorgesehen. Hier fielen sie aber an den Fünferfallschirmen vom Himmel und krachten auf Gräben und Felsen so auf, daß ihre Zieleinrichtungen zum Teufel gingen. Zum Schießen mußte man später erst durch das Rohr schauen und die Mündung auf das Ziel richten.

Auch unsere Kräder waren alle schwer beschädigt. Viele unserer Waffenbehälter mit den MG waren ins Meer gestürzt. Aber zunächst galt es, sich zu sammeln. Wir waren ganz falsch abgesetzt worden. Wir sollten im Osten von Maleme landen, gelandet sind wir im Westen. Alle Verbände waren durcheinander. Verzweifelt suchte ich nach einem Waffenbehälter; es dauerte Stunden, bis ein bunt zusammengewürfelter Haufen mit leichten Waffen beisammen war. Vielfach kannten wir uns gar nicht. Es waren kritische Stunden.

Gegen Mittag tauchte aber wie ein Wirbelwind der damals schon legendäre General Ramcke auf, der Kommandant der Fallschirmjägerschulen, ein Mann, der erst mit 55 Jahren freiwillig zur Fallschirmtruppe stieß. Er war ein Offizier, für den die Fallschirmjäger durchs Feuer gingen. Er war über Maleme abgesprungen, um den schwerverwundeten General Meindl abzulösen, der mit einem Brustschuß, auf der Tragbahre liegend, die Reste seines Sturmregimentes geführt hatte.

Kaum war dieses Phänomen Ramcke auf dem Boden Kretas, brachte er Ordnung in das Wirrwarr. Ich sah, wie er unseren Major anpfiff, weil er sich eingeigelt hatte, statt initiativ zu werden. Im Nu waren wir im Angriff und machten den Kameraden Luft, die in immer neuen Wellen vom Himmel schwebten.

Schon in den ersten Stunden auf Kreta lernten wir die Neuseeländer mit ihren Maorieinheiten als Meister der Tarnung kennen. Da waren wir Stümper dagegen. Ich sah die Leichen von zwölf Fallschirmjägern vor einer feindlichen Feuerstellung, die als solche überhaupt nicht zu erkennen war. Unsere Kameraden müssen in Schützenkette ahnungslos darauf zugegangen sein. Die Neuseeländer hatten kaltblütig gewartet und dann erst aus ein paar Schritten Entfernung auf die Knöpfe gedrückt.

Gegen 17 Uhr hatten wir den Flugplatz freigekämpft.

Die Briten waren vom Platz zwar verschwunden, aber ihre Artillerie auf der Höhe 107 hielt sich immer noch, und ihre Granaten fuhren in den roten Lehm der miserablen Rollbahn, auf der sich jetzt ein Drama abzuspielen begann."

Ju-52-Piloten

Es war eine historische Stunde, als am 21. Mai 1941 um 17 Uhr die Landungen des vordersten Bataillons des Reichenhaller Gebirgsjägerregimentes 100 auf dem Flugplatz Maleme begannen.

Der Flugplatz war ein schmaler, kaum 600 Meter langer Streifen dicht an der Küste. General Student sagte: „Er muß wie ein rohes Ei behandelt werden, wenn der Flugverkehr nicht zur Katastrophe werden soll."

Es waren daher nur Einzellandungen und Einzelstarts erlaubt, so daß die Landung eines einzigen Bataillons rund vier Stunden in Anspruch nahm. Falls alles gut ging. Aber es ging nicht gut.

Fritz Janeschitz, damals Gefreiter in einer Fallschirm-Panzerjägerabteilung, war Augenzeuge der ersten Landungen der Gebirgsjäger:

„Die ersten Maschinen kamen noch auf den Platz, aber dann verursachten die Granaten, die noch immer auf dem Flugplatz einschlugen, durch ihre Trichter die ersten Bruchlandungen. Die zerstörten Maschinen versperrten den einschwebenden Ju 52 bald den Landeplatz, und im Nu war das Chaos mit Krachen und Bersten fertig. In das Durcheinander fetzte auch noch die britische Artillerie.

Für die Piloten der anfliegenden Transportmaschinen muß es nervenzerreißende Situationen gegeben haben. Da kurvten sie nun zum Flugplatz ein und sahen, daß sie nicht landen konnten. Ein ‚Zurück' gab es für sie nicht. Sie mußten mit ihren Gebirgsjägern hinunter um jeden Preis.

Der Atem blieb uns weg, als wir sahen, wie die ersten vor dem Strand mit einer Landegeschwindigkeit von 80 km/h in das Wasser niedergingen. Mit Krachen gingen die Fahrgestelle zu Bruch, Kopfstände gab's. Aber aus den meisten Maschinen kletterten die jungen Gebirgsjäger unverletzt.

Es waren fliegerische Meisterleistungen, die diese alten Hasen der deutschen Transportgeschwader da vor dem Strand in Maleme hinlegten.

Und was uns noch imponierte, das war die Haltung dieser bayrischen und salzburgischen Gebirgsjäger. Sie waren geschockt, sie hatten mit dem Leben abgeschlossen gehabt. Sie waren kalkweiß im Gesicht. Aber sie wateten mit ihren Waffen und mit den MGs über den Schultern aus dem Wasser, und die Führer voran, gingen sie unverzüglich in Richtung Berge zum Angriff vor.“

Mit Beutepanzern wurde der Flugplatz immer wieder von zerstörten Maschinen freigemacht und immer wieder durch Granaten und Bruchlandungen und zusammengestoßene Fahrzeuge blockiert. General Ringel, der Kommandeur der 5. Gebirgsdivision, erinnert sich: „Eine turmhohe Wolke von Staub, Qualm und Rauch lagerte bald über dem Einflugraum – durchzuckt von Einschlägen der feindlichen Artillerie, dem Hämmern von Maschinengewehrgarben auf Blech, von Bombenexplosionen und Maschinengewehrfeuer feindlicher und eigener Flieger – und alles überdröhnt vom Brummen der vielfach beschädigten, teilweise brennenden und doch landenden Jus. Ein Inferno ungeheuren Ausmaßes, das ist das Bild am Flugfeld Maleme. Maschinen nebeneinander, ja sogar aufeinander, Trümmer, Löcher engen laufend den Flugplatz noch weiter ein.

Noch fast im Rollen werden die Flugzeuge ausgeladen. Überall, wo nur einige Quadratmeter Landefläche vorhanden sind, am Strand, auf den anliegenden Uferstreifen, abseits des Platzes, ja sogar im Meer selbst – überall landeten die Jus zwischen zu Bruch gegangenen eigenen und britischen Maschinen im wirren Haufen übereinander. Doch es geschieht ein Wunder: Die Landung gelingt, wenn auch unter erheblichen Verlusten von Männern und Material. Kaum ausgeladen, starten die Maschinen – soweit unbeschädigt – wieder zum Rückflug, um den nächsten anfliegenden Maschinen Platz zu machen. So fliegt

Kette um Kette und mit ihnen alle landenden Gebirgsjäger durch dieses Fegefeuer. Wie haben wir in diesen Tagen unsere brave Ju 52 mit ihren tapferen und tüchtigen Flugzeugführern und Besatzungen lieben gelernt. Ihre ungeheure technische Leistung und beispielhafte Einsatzbereitschaft wird kaum ihresgleichen finden."

Die Briten hatten erkannt, daß der Verlust des Flugplatzes eine Katastrophe war. In der Nacht vom 21. auf 22. Mai versuchten sie, den deutschen Gebirgsjägern und Fallschirmjägern Maleme wieder zu entreißen. Sie griffen mit Panzern an. Vergeblich.

Es gab auf Kreta böse, blutige Verluste. Verluste, die aus der Sicht des damaligen Geschehens unvermeidlich waren. Aber es gab solche, die vermeidbar gewesen wären.

Zu diesen letzteren gehörte das Unglück beim 1. Bataillon des Gebirgsjägerregimentes 141 vor der Sudabucht.

Das von Major Forster, einem Filmproduzenten, geführte Bataillon war beim Angriff in eine Falle gelaufen. Der Tiroler Oberst Ruef schildert das in seinem Buch „Gebirgsjäger zwischen Kreta und Murmansk" (Stocker-Verlag) so:

„Breit entwickelt im Vorgehen, wurde das Baon knapp vor trockenen Bachgräben angeschossen. Die Jäger sprangen in die Deckung vor ihnen und glaubten sich sicher. Plötzlich verstärkte sich das frontale Feuer und machte ein Herausspringen unmöglich. Wenig später schossen aus gut ausgebauten und getarnten Stellungen höher am Hang oben Maschinengewehre, die bisher geschwiegen hatten und nicht erkannt worden waren, aus der Flanke entlang der Bachgräben in die Kompanie hinein. Das Bataillon saß in einer ausweglosen tödlichen Falle. Innerhalb einer Stunde hatte es fast alle Offiziere und einen erheblichen Teil seiner Mannschaft verloren. Dieses furchtbare Beispiel zeigt die Folgen einer vernachlässigten Gefechtsaufklärung in die Flanke und einer zu geringen Tiefe der Angriffsformation."

Erich Franz, Angesteller der ÖDK in Klagenfurt, lag damals als Funktruppführer beim Regimentsstab vor der Sudabucht und erinnert sich:

,,Wir waren am Flugplatz Maleme in einem Inferno auf einer winzigen Landefläche inmitten zerstörter Ju 52 gelandet, die Geschosse prasselten in die Maschine. Rundum ausgebrannte, zerstörte, beschädigte Ju 52.

Vor der Sudabucht kamen wir in das Feuer des britischen Kreuzers ,York'. Wir kamen vom Boden gar nicht mehr hoch, so deckten uns seine Granaten ein. So lange, bis unsere Stukas kamen und sich auf das Kriegsschiff stürzten. Ein unheimliches Schauspiel, diese Vernichtung der ,York', die vielleicht zwei Kilometer vor uns unterging.

An diesem Tag, es muß am Vormittag gewesen sein, geschah das Unheil beim 1. Bataillon. Das hörte sich gar nicht so schlimm an. Wir vernahmen vielleicht 300 bis 400 Meter rechts von uns plötzlich Gewehrschüsse und dann Dauerfeuer von Maschinengewehren. Gar nicht lange, 10 Minuten, vielleicht eine Viertelstunde. Dann war es wieder still.

Niemand ahnte, daß dieser kurze Gefechtslärm, dieses kurze akustische Intermezzo, das Ende eines erprobten Gebirgsjägerbataillons bedeutete."

Dipl.-Kfm. Svitil, damals Gebirgsjäger im III./141: ,,Wir sahen im Vorgehen auf die Sudabucht Überlebende des 1. Bataillon zurückstürzen, in wilder Panik, abgerissen, ohne Waffen und nicht mehr ansprechbar."

Zwei Bilder sind Svitil von jenem 20. Mai noch tief im Gedächtnis: ,,Der Aufbruch der Luftarmada in Athen: Der Himmel war schwarz von Ju 52, die mit Fallschirmjägern nach Kreta flogen."

Das andere unvergeßliche Bild: ,,Die toten Fallschirmjäger, schwarz und aufgequollen, in den Olivenbäumen und auf den Telegrafendrähten."

,,Wie ein Lauffeuer", erklärte Svitil, ,,ging damals übrigens die Nachricht durch unsere Reihen, daß mit den Fallschirmjägern auch der weltberühmte Boxer Max Schmeling abgesprungen sei."

Die Gebirgsjäger wußten freilich nicht, daß Schmeling schon krank auf den Abtransport nach Deutschland wartete.

An eine vielsagende Episode erinnert sich Erich Franz: „An der Sudabucht nahmen wir Funker zwei britische Hauptleute gefangen. Wir luden ihnen unsere Funkgeräte auf, und sie begleiteten uns als Träger beim ganzen heißen Vormarsch. Aber von der Infanterie waren die beiden Offiziere bestimmt nicht, denn am dritten Tag waren sie am Ende, fußmarod und total erschöpft.

Da ließen wir die beiden laufen. Und unsere Funkgeräte trugen wir wieder selbst."

Drei gekreuzigte Fallschirmjäger

Während am zweiten Tag der Schlacht Maschine auf Maschine mit Gebirgsjägern nach Maleme flog, wurden in Athen Einheiten der 6. Division bereitgestellt, um in der Nacht vom 20. auf 21. Mai mit einer Schiffsstaffel nach Kreta gebracht zu werden.

Das wurde gewagt, obwohl in der Nacht vorher der Konvoi der Fallschirmjäger vernichtet worden war.

Einer, der mit Salzburgern und mit steirischen Kameraden damals die mißglückte Überfahrt erlebte, ist Hans Kraßnitzer, heute Bauer auf einem Bergbauernhof im Metnitztal:

„Wir fuhren um 23 Uhr in Athen an Bord eines kleinen Fischkutters los, links und rechts und vor uns sahen wir die schemenhaften Umrisse anderer kleiner Schiffe.

Wir dürften eine Stunde unterwegs gewesen sein. Da hüllten uns Scheinwerfer plötzlich in gleißendes Licht. Es war taghell, und die Helle war erfüllt vom Brüllen der britischen Schiffsgeschütze. Neben uns schlugen Wasserfontänen der Granaten hoch und warfen Wogen von Wasser über Deck. Wir suchten Deckung, aber hier war keine Deckung, wir suchten durch die Luken in den Bauch des Schiffes zu flüchten, aber der Bauch war schon voll mit Gebirgsjägern, die wie Sardinen nebeneinander standen. Wir mußten hilflos das Inferno an Deck über uns ergehen lassen, krachend zerbarst vor uns ein Kahn im Feuerblitz, überall schwammen im Meer die gelben Schwimmwesten mit Schiffsbrüchigen, Toten und Verwundeten.

Schon nach dem Aufblitzen der Scheinwerfer hatte unser Kahn gewendet, wir entkamen ins schützende Dunkel und atmeten auf, als wir wieder Kurs auf den Piräus liefen.

Als wir ankamen, graute bereits der Morgen. Wir hofften, daß wir das Abenteuer nun überstanden hatten. Im Hafen warteten bereits Lkw und brachten uns sofort zum Flugplatz.

Keiner von uns war in seinem Leben in einem Flugzeug gewesen, jetzt zog die Ju 52 mit uns hoch – in den Himmel über Athen. Die Sonne schien aus wolkenlosem Himmel, überall zogen die Transportflugzeuge ihre Bahn, Me 109 umkreisten uns. Einmal ratterten in unserer Maschine die Bordwaffen los. Griffen uns Jäger an? Ich saß, mein MG zwischen den Knien, hilflos da und wartete auf das Ende.

Aber nichts geschah. Nach ungefähr 2 Stunden drückte unsere Maschine plötzlich, und schon sahen wir einen Strand auf uns zurasen. Nirgends ein Flugplatz, um Gottes willen, wir zerbersten am Strand, dachten wir.

Ein Krachen warf uns durcheinander, und dann stand die Maschine. ‚Raus', schrie einer von der Luftwaffe gellend. Einer nach dem anderen sprang hinaus. Bis zum Bauch ins Wasser. Aus dem Olivenwald vor uns knallte es ununterbrochen. ‚Schieß', brüllte der Oberfeldwebel Zechner aus St. Veit. ‚Ich kann nicht', schrie ich, wo sollte ich denn im Wasser mein MG auflegen? Zechner riß einen Jäger heran, dem ich den Lauf über die Schulter warf, und dann machte mein MG uns mit Dauerfeuer Luft.

Im Vorgehen sahen wir später in den Olivenbäumen überall die schwarz werdenden Leichen unserer Fallschirmjäger."

Kraßnitzer dürfte mit seinen Kameraden als erster die Sudabucht mit den britischen Kriegsschiffen gesehen haben: aber als Gefangener.

Bei einer Aufklärungspatrouille war er nämlich mit acht Mann gefangen worden, als sie alle acht samt dem Gruppenführer auf einen verlassenen britischen Verpflegungs-Lkw geturnt waren. Mit „hands up" standen plötzlich die Briten da. „Auf dem Weg zur Sudabucht", berichtet Kraßnitzer, „sah ich überall tote deutsche Fallschirmjäger. Drei sahen wir, die auf einem Wegweiser gekreuzigt worden waren. Als wir in einen Stukaangriff gerieten, entkamen wir der in Panik flüchtenden britischen Eskorte. Wir verbargen uns eine Nacht vor den Briten in einem Straßenkanal, bis wir Gefechtslärm und deutsche Rufe hörten. Wir hatten bei unserer Unvorsichtigkeit mächtiges Glück gehabt. Unser Gruppenführer Rudolf Uhl aus Judenburg, der sich bei dieser Patrouille auf den Lkw so unvorsichtig sicher gewähnt hatte, wurde übrigens später Tapferkeitsoffizier. Für eine tollkühne Tat am Eismeer erhielt er sogar das Ritterkreuz."

„Die verrückte Fahrt der leichten Schiffsstaffel", schrieb General Ringel später, „hat mir schon vor der Unternehmung die größten Sorgen gemacht."

„Diesem Teil der Unternehmung haftete von vornherein das Gefühl der Unsicherheit, ja des Widerwillens und der Abscheu aller an, die dabeisein mußten", schrieb der alte Haudegen. Man hatte den Leuten Schwimmwesten und Schlauchboote mitgegeben, hatte ihnen aber gesagt, das geschehe nur für den Fall, daß einer von den morschen Holzkähnen absaufen würde. Von einer möglichen Begegnung mit englischen

Kriegsschiffen war gar nicht erst die Rede. Trotzdem gelang es nicht, das Mißtrauen der Betroffenen zu zerstreuen.

Nun, wir wissen heute, daß, wie befürchtet, alles schiefging. Von den Männern der leichten Seestaffel erreichten nur ein Leutnant und 53 Mann die Küste Kretas: als Schiffbrüchige in Schlauchbooten. Sie hatten nichts mehr bei sich, nur ihre Waffen. Allerdings muß gesagt werden, daß die Verluste der auseinandergeschossenen ,,Seestaffel" erstaunlich gering waren. Churchill sprach von 4000 Deutschen, die ertrunken seien. Es können in Wirklichkeit nicht viel mehr als 400 gewesen sein. Die Begegnung mit der englischen Flotte war für die Gebirgsjäger, die schon beim Anblick eines Matrosen seekrank wurden, sicher ein psychologischer Schock, aber Tatsache ist, daß ein großer Teil der weit auseinandergezogenen winzigen Boote beim Nachtangriff vom 21. auf 22. den Briten entkam.

Bei einer Begegnung am 23. muß die britische Flotte aus Heidenangst vor den pausenlosen Angriffen der Stukas das Weite gesucht haben. Churchill schreibt schonungsvoll: ,,Ein wichtiger Konvoi voll Soldaten wurde abgefangen. Aber Admiral Cunninghams Schiffen drohte angesichts der ständigen Luftangriffe die Flakmunition auszugehen. Der Admiral, der sich des großen Wertes der Beute, die seinem Zugriff offenlag, nicht voll bewußt wurde, befürchtete, durch weiteres Vordringen nach Norden seine ganze Streitmacht zu gefährden und gab Befehl zum Rückzug nach Westen.

Dieser Befehl erklärt das merkwürdige Erlebnis des Gefreiten Hans Mitsche, heute Frächter und Landwirt in Stoßau, der an diesem Tag mit 130 Kameraden auf so einer Nußschale inmitten einer leichten Seestaffel nach Kreta unterwegs war.

,,Plötzlich tauchten 500 m vor uns sechs britische Kriegsschiffe auf, zwei große Brocken dabei. Wir sahen auf Deck Matrosen laufen und sahen, wie sich die Geschütztürme schwenkten, genau auf uns zu. Wir standen auf Deck, hilflos wie Delinquenten vor der Hinrichtung. Jeden Moment mußte es drüben aufblitzen. Das also ist das Ende, dachte ich. Wir machten uns fertig zum Kampf mit dem Meer, das uns nicht minder unheimlich war wie die britischen Granaten. Wie gut aber, daß uns niemand befahl, ins Wasser zu springen. Denn die Briten schossen gar nicht! Im nächsten Augenblick dröhnte es auch schon in den Lüften. Die Stukas waren da. Während wir drehten und wieder Kurs Griechenland zurückfuhren, stürzten sich die Stukas auf ihre Beute. Wir sahen die Leuchtspurgeschosse, die sich wie feurige Ketten den Fliegern entgegenwarfen, hoch oben umzuckten die Flieger die Sprengwolken der schweren Flakbatterien. Aber kein Stuka wurde getroffen; rund um die Schiffe schossen die Wassersäulen der Stukabomben hoch. Plötzlich fuhr aus dem großen Kreuzer vor uns eine ungeheure Stichflamme, eine furchtbare Detonation. Das Schiff sank sofort.

Die Stukas fliegen über uns hinweg, wackeln mit den Tragflächen, sie grüßen uns. Mit hoher Fahrt jagt ein Zerstörer heran und zieht, heftig beschossen von den Briten, schützend vor uns eine Nebelwand. Es war der tapfere italienische Zerstörer ‚Lupo'."

Mitsche und seine Kameraden konnten sich das Wunder nicht erklären, daß die britischen Kriegsschiffe sie damals nicht in Grund gebohrt hatten. Wahrscheinlich war zu dieser Stunde auf den Schiffen schon Fliegeralarm und „Kurs West ins Mittelmeer" befohlen worden. Die Aufmerksamkeit des britischen Kommandanten galt nur noch dem Tod, der aus den Lüften kam.

Für die Geschichte begann die Schlacht um Kreta am 20. Mai 1941: Für einen verlorenen Haufen von Fallschirmjägern begann sie schon einen Tag früher, am 19. Mai bei Einbruch der Dunkelheit in Piräus.

Hitler hatte nämlich die glorreiche Idee, Fallschirmverbände mit schweren Waffen auf Fischerbooten schon in der Nacht vor dem Beginn der Luftlandung übers Meer zu schicken. Am Morgen sollten sie dann an der Küste von Kreta landen und den Kameraden schwere Waffen bringen.

Aber sie kamen nie dorthin, die Seestaffel fuhr ins Verderben.

Einer der Fallschirmjäger, die diese Nacht und dann den Zweiten Weltkrieg überlebten, ist Dieter Appe, Kaufmann in Klagenfurt. Er war damals 19 Jahre alt. Am Abend des 19. Mai wurde er mit dem Pakzug einer Fallschirm-Panzerjägerkompanie auf einen Fischerkahn verladen, der mit einem Riesenkonvoi armseliger Nußschalen den Hafen verließ.

„Die See war rauh", berichtet er. „Die Besatzung bestand aus Griechen. Erst nachdem wir auf See waren, erfuhren die ‚Kapitäne' der Seestaffel, wohin es ging: Kreta. Da mag den Griechen das Herz in die Hosen gefallen sein. Es dauerte nicht lange, da hatte unser Schiff ‚Maschinenschaden'. Es wurden Segel gesetzt und repariert, dann ging es wieder, und dann fiel die Maschine wieder aus, bis unser Oberfeldwebel Fridrichs mit der 08-Pistole nachhalf. Dann funktionierte der Außenbordmotor plötzlich klaglos. Aber wir waren allein. Den Konvoi hatte längst die Dunkelheit verschluckt, das war unser Glück.

Nach Mitternacht war es, da zerrissen im Norden Blitze in ununterbrochener Folge die Dunkelheit, und ununterbrochen grollte der Donner.

Ein furchtbares Gewitter, dachten wir ahnungslos und dampften unentwegt auf das vermeintliche Naturereignis zu.

Als es hell wurde, waren wir am Schauplatz der Tragödie, die wir für ein Gewitter gehalten hatten. Soweit man schauen konnte, schwammen Schiffstrümmer, Schlauchboote mit Verwundeten und Toten und gelbe Schwimmwesten, und in den Schwimmwesten die Rücken der toten Fallschirmjäger.

Hier hatten britische Kriegsschiffe in der Nacht unseren Konvoi zusammengeschossen. Was heißt zusammengeschossen: Sie hatten ihn zerfetzt; obwohl nach den Berichten Überlebender die griechischen Besatzungen im aufflammenden Scheinwerferlicht sofort die weiße Flagge gezeigt hatten.

Unser Kahn mit 40 Fallschirmjägern schaukelte verloren über die Wellen, die unsere Kameraden verschlungen hatten. Aber jetzt waren wir dran. Drei Kriegsschiffe dampften auf uns zu. Und diesmal hatte Fridrichs nichts dagegen, daß der totenblasse griechische Schiffsbesitzer die weiße Flagge hißte. Aber er ließ sie sofort wieder einziehen, als hoch oben unsere Stukas auftauchten und heulend wie Raubvögel im Sturzflug auf die Schiffe niederstießen.

Wir jubelten.

Ein dramatischer Kampf spielte sich vor unseren Augen ab. Die Briten feuerten aus allen Rohren auf unsere Flieger. Die Bomben der Stukas umgaben die Kriegsschiffe mit einem Wald von Wasserfontänen. Aber wir jubelten zu früh. Es mag sein, daß sie die Schiffe beschädigt hatten, retten konnten uns die Stukas nicht. Als die Staffel heimwärts flog, rissen wir uns die schwere Fallschirmjägerausrüstung und die Kombination vom Leib und sprangen mit den Schwimmwesten noch rechtzeitig ins Meer, bevor die Briten unseren Kahn in Fetzen schossen.

Wir schwammen viele Stunden lang im Meer. Die Briten dachten nicht daran, uns zu retten. Wir trieben auf den Wellen, auf denen überall die Schwimmwesten mit den Toten schaukelten. Über uns weg sahen wir die deutschen Bombengeschwader ziehen, die He 111, Kette auf Kette hin nach Kreta und zurück. Und dann kamen die endlosen Ketten der Ju 52, die unsere Kameraden nach Kreta flogen.

Italienische Zerstörer fischten uns auf. Erst vier Tage später kamen wir nach Griechenland zurück. Von 144 Mann unserer Panzerjägerkompanie waren 67 zurückgekommen. Unter den Toten war auch unser KpChef Oblt. Ernst Wurzer aus dem Metnitztal und mein Oberkärntner Kamerad Georg Nusser.

An den Namen des Salzburger Kameraden erinnere ich mich nicht mehr.

In Kreta landete ich erst zwei Jahre später. Nach der Schlacht vor El Alamein. Als Schwerverwundeter in einem Lastensegler."

Zu Pfingsten: Sieg auf Kreta

Ständig landeten nach dem 21. Mai bei Maleme die Einheiten der 5. Gebirgsdivision und wurden in den Kampf geworfen. In einem Gelände, das der Teufel in seinem Zorn erschaffen hatte, stürmten sie vor bei 46 Grad im Schatten nach der Devise „Schnelle Bewegung spart Blut".

Nach mörderischen Kämpfen, bei denen vor allem die Eroberung von Galatas die schwersten Opfer forderte, krönt am Pfingstsonntag, 1. Juni 1941, der Sieg von Sfakia das Unternehmen „Merkur".

Jetzt erst jubelte auch der deutsche Rundfunk in Sondermeldungen. Aber noch fünf Tage nach der Landung war den Deutschen im Reich das tollkühne Unternehmen auf Kreta verschwiegen worden. Dabei hatte der britische Rundfunk schon am 21. Mai davon berichtet und großspurig erklärt: „Kreta wird bis zum letzten Mann gehalten."

Das Halten bis zum „letzten Mann" sah dann so aus: Rund 12000 Briten wurden von den Deutschen gefangengenommen. 17000 Mann konnte General Freyberg noch von Iraklion und von den Häfen im Süden nach Ägypten evakuieren. Etwa 2500 Mann blieben als Tote auf Kreta zurück, und 2011 Mann fanden auf britischen Kriegsschiffen, die von der deutschen Luftwaffe versenkt worden waren, den Seemannstod.

Ganz im Gegensatz zu dem Wüten der kretischen Freischärler stand merkwürdigerweise die Haltung der kretischen Bevölkerung, die den Deutschen nach Beendigung der Kämpfe durchaus freundlich entgegenkam. General Ringels Gebirgsjäger, die ein halbes Jahr auf Kreta blieben, halfen den Einheimischen, wo sie konnten, bei der Feldarbeit. Es gab keinen einzigen Fall von Sabotage, kein einziges Attentat.

Als Generalmajor Ringel, ein Kärntner, nach sechs Monaten Kreta verließ, wurde er von der Bevölkerung feierlich verabschiedet. Die Stadt Iraklion ernannte ihn zum Ehrenbürger, und der schönste Platz Iraklions wurde nach seinem Abgang General-Ringel-Platz benannt.

Auch Bezirksschulinspektor Engelbert Malle, selbst mehrmals verwundet, einer der letzten noch lebenden Kärntner, die mit der 5. Gebirgsdivision das Kreta-Unternehmen mitgemacht hat, bestätigt: ,,Wir hatten ein gutes Verhältnis zur Bevölkerung.“ Er muß es besonders wissen, denn er war als Fähnrich, der Griechisch beherrschte, im Bereich seines Bataillons in Pesa südlich von Iraklion der Mittler zwischen den Kretern und den Männern mit dem Edelweiß.

Als Malle übrigens 25 Jahre später Pesa wieder besuchte, war er in einem Lokal von einem alten Kreter erkannt und begeistert als der Mann begrüßt worden, der 1941 seiner Frau durch die Einweisung in ein Hilfslazarett der deutschen Wehrmacht das Leben gerettet hatte. Im Nu war die anfängliche feindselige Stimmung gegen den Deutschen und seinen Begleiter in überströmende Gastfreundschaft umgeschlagen.

,,Es herrschte auch damals nach Einstellung der Feindseligkeiten ein menschliches Klima“, erklärte der ehemalige Gebirgsjäger. ,,Mit den gefangenen Briten spielten wir Fußball. Es gab keine Feindschaft mehr.“ Und es ist bezeichnend, daß auch die Neuseeländer, die 1941 den Soldaten der 5. Gebirgsdivision gegenüberlagen, ihren ritterlichen Gegnern auch später Achtung erwiesen. Als die 5. Gebirgsdivision 1945 in den Westalpen vor den Neuseeländern kapitulierte, erwiesen sie ihren ehemaligen Gegnern von Kreta volle militärische Ehren.

Übrigens hielt diese Gesinnung gegenseitiger Hochachtung

auch über den Krieg hinaus an. 1962 hat die neuseeländische Kreta-Vereinigung den überlebenden Kreta-Kämpfern der Fallschirmtruppe die Ehrenmitgliedschaft verliehen.

Wie überall war auch auf Kreta das Verhalten der Wehrmacht äußerst korrekt.

Engelbert Malle: „Bei Androhung schwerster Strafen durfte kein Ei ohne Bezahlung requiriert werden, und jeder Tropfen Wein wurde bezahlt. Die Kreter erkannten sehr bald, daß diese Fallschirmjäger und Gebirgsjäger nichts mit dem Bild des deutschen Soldaten zu tun hatten, wie es die britische Propaganda den Kretern einst vorgezeichnet hatte. Ich selber sah das Plakat, das eine deutsche Bestie darstellte, die ein griechisches Kind zwischen den Zähnen hielt."

So gut das Verhältnis der Kreter zu den Deutschen war, so wenig hielten die Inselbewohner von den Italienern.

Am Pfingstsonntag, 1. Juni 1941, gab es auf Kreta keinen alliierten Soldaten mehr.

Fast 4000 Fallschirmjäger und Flieger waren gefallen, dazu 1200 Gebirgsjäger. 3300 Mann wurden verwundet. Fast die Hälfte der toten Fallschirmjäger war vermißt. Das heißt, sie waren von Heckenschützen ermordet und sofort verscharrt worden.

Göring ordnete im Juni als Vergeltung für die völkerrechtswidrige Ermordung von fast 2000 meist verwundeten Fallschirmjägern Erschießungen von kretischen Männern an. Dafür wurde 1947 der hochachtbare General Bräuer in Athen hingerichtet. Von den Bestialitäten der Kreter sprach kein Mensch.

Wider Willen hatte der britische General Freyberg der Tapferkeit der deutschen Kreta-Kämpfer ein Denkmal gesetzt, indem er in seinem Erfahrungsbericht über die Kämpfe vermutet hatte, die deutschen Fallschirmjäger müßten vor ihrem Absprung mit Tapferkeitstabletten „gedopt" worden sein. Ihr Verhalten im Gefecht habe das eindeutig bewiesen. „Furcht oder Vorsicht", schreibt Freyberg, ,,scheinen sie überhaupt nicht zu kennen. Winzige Grüppchen, ja einzelne, stürmten gegen dicht besetzte Stellungen an oder wehrten sich, hoffnungslos umstellt, entgegen jeder Vernunft bis zum letzten Atemzug. Auch zeigten die Deutschen keine Ermüdung, was bei der herrschenden Hitze wieder nur mit Doping zu erklären sei."

In der Tat, die Deutschen hatten Übermenschliches geleistet. Dafür sprachen aber auch die entsetzlichen Verluste.

Karl Ruef zitiert den evangelischen Divisionspfarrer der 6. Gebirgsdivision: ,,Ich folgte mit einem Gräberkommando von Maleme aus den Spuren des Angriffs. Es war furchtbar. In den Bäumen hingen tote Fallschirmjäger noch in den Gurten ihrer Fallschirme. In Olivenhainen, in Gräben, auf Felsrippen, überall fanden wir Tote. Die Leichen waren nach 24 Stunden schon von der Sonne aufgedunsen und in Verwesung übergegangen. Wir konnten nur noch mit Gasmasken arbeiten."

Vielfach mußte man die Toten mit Benzin übergießen und anzünden, berichtet ein anderer Kreta-Kämpfer.

Churchill schrieb nach dem Krieg: ,,Göring hat auf Kreta nur einen Pyrrhussieg errungen, denn die dort verausgabten unersetzbaren Kräfte hätten ihm leicht Zypern, Syrien, den Irak und vielleicht sogar Persien in die Hand spielen können."

Nun, Churchill mußte eigentlich wissen, daß die Deutschen hierzu erst Kreta haben mußten, bevor sie zum Irak und zum Suez wollten. Was das Kreta-Unternehmen zur Tragödie machte, war die falsche Beurteilung der Feindlage. Die erste Luftlandetruppe der Welt wurde Opfer mangelnder Aufklärung. Student war ehrlich genug zu bekennen: ,,Ich habe mich verrechnet." Der Geheimdienst hatte vollständig versagt. Fritz Janeschitz erinnert sich: ,,Wir hatten damals nach dem Absprung Befehl, jeden Menschen, in welcher Uniform immer er sich stelle, sofort zum nächsten Stab zu bringen, wenn er das Stichwort ‚Bock' sagte." Das Unternehmen

„Bock“ des deutschen Geheimdienstes muß aber ein kompletter Versager gewesen sein. Die deutsche Führung wußte jedenfalls nicht, wie überlegen die britische Abwehr war. Im Gegenteil, man besaß falsche Informationen, daß auf Kreta nur demoralisierte Truppen lägen.

Zu Pfingsten 1941 betrug für die Deutschen die Entfernung zum Suezkanal nur noch 800 km. Rommel brauste damals durch die Cyreneika. In acht Wochen wäre damals eine neue Luftlandetruppe bereit gewesen. Hitler entschied jedoch, daß die Zeit der Fallschirmoperationen vorüber sei. Er ließ die Fallschirmtruppen, die besten der Besten, als Infanteristen kämpfen.

Die anderen aber hatten aus Kreta gelernt. Diese Waffe ist heute das Hauptelement der sowjetischen Offensivstrategie.

Von Kreta aber schrieb der Schöpfer der Fallschirmtruppe, General Student: „Mit dem Namen Kreta verbindet sich für die Nachwelt der Begriff einer ganz außergewöhnlichen militärischen Leistung, die von einem fast mystischen Geheimnis umwittert ist.“

Der „Drache“ Murmansk

In Narvik waren die Gebirgsjäger trotz ihres Heldenmutes davongekommen, weil der Zusammenbruch der Alliierten in Frankreich sie vor der Vernichtung bewahrt hatte. Ihr tapferes Ausharren hatte sich bewährt und sogar Churchill Bewunderung abgerungen. Aber die Männer der zwei Gebirgsdivisionen wußten nicht, daß ihnen die Hölle am Eismeer erst bevorstand.

Aus der zweiten und dritten Gebirgsdivision, die durchwegs aus Kärntnern, Tirolern, Salzburgern und Steiermärkern bestand, war ein Gebirgskorps gebildet worden. Befehlshaber wurde Generalleutnant Dietl. Die zwei Divisionen sollten Murmansk nehmen.

Das Gebirgskorps war nicht nur zu schwach, es hatte nicht nur die schreckliche, leere Tundra vor sich, einen Raum, von dem man nichts wußte, es stand auch völlig isoliert. 1300 Kilometer von Narvik entfernt, 3000 Kilometer von der Versorgungsbasis Deutschland. 500 Kilometer betrug die Entfernung bis zur nächsten deutschen Angriffsgruppe, die in Mittelfinnland auf die 1415 Kilometer lange Murmanskbahn angesetzt war.

Über ihre Schienen rollten die Versorgungsgüter und die Waffen, mit denen die westlichen Demokratien den Bolschewismus am Leben erhielten und ihm die Kraft einflößten, später halb Europa zu annektieren.

Das Bestreben der deutschen Führung, die Murmanskbahn in ihren Besitz zu bringen, war verständlich. Unverständlich blieb nur die Leichtfertigkeit, mit der man dieses Ziel zu erreichen suchte. Statt einen Schwerpunkt zu bilden, setzte man in dem 1000 Kilometer breiten Angriffsraum an drei Stellen je zwei Divisionen ein. Ein dilettantisches Beginnen.

Man wußte überdies nichts von dem Raum, den man nach Murmansk durchstoßen sollte. Die verläßlichste Unterlage, die es im OKW gab, war der Baedecker vom Jahre 1912. Die vorhandenen Karten deutete man falsch, man hielt Grenzlinien für Straßen, und Lappenrouten, die höchstens mit Steinmännchen markiert waren, für fahrbare Wege. Man wußte nicht, wo Sümpfe und Sumpfzonen lagen. Selbst die Seen erkannte man auf den Luftaufnahmen nicht, denn sie waren zur Zeit der Vorbereitung des Feldzuges noch zugeschneit.

Ein leeres, endloses, unbekanntes, feindliches Land lag vor den Gebirgsdivisionen, als sie sich im Raum Kirkenes-Petsamo versammelten. In den Stäben, in denen man damals im Frühjahr 1941 fieberhaft an den Vorbereitungen für das Unternehmen „Platinfuchs" arbeitete, war man sich durchaus darüber klar, daß es sich bei dem bevorstehenden Feldzug um ein kolossales Abenteuer handeln würde, für das man nicht entsprechend ausgerüstet war.

Man hatte weder die entsprechenden Bau- und Versorgungstruppen noch eine entsprechende Luftversorgung, ohne die eine Bewegung im sumpfigen, weglosen, arktischen Ödland einfach unmöglich ist. Es herrschte im Offizierskorps Einigkeit darüber, daß ein Blitzkrieg allein schon an den Verkehrsverhältnissen scheitern müsse. Dietl hat aber vor Beginn des Feldzuges offensichtlich doch an einen Blitzkrieg geglaubt.

General a. D. Anton Holzinger, der ehemalige Militärkommandant Kärntens, war damals Bataillonskommandant. Er erinnert sich, wie vor dem Ostfeldzug General Dietl die Kommandeure seines Korps im Lager bei Kirkenes versammelte. Dietl hatte Angst, daß Unberufene mithören könnten, und ließ die Herren deshalb auf einer Wiese im Halbkreis antreten.

Dann eröffnete er ihnen die Aufgabe, die das Korps zu erfüllen hatte: Angriff über eine weglose, endlose arktische Tundra auf den Hafen Murmansk.

„Dietl hielt die Aufgabe für schwer, aber sie könne gelöst werden, denn das Korps habe höchstens zwei sowjetische Divisionen niederzukämpfen, sagte er, dann sei der Weg nach dem Sowjethafen am Eismeer frei. Dietl hob emphatisch die Faust und rief uns zum Schluß begeistert zu: ‚In drei Tagen san ma in Murmansk.'"

Als „Geheimagent" vor Murmansk

Der erste Soldat des Alpenkorps, der vor Murmansk auftauchte, trug Räuberzivil, und er war schon drei Monate an der Grenze der UdSSR, bevor noch der Feldzug „Barbarossa" begann.

Der Mann, der mit einem abenteuerlichen Auftrag von Kirkenes weggeschickt wurde, war der spätere Oberst des österreichischen Bundesheeres Hans Rohr.

Erst nach dem Krieg erfuhr Rohr, daß er nicht allein war. In tiefster Geheimhaltung hatte auch die 2. Gebirgsdivision einen Offizier in Zivil an die Grenze entsandt. Jeder hatte seinen Abschnitt und jeder zusätzlich zur Beobachtung auch noch den Bereitstellungsraum für seine Division zu erkunden.

Die beiden Gebirgsjägeroffiziere, die voneinander nichts wußten, waren ohne Zweifel die ersten, die ihren Fuß auf Sowjetboden setzten. Es hieß höllisch aufzupassen. Rohr trug nur eine Pistole bei sich. Ein Zusammenstoß mit einer Sowjetpatrouille mußte auf jeden Fall vermieden werden. Er durfte um keinen Preis in die Hände der Sowjets fallen.

Bei aller Vorsicht blieb ihm ein Schrecken nicht erspart. Auf finnischer Seite eines Grenzhügels legte er die Skier ab, klomm in Unkenntnis des Grenzverlaufes hoch und erstarrte: 30 bis 40 Meter vor ihm stapften zwei Sowjetsoldaten direkt auf ihn zu. Und die zwei waren nicht allein. Sie hatten Hunde bei sich. „Das ist das Ende", dachte Rohr.

Aber er hatte ungeheures Glück. Die zwei sahen ihn nicht. Blitzschnell und lautlos glitt er abwärts, schlüpfte in die Bindung und jagte im schützenden Gestrüpp zurück.

Wenige Tage später wies er den Divisionskommandeur der 3. Gebirgsdivision und seine Offiziere in die erkundeten Bereitstellungsräume ein. Die Schlacht um Murmansk begann.

Acht Tage nach Kriegsbeginn im Juni 1941 rückten die Gebirgsjägerdivisionen gegen Murmansk vor, das von 60 000 Sowjetsoldaten verteidigt wurde.

Die Titowka wurde überschritten, aber an der Liza kam das Vorgehen schon zum Stehen. Im Sumpf der Tundra mühten sich die Batterien vergebens nach vorn. Die Bataillone der 2. und 3. Gebirgsdivision verbluteten auf den kahlen Tundrahöhen im Stahlhagel der sowjetischen Batterien und Granatwerfer. Die artilleristische Überlegenheit der Russen und ihre Luftherrschaft machten alle todesverachtende Tapferkeit der Gebirgsjäger zunichte. Die Bataillone verloren oft die Hälfte ihres Bestandes, manche wurden aufgerieben.

„Wir wußten nichts von dem Raum, den wir angriffen", erinnert sich der damalige Leutnant Walter Fritz. „Wir hatten nicht einmal Karten."

„Als unser Bataillon am ‚Toten Mann' schon fast verblutet war, wollte der Divisionskommandeur Kreysing immer noch keinen Befehl zur Einstellung des Angriffs geben. Bei der Division hieß es, ‚das sind nur Anfangsschwierigkeiten', nach ihrer Überwindung werde es wieder vorwärts gehen.
Der alte Oberst Windisch, der Theresienritter der Isonzofront, wußte es besser. Ohne schwere Waffen, ohne Artillerie war Angriff in diesem Gelände nicht zu verantworten.

Als sein drittes Bataillon schon weit vor dem Angriffsziel zusammengeschossen wurde, rief er bei der Division an und verlangte den General zu sprechen.

Über einen Teil des Gespräches gibt es einen Zeugen, den Kommandanten des Aufklärungszuges Lt. Fritz:

„Es war ein erregtes Gespräch im Gange“, erinnert sich Fritz. „Aus den Worten war unschwer zu erraten, daß es um die Fortsetzung des Angriffes ging.“

Windisch muß wohl auf die unzureichenden Kräfte, den Mangel an Reserven, die fehlende Luftwaffenunterstützung und das Zurückbleiben der Artillerie hingewiesen haben, und Kreysing scheint ebenso wie Dietl zugegeben haben, daß die Einwände des Regimentskommandanten berechtigt seien, aber es gar keinen Sinn habe, mehr Truppen, mehr schwere Waffen und Luftwaffenunterstützung anzufordern, denn man bekomme sie nicht. Da scheint dann Windisch der Kragen geplatzt zu sein. Der Österreicher brach aus ihm heraus, der Maria-Theresien-Ritter, der dem Krieg von vornherein mit Skepsis gegenübergestanden hatte.

Ich hörte, wie er in den Apparat schrie: ‚Fangts kan Krieg an, wenn ihr keinen führen könnts.‘

Der General am anderen Ende muß dann wohl noch etwas gesagt haben, was unseren Oberst in Weißglut und um den letzten Rest von Besinnung brachte. Er rief das Götzzitat in die Sprechmuschel und hieb den Hörer auf den Apparat.“

Und das war die ungeheure Befehlstreue dieser Elitetruppe. Sie griff wirklich weiter an.

Im Zweiten Weltkrieg hob der amerikanische GI seinen Helm erst dann aus dem Mauseloch, wenn bei den Germans alles zerbombt und kurz und klein geschlagen war. Man nennt solchen vorsichtigen Einsatz ‚Menschenökonomie‘. Dieser Begriff war bei der höheren Führung der Wehrmacht ebenso unbekannt wie bei den Sowjets.

Die Offiziere und Unteroffiziere an der Liza wußten mehr noch wie die Jäger um den furchtbaren Ernst dieses Auftrages. Sie hatten gegen vollkommen intakte russische Stellungen anzurennen. Niemand außer den paar armseligen MGs des Oberleutnants Tollschein würde die Sowjets niederhalten, unbehindert würden die Russen ihnen ihren Feuerhagel entgegenfegen können.

Und so war es auch. Unter schwersten Verlusten stürmten die Gebirgsjäger, und dann saßen sie in der Falle. Die Höhe wurde bald zu einem brodelnden Vulkan berstender Werfergranaten.

Kommandant auf dem „Toten Mann“ war Hauptmann Holzinger, einer der ersten Ritterkreuzträger. Er hatte in Norwegen in fünftägigen Kämpfen, mit seiner Kompagnie auf sich allein gestellt, Oberstleutnant Sorko den Weg nach Norden freigekämpft.

Jetzt sah er sich auf der Tundrahöhe in einer verzweifelten Situation. Pausenlos hagelten die Granaten der russischen Batterien und die Granatwerfer auf den Berg. Das Trostlose lag darin, daß die russischen Granatwerfer über acht Kilometer feuern konnten, jene der Gebirgsjäger nur auf zwei Kilometer. Sie waren den Minen der Sowjets schutzlos preisgegeben. Sie richteten Verheerungen an. Es gab keine Deckung, überall war Fels. Die Spaten waren nutzlos. Jede Mine, jede Granate, die niederfuhr, war ein Volltreffer in Menschenleiber.

Das Los der Verwundeten war schrecklich. Jeder Verletzte will aus der Gefahrenzone, er fühlt, daß er hilflos ist, und in ihm ist übermächtig der Schrei der gequälten Kreatur nach Hilfe und Geborgenheit. Dieser Hilfsplatz aber lag mitten im Feuer. Schreckensstarr lauschten die Verwundeten auf jede neue Granate, die rundherum berstend in die Felsen fuhr. Karpf: „Ich kam als Melder wiederholt zum Hilfsplatz, Verwundete schrien markerschütternd: ‚Bringt uns fort.‘ “

Die schwersten Fälle hatte man unter einen etwas überragenden Felsen gelegt. Eine steil niedersausende Mine zerfetzte dann alle Verwundeten, die dort lagen. Dieser Hilfsplatz, unmittelbar hinter der Feuerlinie, von Dr. Klein, einem Steirer, versorgt, war eine Hölle für die Verletzten, die auf ihren Abtransport warten mußten. General Holzinger erinnert sich an einen blutjungen Gebirgsjäger, der wimmernd am Hilfsplatz saß. Ein Splitter hatte ihm die Genitalien zerfetzt. Er sah hoffnungslos und verzweifelnd auf seinen Unterleib.

Die linke Flanke des III. Bataillons war offen, weil das Nachbarbataillon von den Russen abgedrängt worden war. Die Sowjets drohten jetzt, den „Toten Mann" zu umfassen. Walter Fritz: „Da eilte Oberst Windisch mit seinem Stab selber vor und richtete mit Meldern, Schreibern und meinem Aufklärungszug eine Flankensicherung ein."

Walter Fritz berichtet: „Ich lag mit meinem Aufklärungszug in der linken offenen Flanke des III. Bataillons. Bei mir befand sich Oberst Windisch. Hier unten war im Birkengestrüpp, im Gegensatz zum Fels der Höhe, sogar etwas Humus auf dem Tundraboden. Die MG-Bedienungen und die Jäger arbeiteten mit ihren Spaten verzweifelt, um sich wenigstens schützende Mulden zu graben. Dabei hatten wir alle die Beobachtung des Vorfeldes vergessen.

Plötzlich schrie der Oberjäger Perkonig aus Klagenfurt gellend: ‚Die Russen! Die Russen!' Ich riß das Glas an die Augen. Tatsächlich! In einigen hundert Metern Entfernung kamen sie in Massen. ‚Nein!' brüllte Perkonig, ‚nicht dort.' Er zeigte in die Richtung eines Sumpfstreifens: ‚Da sind sie!'

Wahrhaftig. 30 Meter von uns entfernt, liefen sie auf uns zu. Unser MG-Schütze, der blonde, blauäugige Toni Pirchmoser aus Tirol, schanzte noch. Ich sprang selbst mit einem Satz an sein verlassenes MG und jagte Dauerfeuer aus dem Rohr.

Hätte Perkonig die Russen nicht rechtzeitig entdeckt, hätten sie Minuten später den ganzen Regimentsstab samt unserem Oberst überrannt. Perkonig ist später in Jugoslawien gefallen. Unter meinen Leuten, die am ‚Toten Mann' verwundet wurden, war übrigens ein Mann, der später bekannt wurde. Der Vorarlberger Hermann Gmeiner, der Gründer der Kinderdörfer."

Eine kritische Situation gab es auch beim Bataillons-Gefechtsstand: Der Bataillonskommandant, Hauptmann Holzinger, sein Adjutant, Leutnant Melzer – ein blutjunger Sachse –, und ein Paar Schreiber und Melder, hingeklebt am Hinterhang im Birkengestrüpp. Es war in der zweiten Nacht, wenn man „Nacht" sagen könnte. Es gab ja keine Dunkelheit, keine schützende, erholsame, rettende Finsternis in diesem verfluchten Land! Es war zu dieser Jahreszeit immer hell. Nie senkte sich der Schirm der Dunkelheit über die Tundra, in der man hätte die Verwundeten uneingesehen nach rückwärts schaffen können. Nie wurde es dunkel, um Nachschub nach vorne bringen zu können. In den drei Tagen, in denen das I/Bataillon 139 da oben am „Toten Mann" verblutete, kam kein Stück Brot, keine Konserve, kein Schluck Kaffee nach vorne. Warum nicht? General Holzinger: „Ich weiß es nicht. Der Oberzahlmeister redete sich später mit allen möglichen Schwierigkeiten und mit ‚Partisanengefahr' aus."

Wie immer es sei, in der zweiten „Nacht" war es, als das Bataillon schon auf ein Häufchen zusammengeschmolzen war. Da stürzte plötzlich ein Melder keuchend in langen Sprüngen zum „Gefechtsstand" herunter: „Die Russen kommen; die Russen!"

„Es gab kein Überlegen", erinnert sich General Holzinger heute, „wir ergriffen Maschinenpistolen und Karabiner wie in einer automatischen Reflexbewegung und stürmten wie Irre. Hurra brüllend, aus den Hüften feuernd, aufwärts auf die auftauchenden Sowjets zu, die vor unserem schreienden, feuerspeienden Haufen auf der Stelle kehrtmachten.

Noch in diesem Gegenstoß jaulten wieder russische Granaten heran. Ich hörte sie kommen, diese Granate, und dachte: ‚Die gilt mir.' Aber sie galt nicht mir. Neben mir, nur fünf Meter neben mir, zerriß sie meinen Adjutanten Melzer in Stücke. Ich schrieb seinem Vater, einem Major beim Wehrbezirkskommando in Dresden. Er antwortete mir: An genau dem gleichen Tag, an dem er die Todesnachricht vom Eismeer erhielt, hatte er auch die grausame Mitteilung in Empfang nehmen müssen, daß auch sein zweiter Sohn im Osten gefallen war."

Es ist sonst immer so, daß bei Kampfhandlungen eine rätselhafte Relation zwischen der Zahl von Toten und Verwundeten besteht. Nicht so auf dem „Toten Mann". „Es gab verhältnismäßig wenig Verwundete", sagte General Holzinger, „der größte Teil meines Bataillons war tot. Mit 700 Mann griffen wir an, kaum 100 kamen wieder zurück!" Fast alle Offiziere waren ausgefallen. Unter den Verwundeten war auch Obltn. Schönbeck, der spätere Alpininspektor des Bundesheeres, der heute in Salzburg lebt.

Ein Gemetzel am Stiefelsee

„Was uns bevorstand", sagte General a. D. Holzinger, „das zeigte uns am Beginn des Sommers eine Episode am sogenannten Stiefelsee.

Dort lag ein Zug meines Bataillons und sperrte die Enge am Stiefelsee, und eines Tages hieß es: Der Zug meldet sich nicht mehr.

Wir ahnten Böses. Mit dem Pionierzug und einem Fernsprechtrupp marschierten wir los. Wir kamen zu der Stellung und nichts rührte sich. Der Zug lag da, wie er gelebt hatte.

Vorne lagen im Schützenloch die toten Posten. Sie waren die ersten, die starben. Vielleicht haben sie gedöst, und das Bajonett fuhr ihnen durch die Gurgel, im Schlaf. Vielleicht hat einer noch im letzten Augenblick, vor Schreck erstarrt, die Gestalten vor sich gesehen. Aber auch da mag es für Gegenwehr zu spät gewesen sein. 20 Schritt dahinter standen einmal im Gestrüpp die Zelte des Zuges. Jetzt war alles ein Chaos, ein Leichenfeld. Ein entsetzenerregender Anblick.

Alle 22 Mann des Zuges waren tot.

Es muß der Auftrag der sowjetischen Jagdkompanie gewesen sein, den Zug lautlos zu erledigen. Kein Schuß durfte fallen: Das wäre ein grausamer, aber immerhin ein Kampfauftrag.

Aber was da geschah, das war ein Akt von Bestialität. Die Gebirgsjäger wurden nicht getötet, sie wurden zerfleischt. Ihre Gesichter waren von Wunden grauenhaft entstellt. Ihr ganzer Körper wies schreckliche Wunden auf. Es waren lauter blutjunge Leute, alles Soldaten aus Kärnten.

Unverständlich schien es den entsetzten Pionieren, daß man den Leichen die blutigen Kleider geraubt hatte. Das ‚Paradies der Werktätigen' war offenbar auf Textilien angewiesen.

Als die Pioniere das Leichenfeld beseitigt und die Toten beerdigt hatten, ließ Hauptmann Holzinger in Richtung Murmansk einen dichten Minengürtel vor die Stellung der Leichen legen. Die Pioniere besetzten sie.

Und die Russen kamen wenige Stunden später, um die Position der Toten zu besetzen, und flogen nacheinander in die Luft. Sie schrien stunden- und tagelang. Einer schrie nach seiner Mutter.

‚Kein Gebirgsjäger holte sie. Mag sein, daß es Unschuldige traf. Die zerfleischten Leiber unserer Kameraden ließen keine Gnade zu.'"

Um die Tragödie am Stiefelsee gab es ein Nachspiel. Ein einziger hatte sie überlebt. Der Zugführer, ein Leutnant. Sein Zelt lag hinter dem Zug. Er entkam dem Gemetzel durch Flucht in die Tundra. Es hieß, er hätte feuernd fallen müssen. Sein Glück war es, daß Oberst Windisch damals noch Regimentskommandeur war. Er verhinderte einen Tatbericht, der den Leutnant vor ein Kriegsgericht gebracht hätte.

Eine tragische Bewandtnis hatte es in den ersten Kampftagen mit dem Spähtrupp Ostermann. Er sollte feststellen, ob eine Höhe schon von Russen besetzt sei. Der Offiziersaspirant ging mit seinen Leuten ab, und nach einiger Zeit hörte man von der Höhe Handgranaten detonieren und MP-Salven rattern. Der Spähtrupp aber kam nicht wieder. Entschlossen, seine Leute herauszuhauen, griff Oberleutnant Rohde mit seiner 2. Kompanie die Höhe an und nahm sie nach hartem Nahkampf.

Hans Ruf berichtet über diese Episode:

„Nahkämpfe entwickelten sich mit dem Feinde, der sich hinter Felsblöcken und gut getarnten Steinstellungen verteidigte. Einzelne Russen stellten sich tot, um später wieder das Feuer aus dem Rücken zu eröffnen. Aus Gründen der eigenen Sicherheit konnten daher keine Gefangenen mehr gemacht werden, und der harte Kampf endete erst nach der völligen Vernichtung des Feindes. Bald war die Höhe 122 in der Hand der 2. Kompanie.

Die Männer des Spähtrupps Ostermann wurden – vollkommen zerstümmelt und grausam zugerichtet – aufgefunden. Der einzige Überlebende, der sich verwundet durch einen Sprung über einen Felsen in einen kleinen See gerettet hatte, erzählte, daß die Russen die Verwundeten des Spähtrupps erbarmungslos niedergemacht und massakriert hätten. Eine tiefe Erbitterung über diese grausame Kampfweise erfaßte alle. Zwei gefangene Russen, die bei dem Massaker beteiligt gewesen waren, wurden nach einem kurzen Standgericht an Ort und Stelle erschossen. Ein Ahnen ging durch die Reihen der Jäger, wie hart und schwer der Kampf gegen diesen Gegner noch werden würde."

Hundert Stunden ohne schützendes Dunkel hielten die Gebirgsjäger im August 1941 das Handgranatenköpfel in pausenlosem Einsatz gegen die Russen, die ihnen ständig auf Sturmdistanz gegenüberlagen.

Der Oberjäger H. Rainer aus Mauthen hat das Kommando auf dem Stützpunkt übernommen, nachdem Leutnant Fauster gefallen war. Die Gebirgsjäger liegen am Hinterhang. Ein

Handgranatenwurf weiter jenseits der Kuppe die sibirischen Schützen.

Im Schutz von Nebelstreifen greifen sie immer wieder an. Mit den Nebelstreifen weht auch der süßliche Leichengeruch zu den Jägern herüber.

Dem Oberjäger H. Rainer, von Narvik an bis zum Ende viermal verwundet, rufen diese Tage ohne Schlaf am Handgranatenköpfel die Grenzen menschlicher Leistungsfähigkeit in Erinnerung.

„Plötzlich konnte ich nach fünf Tagen nicht mehr. Ich lag neben meinem MG-Schützen, Großegger hieß er, ein Junge aus der Steiermark. ‚Paß auf', sagte ich schon halb besinnungslos, ‚nur zehn Minuten' und sackte weg.

Was dann geschah, weiß ich nur von Großegger.

Die überforderten Nerven reagierten plötzlich grotesk. Ich schnellte nach zehn Minuten wie von der Tarantel gestochen auf und sprang in Trance zu den Russen, die uns hinter der Kuppe auf 20 Schritt gegenüberlagen. Hätte mich Großegger nicht niedergerissen, wäre ich verloren gewesen."

Am Handgranatenköpfl, das nach der Ablösung durch die 6. Gebirgsdivision auch den Namen Sturmbock trug, war die Handgranate die Hauptwaffe.

Es war zur Zeit, als Oblt. Zauner Kommandant dieses Stützpunktes war, da fügte eine eigene Handgranate dem Gebirgsjäger Zwicknagel schwerste Beinverletzungen zu. Sein Kamerad Franz Hainisch (Innsbruck) hörte die Detonation und barg seinen Kameraden, ehe er verblutete. Zwicknagel mußten die Unterschenkel amputiert werden. Zu Dr. Rauchenwald, dem legendären Chirurgen der 6. Gebirgsdivision, sagte Zwicknagel nach der Amputation: „Und ich werde doch wieder Ski fahren." Der Schwerkriegsversehrte ist heute wirklich Skilehrer in Kitzbühel.

Dramatische Vorfälle gab es bei den vielen Kommandounternehmen. Dr. Grumm (Innsbruck) erinnert sich an das verunglückte Unternehmen, das vom Hausberg ausging. Die Division brauchte Gefangene. Sie sollten durch ein Stoßtruppunternehmen eingebracht werden. Die Angreifer sollten im Schutz einer Nebelwand, die die eigene Artillerie durch Nebelgranaten aufzubauen hatte, in die russischen Stellungen auf einer Höhe südlich des Hausberges eindringen.

Aber als die Stoßgruppe vorbrach, blieb durch verhängnisvolle Fehler der Einschlag der Nebelgranaten im vorgesehenen Zielraum aus. Die Gebirgsjäger, die im Vertrauen auf das rechtzeitige Nebelschießen vorgestürmt waren, standen jetzt wie lebende Zielscheiben am Höhenrand, und im Nu ratterte in der Flanke ein russisches Maschinengewehr los. Die meisten Männer des Stoßtrupps wurden getötet oder verwundet; unter den Toten befand sich auch der Hauptfeldwebel Held aus Salzburg, der die Unternehmung freiwillig mitgemacht hatte. Ein schreckliches Schicksal erlitten die Männer, die den Höhenrand bereits überschritten hatten und den Steilhang zu den russischen Stellungen hinablaufen wollten. Der Steilhang war total vereist. Die Jäger mit den MPs im Hüftanschlag verloren mit ihren Nagelschuhen sofort den Halt und rasten hilflos wie auf einer vereisten Piste bergab in die russischen Feuergarben hinein.

Dramatische Augenblicke gab es nach der Rückkehr der Überlebenden im Sanitätsbunker des Bataillons. Ein Verwundeter kam mit ausgestrecktem Arm, in dem eine 5-cm-Flügelmine steckte. Sie hatte den Arm durchschlagen, nur das Leitwerk ragte noch heraus. Jeden Augenblick konnte die Mine explodieren und im Unterstand nicht nur den Mann, sondern auch die Verwundeten und das Sanitätspersonal zerreißen. Ein westfälischer Arzt vollbrachte ein Heldenstück. Er nahm das Messer, schnitt dem Jäger bei vollem Bewußtsein die Muskelpartien auf und löste die Mine aus dem Fleisch.

Ein Sanitätsdienstgrad nahm das unheimliche Ding in die Hand, sprang aus dem Unterstand und schleuderte es fort, so weit er konnte. Die Mine explodierte sofort.

Geschosse haben ihre Laune. Dr. Grumm erinnert sich nicht mehr an den Namen des Jägers, der auf diese Weise gerettet wurde. Er erinnert sich aber an einen anderen Fall in seinem 1. Bataillon des Regimentes 137. Einem Jäger drang ein russisches Infanteriegeschoß über der Magengrube in den Körper ein und verließ ihn wieder am Rücken. Kein einziges Organ wurde verletzt. Der Jäger war in kürzester Zeit wieder einsatzbereit.

„Halbnackt" im Eismeersturm

Ende September 1941 rang sich endlich die höhere Führung zu dem Entschluß durch, auf Murmansk als operatives Ziel zu verzichten und an der Liza-Front zur Verteidigung überzugehen.

Das Korps Dietl hatte seit dem 28. Juni 2211 Gefallene, darunter 68 Offiziere, zu beklagen. 7854 Jäger wurden schwer verwundet, 425 Mann waren in sowjetische Gefangenschaft geraten, was in den meisten Fällen auch den Tod bedeutete. Dietl hatte die Hälfte seines Korps verloren.

Der erste Generalstabsoffizier der 2. Gebirgsdivision, Major Fussenegger, schrieb damals seinem ehemaligen Divisionskommandeur General Feurstein: „Es fehlten die materiellen Voraussetzungen für einen Erfolg. Bei allem Heldenmut der Jäger sind die Zeiten vorbei, wo man mit reinen Infanteriekompanien Entscheidungen erzwingen kann." Fussenegger führt den Grund für die schweren Verluste auch auf die Unterschätzung der Russen zurück. Man glaubte eben, der deutsche Soldat schlägt jeden Feind.

Das war es: „Meine Jaga können alles!"

Ohne Artillerie, ohne Luftunterstützung, ohne Nachschub?

Der Bogen wurde an der Liza überspannt.

In der Nacht zum 29. September 1941 fiel in der Tundra der erste Schnee, und ein furchtbarer Polarsturm setzte ein.

Binnen weniger Tage sank das Thermometer auf minus 30 Grad. Der grausame, mörderische Frost traf die Truppe, die ihm fast hilflos ausgeliefert war. Die abgezehrten Männer hatten keine Mäntel, keine Kopfschützer, ja sie hatten nicht einmal Handschuhe. General Paul Klatt schrieb in seiner Geschichte der 3. Gebirgsdivision: „Die Uniformen waren zerschlissen und fadenscheinig durch den harten Einsatz an der Front. Das Brot gefror zu glasharten Klumpen, die jedem Werkzeug trotzten. Die zerfetzten Schuhe waren mit Lumpen umwickelt."

Ein Schreckensmarsch begann, ein Kampf ums Überleben in Sturm und Schnee. Über Pakkina erreichten die abschnittsweise aus der Front gezogenen Teile der abgekämpften Divisionen die Eismeerstraße. Fast 700 Kilometer mußten nun zu Fuß überwunden werden. Ein vier Wochen langer Marsch durch eine Schneewüste, über die der Polarsturm fegte und Berge von Schnee auftürmte.

Marschiert wurden 20 bis 30 Kilometer am Tag, genächtigt in Schneebiwaks. Die Gebirgsjäger krochen in ihre Dreieckzelte. In der Nacht froren die ausgezogenen Schuhe zu Eisklumpen. Nach zehn Tagen begannen die abgemagerten Pferde in klirrendem Frost zusammenzubrechen. Die Männer aber wankten oft nur noch durch den Schnee. 27 Tage lang.

Bei Erfrierungen: Kriegsgericht

Die 2. und 3. Gebirgsdivision wurden in der Verteidigung durch die sagenhafte 6. Gebirgsdivision ersetzt, die sich in Griechenland und Kreta als Rammblock erwiesen hatte, dem nichts widerstehen konnte.

Diese Division wurde buchstäblich übergangslos von den heißen Gestaden des Mittelmeeres in den arktischen Winter der unterkunftslosen Tundra geschleudert.

Es steigt einem das Blut zu Kopf, wenn man sich vor Augen hält, daß diese Truppe für das Kämpfen und Überleben in der arktischen Wildnis mit ihrer tödlichen Weltraumkälte an Ausrüstung so gut wie nichts mitbekam.

Es gab, wie gesagt, keine Polarzelte, keine Öfen, keine Wattekleidung, keine Pelzstiefel, keinen Kopfschutz und dabei mußte diese Führung, die ja den Krieg in der Arktis begonnen hatte, schon im Juli nach dem Festrennen an der Liza mit einem Arktiswinter in der Eiswüste der Tundra gerechnet haben.

Aber von Hitler bis Dietl herunter glaubte man eben, der deutsche Soldat kann alles. Und scheinbar behielt diese dämonische Vorstellung recht.

Denn diese 6. Gebirgsdivision kam in der Arktisnacht trotz aller russischen Angriffe wirklich nicht um, so wie es sogar die Finnen mit Sicherheit befürchtet hatten.

Dieses Überleben in der Arktis bei voller Bewahrung der Kampfbereitschaft ist ein Ereignis, dem ein bedeutsamer Platz in der Geschichte alpenländischen Soldatentums gebührt.

Es wird von keinem einzigen Soldaten der 6. Gebirgsdivision bestritten, daß dieses Überleben in der Arktisnacht neben der Härte und der Kameradschaft der Gebirgsjäger auch dem stählernen Willen des Generals Schörner zu verdanken ist.

Der Slogan „Arktis ist nicht“, den er in die Truppe hämmerte, wird zweifellos in die Geschichte eingehen. Diesen Leitsatz stellte er an die Spitze seiner Befehle. Karl Ruef, der in seinem Buch „Gebirgsjäger zwischen Kreta und Murmansk“ packend die Schicksale dieser 6. Gebirgsdivision festgehalten hat, nennt das richtig „Holzhammer-Truppenpsychologie“.

Aber dieser Holzhammer hat zweifellos gewirkt, er hat alle Fähigkeiten des Menschen mobilisiert, im Kampf mit der Natur zu bestehen: Härte, Anpassungsfähigkeit, erfinderischen

Geist. Aus Birkenstangen, Steinen, Rasenziegeln, schreibt Ruef, entstanden „Bunker"; Vorbauten schützten vor Splittern detonierender Granaten. Aus Kraut- oder Marmeladekübeln entstanden die ersten Öfen. Durchbohrte Geschoßspitzen ersetzten den Brenner der Karbidlampe, mit Lebertran getränktes Papier die Fensterscheiben. Das Notfutter der Muli, durchlöcherte Zelluloseplatten, klebten an den Wänden als Tapeten. Birkenrinde ließ sich als Postkarten verwenden.

In der Polarkälte versagten die deutschen Maschinenwaffen. Grauenhaft, wenn die pelzvermummten Rotarmisten in Rudeln aus dem Dunkel der Polarnacht tauchten und die MG-Schützen der Gebirgsjäger vergebens verzweifelt an den Verschlüssen rissen. Vielen Landsern hat dieses Versagen der Maschinenpistolen und MG das Leben gekostet.

Die Jäger selbst schufen sich Abhilfe. Sie suchten so lange die Taschen russischer MG-Schützen ab, bis sie ein Fläschchen Glysantin fanden und daraufkamen, daß eine bestimmte Mischung Öl mit Glysantin die Waffen auch bei 50 Grad gebrauchsfähig macht.

Der Schrecken des Polarwinters war die Kälte und der eisige Polarsturm. Nach dem Prinzip „Arktis ist nicht" befahl Schörner, daß die Zahl der Erfrierungsfälle laufend mit Angabe des Einheitsführers zu melden war. Wo sich die Erfrierungsfälle steigerten, drohte das Kriegsgericht wegen „mangelnder Fürsorge".

Das war wieder der Holzhammer. Das Führungspersonal aller Grade sollte dadurch zur höchsten Fürsorge gezwungen werden: kurzer Postendienst, Kontrolle des Schuhwerks, Verwendung von Zeitungen als Frostschutz usw.

Aber was sollte das alles, wenn die Männer genagelte Bergschuhe tragen mußten, deren Nägel die Kälte buchstäblich speicherten? Was nützte das alles, wenn sich die Jäger den bis zum Scheitel mit Polarausrüstung ausgestatteten Russen im mörderischen Kampf in der Polarnacht im Freien bei minus 40 Grad entgegenwerfen mußten.

Schörners Befehl führte nur dazu, daß die Führer aller Grade Erfrierungsfälle zurückhielten. Sie mußten auf den Stützpunkten bleiben, und die Chirurgen hatten dann die Arbeit erst später. Viele Gliedmaßen hätten gerettet werden können, wenn sie rechtzeitig behandelt worden wären.

„Arktis ist nicht! Die Nasen, Füße und Hände akzeptierten diesen Befehl nicht immer", schreibt Ruef ironisch.

Im Jänner 1942 widerrief dann Schörner den Befehl, daß alle Erfrierungsfälle mit Angaben des Vorgesetzten gemeldet werden mußten. Nicht ohne Verdammung der Einheitsführer, die Erfrierungsfälle aus Angst vor dem Kriegsgericht nicht zum Hilfsplatz zurückgeschickt hatten.

Eine Unmenge von Anekdoten lief an der Eismeerfront über General Schörner um. Er war streng, aber nicht brutal, so urteilt Divisionär Annewanter, der ihn gründlich kannte. Er haßte Laxheit und bequemes Leben. Er war hart zu sich selbst und immer in den Brennpunkten des Kampfes anzutreffen. Er wirkte durch seine Persönlichkeit und seine Strenge gegen sich selbst und gegen seine Offiziere. Sein Kampf galt der Gerechtigkeit für den einfachen Mann.

Auch Abg. a. D. Walter Fritz drückt die Meinung vieler Nordmeerveteranen aus, wenn er sagt:

„Ich habe Schörner nicht mögen. Er war ein Landsknecht, er hatte für sein Handeln keine sittlichen Motive. Die Triebfeder seiner Haltung war seine Eitelkeit und sein Geltungsdrang. Aber er war hart gegen sich selbst, schonungslos im Einsatz auch gegen sich selbst. Ich sah ihn als Regimentskommandeur im Wirrwarr vor Lemberg mit der Handgranate und der Pistole in der Hand.

Aber er hat sich für die Truppe und ihre Versorgung immer rücksichtslos eingesetzt. Ohne ihn wäre die Eismeerfront schon 1942 zusammengebrochen."

Wild war Schörner auf Zahlmeister und Kraftfahrer. ,,Benzin verdirbt den Charakter", pflegte er zu sagen. Alois Kaufmann, Klagenfurt, der damals der Feldgendarmerie angehörte, erinnert sich an einen Fall, wo Schörner vom Feldgericht unbedingt ein Todesurteil gegen einen Soldaten wollte, der sich seiner Meinung nach unnötig Erfrierungen zugezogen habe. Weil ihm das Gericht diesen Gefallen nicht tat, war er auf den Verteidiger böse und verbot dessen Zulassung zu weiteren Feldgerichtsverhandlungen. Andererseits ist es heute erwiesen, daß Schörner im Divisionsbefehl Todesurteile verlautbaren ließ, die nie ausgesprochen und vollstreckt wurden. Er tat dies, um die Truppe abzuschrecken.

So ließ er einen Unteroffizier laut Divisionsbefehl hinrichten, den es gar nicht gab. Der angebliche Unglückliche hatte sich allen Verwarnungen zum Trotz in Griechenland eine Geschlechtskrankheit zugezogen und hatte damit ,,Selbstverstümmelung" begangen. Auf Selbstverstümmelung stand aber die Todesstrafe.

Die ,,Scheintodesurteile" haben Schörner möglicherweise nach dem Krieg das Genick gebrochen. In der Endphase des Krieges hatte Schörner nämlich als ,,Hitlers Feldgendarm" und als ,,Durchhaltegeneral" in der Wehrmacht keinen guten Ruf erworben. Nun suchte man nach Anklagematerial, hatte allerdings größte Mühe, solches zusammenzutragen. Als einzige stichhaltige Anschuldigung blieb die Behauptung, er habe 1944 im Frühjahr einen Gefreiten Arndt erschießen lassen, weil er ihn stockbetrunken im Führerhaus eines Munitionswagens gefunden habe, der die Straße versperrte.

Schörner wurde auch tatsächlich verurteilt, obwohl die Verteidigung Zeugen aufmarschieren ließ, die davon wissen wollten, daß dieser Arndt noch nach dem Mai 1945 in einem Gefangenenlager gesehen worden sei und also erst später gestorben sein mußte.

Schörner, der ,,eiserne Ferdinand", hatte so seine Sprüche,

nach denen er auch handelte: ,,Es gibt keine verzweifelten Situationen, es gibt nur verzweifelte Menschen", pflegte er zu sagen. Und wer hungert und friert, ist selber schuld. In der Tat, er holte für seine Division rücksichtslos alles herbei, was möglich war, auch wenn er es anderen Truppenkörpern wegnehmen mußte. ,,Über Kompetenzgrenzen setzte er sich rücksichtslos hinweg", sagt Divisionär Annewanter und erinnert sich schmunzelnd: ,,Nach dem Prinzip ,Wer friert, ist selber schuld' organisierten meine Leute sich einen Teil des Holzes, das für Schörners Gefechtsstand bestimmt war. Der General tobte und verlangte, daß sich die Schuldigen melden sollten. Holz war in der Tundra ja kostbarer als Gold."

Der einzige Wehrmachtsangehörige, der den wilden Schörner jemals angebrüllt hatte, dürfte der damalige Unterarzt Dr. Rauchenwald, später Primarius der Urologischen Abteilung im Landeskrankenhaus Klagenfurt, gewesen sein.

Es war am Hauptverbandsplatz an der Liza. Über die Tundra tobte der Schneesturm. Immer wenn die Tür des Bunkers geöffnet wurde, fegte der Sturm ganze Wolken von Schnee in die Holzhütte, die als ,,Operationssaal" diente.

Das konnte der Chirurg beim Operieren nicht brauchen. Als er wieder einmal vor einer Amputation mit erhobenem Skalpell am Operationstisch stand, riß ein Mann die Tür auf und stand massig in der Türöffnung, so daß die Schneefahne mit eisigem Luftzug in die Hütte fuhr.

,,Rauuus oder rein", schrie der Kärntner Chirurg, ohne zur Tür zu sehen, aber die Gestalt an der Tür sah das blitzende Messer und die verhüllte Gestalt am Operationstisch, hörte das gellende ,,Raus", die Worte ,,oder rein" hörte sie nicht mehr, sondern drehte sich am Absatz um und verschwand im tobenden Dunkel. Die Tür fiel zu.

Erst später erfuhr Dr. Rauchenwald, daß der Mann an der Tür Schörner, der gefürchtete Divisionskommandeur war, der den Hauptverbandsplatz besichtigen wollte.

Rauchenwald lernte Schörner dann erst am nächsten Tag kennen. Der Divisionskommandeur schickte einen Ordonnanzoffizier zum Hauptverbandsplatz mit der Aufforderung, der ,,wilde Chirurg" möge zu ihm zum Mittagessen kommen.

Divisionär Annewanter sagt über den hochangesehenen und beliebten Chirurgen: ,,Er hat an der Eismeerfront vielen das Leben gerettet."

Dem Entschluß eines ROA-Unteroffiziers, einen Russen zu fangen, verdankt Schörner 1942 sein Weiterleben an der Eismeerfront.

,,Wir lagen auf Feldwache", berichtet Hauptschuldirektor Paulitsch aus Treffen. ,,Der Sturm vom Eismeer her blies uns Eiskörner ins vermummte Gesicht. Plötzlich tauchten in der Dunkelheit die Umrisse einer Gestalt auf. Sie kam von vorn her, vom Feind. Wir brüllten unser ‚Halt, wer da' in den Sturm. Keine Antwort. Die Gestalt stapfte unbeirrt weiter auf uns zu. ‚Schießen' müßte ich jetzt befehlen, dachte ich. Aber im letzten Augenblick schaltete ich anders. ‚Wir fangen den Russen.' Und schon duckten wir uns, um ihn anzuspringen. Aber es war kein Iwan, der vor uns stand, es war Schörner. Im Jaulen des Sturmes, den er im Rücken hatte, hatte er unsere Rufe nicht gehört."

Auch eine andere Episode über den vermummten General erzählt man sich: Es war Befehl, daß jeder, der sich zu einem Stützpunkt begibt, ein Stück Holz nach vorne mitnehmen müsse. Aber da sah ein Feldwebel, wie ein vermummter älterer Mann beim Holzstapel achtlos vorbeistampfte. ,,He du", schreit der Unteroffizier dem Landser zu, ,,wirst du nicht Holz mitnehmen." Schörner nahm es wortlos auf. Der Unteroffizier ging mit zur Höhe. Aber ohne Holz. Schörner verdammte ihn oben vor versammelter Mannschaft, zwei Monate lang Holz zu schleppen.

Ein tollkühner Gebirgsjäger

Was ehemalige Eismeerkämpfer über Erlebnisse um Schörner zu erzählen wissen, könnte Bände füllen.

Pionieroffiziere wurden von Schörner grundsätzlich schikaniert. Brigadier i. R. Otto Klein, damals Nachrichtenführer der Division, erinnert sich: ,,Obstlt. Wörz klagte mir oft sein Leid. Ebenso Hptm. Hugo Gramm, ein außerordentlich guter Pionieroffizier, der 1941 für Schörner unter den schwierigsten Umständen den Div.-Gefechtsstand errichten mußte. Er kam oft psychisch und physisch völlig fertig zu mir. Gramm wurde nach Rumänien versetzt; laut Schörner als ‚ungeeignet zum Bataillonsführer'. Gramm suchte bei einem Infanterieangriff den Tod."

Das war einer der Fälle, wo Ferdinand Schörner danebengriff. Andererseits hatte er ein sehr gutes Gespür für echtes Soldatentum, und es konnte geschehen, daß er, der Eisenfresser, der Haudegen, einen jungen Soldaten vor allzu großem Wagemut warnte.

Eine solch ganz und gar ungewöhnliche Mahnung wurde einem tapferen Gebirgsjäger zuteil, der den Krieg überlebt hatte, dem angesehenen Bürgermeister von Himmelberg, Rudolf Natmeßnig.

Der hatte 1941 am Eismeer als blutjunger Gebirgsjäger eine merkwürdige Feuertaufe erlebt. Sein Zug hielt sichernd auf einer Höhe, hangabwärts sahen die Jäger zwei Russen auf sich zustapfen. Auf einer Höhe gegenüber wimmelte es von Russen.

Natmeßnig sah die beiden Rotarmisten und wußte: ,,Die fasse ich."

Flüsternde Absprache mit dem Gruppenführer, das MG sollte im Augenblick des Zupackens Natmeßnig Feuerschutz geben.

Der arbeitete sich bereits durch das Birkengestrüpp abwärts. Bis auf 20 Meter hatte er sich den beiden Russen ungesehen genähert.

„Noch zu weit", dachte er klopfenden Herzens, noch zu weit zum Zupacken. Aber das Gelände bot keine Deckung mehr.

Da glitt auch noch ein dritter Russe auf Skiern heran, hielt bei den beiden. Jetzt zündeten sich alle drei ihre Zigaretten an.

Und in diesem Augenblick hechtete Natmeßnig auf die drei Männer los, deren ganze Aufmerksamkeit der „Anrauchzeremonie" galt.

Ehe sie, vor Schreck erstarrt, an Abwehr denken konnten, war der tollkühne Gebirgsjäger bei ihnen. Wie Natmeßnig später erzählte, wollte er „rucki werch" schreien, aber das fiel ihm in der Erregung nicht ein, und so brüllte er auf deutsch „Hände hoch". Der Kraftmensch riß den Nächststehenden die Gewehre mit solcher Wucht von der Schulter, daß ein Riemen riß. Der dritte Mann faßte sich als erster, flog herum und suchte in langen Sprüngen davonzuhetzen. Der Meisterschütze Natmeßnig streckte ihn blitzschnell mit einem Schuß tot zu Boden. Dann packte der bärenstarke Gebirgsjäger die zwei Russen beim „Kragen" und stieß sie hangaufwärts zum Höhenrand, wo der ganze Zug atemlos zugeschaut hatte.

Ein Feuerzauber der Russen setzte ein. Leutnant Berger (ein Villacher) streckte Natmeßnig beide Hände entgegen. Er sagte nicht etwa „Heil Hitler" oder sonst eine Gratulation. Er sagte ergriffen: „Gott zum Gruß".

Das war Natmeßnigs Feuertaufe. Schörner holte sich den kühnen jungen Mann als Gefechtsordonnanz in seinen Stall und machte ihn zum ROA.

Als Natmeßnig als solcher mit der Kompanie Peyker zu Beginn der Maikämpfe zu einem Einsatz abmarschierte, holte ein Melder seine Gruppe noch ein: „ROA Natmeßnig und Perko zurück." Abkommandiert zum ROA-Lehrgang in die Heimat!

Natmeßnig kehrte widerstrebend um. Aber den Gefr. Perko aus St. Veit an der Glan erreichte der Befehl nicht mehr. Er war schon gefallen, am gleichen Tag.

„Unternehmen Rotkäppchen“

Eine der tollkühnsten Aktionen am Eismeer war das Unternehmen Rotkäppchen, das vor Beginn der Maikämpfe gestartet wurde. Ziel des überfallartigen Handstreiches war das Einbringen von Gefangenen und die Vernichtung der sowjetischen Besatzung auf der Rotkuppe in der Nähe des vielgenannten Stahlhelmberges.

Die abenteuerliche Hauptaufgabe hatte eine Voraustruppe von einem Unteroffizier und sechs Mann zu leisten. Die Gebirgsjäger trugen lange Schneemäntel, Filzstiefel und umgehängt russische Schnellfeuergewehre. Die Männer beherrschten die russischen An- und Gegenrufe und einige gebräuchliche militärische Redensarten in russischer Sprache.

Die Vorausgruppe mit Oberjäger Uhl stieß nach Ablegen der Skier gegen 23 Uhr auf den sowjetischen Doppelposten. Der rief: „Stoj!“

Den Gebirgsjägern in weißen Mänteln klopfte das Herz bis zum Hals, aber sie gingen weiter, russisch redend, auf den Doppelposten zu. Ein Russe lief zurück, um einen Offizier zu holen. Mit dem anderen Posten gelang es, ins Gespräch zu kommen. Ein paar Worte, dann fuhr ihm ein Dolch in den Leib.

Sofort danach stürzte sich die Gruppe Uhl handgranatenwerfend auf die russischen Bunker. Nachfolgende Pioniere jagten diese in die Luft. Andere bereitstehende Gruppen griffen umfassend ein. Das Feuergefecht dauerte nur 20 Minuten, dann waren 21 Russen tot und zwei Gefangene gemacht. Eine Anzahl Russen entkam in Richtung Stahlhelmberg.

Auf diesem Stahlhelmberg hatte sich übrigens – als er noch in der Hand der Gebirgsjäger war – ein junger Arzt ausgezeichnet, der später zum „großen alten Mann" der FPÖ werden sollte: Dr. Otto Scrinzi. Er gehörte damals als Gefreiter zum Zug des Leutnant Rizenski, der auf eigene Faust und gegen den Willen des Bataillons eine Höhe besetzt und diese im verbissenen Kampf solange verteidigt hatte, bis ihnen die Munition ausging. Der Leutnant fiel, Scrinzi überlebte.

Von einer anderen Unternehmung berichtet der Ritterkreuzträger Max Ropp aus Klagenfurt. Er erinnert sich, wie der Obergefreite Rapnik aus Ebental bei Klagenfurt im Winter 1942 einem Jagdkommando von 30 Mann dadurch das Leben gerettet hat, daß er fast 20 Minuten lang auf der Latrine blieb.

Ropp erzählt: „Das kam so: Die höheren Kommandostellen brauchten unbedingt Informationen über die Lage beim Iwan, und deshalb hatte Oberleutnant Koller den Befehl erhalten, mit einem Jagdkommando in einen sowjetischen Stützpunkt einzudringen und, koste es, was es wolle, einen Gefangenen mitzubringen.

Das Jagdkommando stand abmarschbereit. Aber in meiner Gruppe fehlte der Obergefreite Rapnik. Der Oberleutnant fluchte, als ich ihm meldete, daß Rapnik auf der Latrine säße. Er fluchte noch mehr, als der Obergefreite ganze 20 Minuten lang nicht daherkam.

Diese 20 Minuten sollten für uns entscheidend werden. Wir fuhren in die Polarnacht, Mann hinter Mann, und stießen sehr bald schon auf eine tiefe Spur im Schnee. Auf eine Trampelspur. Ich schätzte, daß es an die 30 Mann gewesen sein mußten, die hier vorbeigezogen waren, genau in Richtung auf unseren Stützpunkt ‚B-Leoben', der etwas links vor uns lag. In mir zuckte sofort ein Plan auf: ‚Herr Oberleutnant, wir brauchen den sowjetischen Stützpunkt gar nicht anzugreifen. Wir kriegen unseren Russen hier.' Oberleutnant Koller verständigte sich leise über Funk mit dem Bataillon, daß er den Auftrag auf andere Weise lösen wolle.

Mit den 30 Mann bildeten wir nun beiderseits der Spur eine ‚Gasse'. In dieser sollten die Russen bei der Rückkehr niedergemacht werden. Ich hatte mit ein paar Leuten den Sack am Schluß zuzumachen. Der erste anstapfende Russe sollte durch einen Schlag mit der MP betäubt werden. Ihn brauchten wir als Informanten.

So kam es dann auch. Von B-Leoben her hörten wir Feuerstöße russischer MP, dann Stille. Sie hatten den Stützpunkt überfallen. Nach einer halben Stunde tauchten sie auf. Wie Schemen. Weiße Mäntel, Mützen, weiße Gesichtsmasken, sogar die Waffen waren mit weißem Verbandsstoff umwickelt. Lautlos glitten sie an uns vorbei. Dann hörten wir einen Schlag. Der Tiroler Oberjäger Schatzer hatte so zugeschlagen, daß der Russe starb. In dem Augenblick gingen unsere Maschinenpistolen los. Aber wir trafen nur einen Teil. Die anderen warfen sich nieder und feuerten ins Nichts. Einige liefen nach rückwärts, wo Rapnik und ich ihnen den Weg abschnitten.

Wohl eine Stunde lang schossen wir hin und her. Wir sahen nur Mündungsfeuer aufblitzen und warfen Handgranaten, von denen zwei Drittel allerdings nicht explodierten. Einmal rief eine Stimme gellend und angstvoll: ‚Schatzer, hilf mir.' Dann ratterte wieder eine russische MP. Erst nach einer Stunde wurde es bei den Russen still. Inzwischen hatten auch wir Verwundete, unter ihnen Oberleutnant Koller. Wir begannen die Leichen zu durchsuchen. Da schnellte aus einer Mulde ein Russe hoch und sprang mit erhobenen Händen wie ein Verrückter hin und her. Durch ihn waren wir doch noch zu einem lebenden Gefangenen gekommen.

Bei den toten Russen aber fanden wir einen jungen Mann, der unter dem weißen Mantel Keilhosen und Gebirgsjägerschuhe trug. Jetzt wußten wir, wer in Todesnot gerufen hatte

‚Schatzer, hilf mir'. Es war der Posten von B-Leoben, den die Sowjets mitgenommen hatten.

Der Obergefreite Rapnik fiel im Oktober 1944 in den mörderischen Kämpfen an der Nickelstraße.

Bei einem nächtlichen Gefecht fegte ihm die Garbe eines russischen MGs einen Unterschenkel weg. Rapnik war ein radikaler Sozialist, aber er war ein braver Soldat, ich schickte ihm einen Melder mit dem Versprechen, ich würde ihn holen lassen.

Aber wir brauchten ihn nicht mehr zu holen, Rapnik hatte sich schon selbst erschossen."

Für Verwundete kein Pardon

Im Herbst 1941 begann an der Liza der Stellungskrieg. Er war mitleidlos. Eine Rotkreuzflagge existierte für die Sowjets nicht. Jeder erkannte Truppenverbandsplatz der Gebirgsjäger wurde von den Tieffliegern ausradiert. Für Verwundete gab es kein Pardon. Wer wehrlos in ihre Hände fiel, wurde von den Sowjets erschossen oder erschlagen.

Verwundet zurückgelassen zu werden, war ein furchtbares Los. Wer sich verlassen sah und dazu noch in der Lage war, richtete die Waffe gegen sich selbst. So starben vor allem viele Offiziere und Unteroffiziere. Viele seltsame Schicksale gab es da. Der junge Tiroler Leutnant Weiss vom Regiment 136 z. B., der mit seinem Zug in ein Minenfeld geraten war. Er lag mit abgerissenen Beinen im Gebüsch. In Rufweite von ihm zwei Unteroffiziere, die vor Schmerzen schrien. Dann erschoß sich der eine, später der andere. Ein Oberjäger aus Salzburg sah, wie auch der Leutnant die Maschinenpistole gegen sich richtete. Er sprang auf ihn zu, um ihn daran zu hindern; eine Mine zerfetzte ihn.

Der Leutnant wurde übrigens geborgen. Er kam durch und

meldete sich später einbeinig zur Panzerwaffe. Zwei Jahre später fiel er an der Ostfront.

Der Krieg war eine einzige Orgie von Tragödien. Eine schier unlösbare Aufgabe war die Verwundetenversorgung in diesem weglosen endlosen Ödland des Teufels, das weithin von undurchdringlichem Birkengestrüpp bedeckt war. Bis ein Abtransport mit Fahrzeugen möglich war, mußten die Verwundeten 12, 16, 18 Stunden getragen werden. Birkenknüppel und Zeltbahnen wurden zu Tragbahren zusammengebastelt. Da die kämpfende Truppe keine Träger stellen konnte, mußten rückwärtige Dienste heran. Für jeden Verwundeten brauchte man 4 Mann, die sich ablösen mußten. Da die Truppen keine Sanitätsausbildung hatten, waren sie natürlich bei Blutungen und Zwischenfällen hilflos. Viele, viele Verwundete starben auf diesem mühseligen Transport.

Von den ersten Kriegstagen an begegneten die Gebirgsjäger einer selbstmörderischen Haltung sowjetischer Verwundeter. Sie stellten sich vor den vorgehenden Schützenketten der Gebirgsjäger tot und ließen sich von ihnen überrollen. Dann griffen sie zum Gewehr oder der MP und schossen den Angreifern in den Rücken.

Es war ein gnadenloses Dasein zwischen Tod und Leben und doch gab es in dieser Hölle an der Liza vereinzelt ein Aufleuchten von Menschlichkeit.

Der Gastwirt Ferdinand Huber aus Liezen erinnert sich an eine Episode: ,,Wir gingen vor, am Ufer eines Sees. Vor Steinblöcken am Ufer sah ich einen schwerverwundeten Gebirgsjäger liegen, der mir zuwinkte. Ich ging auf ihn zu und da sah ich, daß er schon so etwas wie einen Brustverband trug. Es stellte sich heraus, daß ihn ein Russe notdürftig verbunden hatte. ‚Dort hinten liegt er‘, sagte der Schwerverletzte und wies mit dem Kopf auf einen großen Stein. Und dort lag wirklich ein verwundeter sowjetischer Soldat und erwartete sein Ende. Aber wir dankten ihm seine gute Tat und sorgten für seine Bergung.

Aber während wir uns mit den Verwundeten abgaben, hörte ich ein Aufplatschen im See. Ich sah an einer Stelle nahe dem Ufer, wie das Wasser an der Oberfläche Ringe bildete. ‚Das muß ein großer Fisch sein', dachte ich. Da sah ich aber schon auf einem Fels im See die Finger menschlicher Hände. In Nu war ich im Wasser und ergriff die Handgelenke, die zu den Fingern gehörten. Der ‚Fisch', den ich an Land zog, war ein sowjetischer Kommissar. Er hatte im wahrsten Sinne des Wortes versucht, auf Tauchstation zu gehen. Der Mann versuchte später, sich selbst zu töten, indem er seinen Kopf auf einen Felsen schlug."

Ein mörderischer Mai

Die 6. Gebirgsdivision hatte entgegen aller finnischen Zweifel den Polarwinter 1941/42 in ihren Löchern ohne Polarausrüstung überstanden. Es hatte an allem gemangelt: an Holz, das über Hunderte von Kilometern herbeigeschafft werden mußte, an Arbeitsgeräten für den Stellungsbau, an Winterbekleidung. Dabei griffen die Russen örtlich immer wieder an.

Ende April 1942 brach mit der sogenannten Maioffensive das Unheil über die Jäger herein. Die Russen griffen vom Süden und vom Meer her mit ungeheurer Übermacht an. Und nur durch das Eingreifen der in Reserve liegenden Tiroler und Salzburger der 2. Gebirgsdivision konnte die Einkesselung der 6. Gebirgsdivision verhindert werden.

Die erste furchtbare Schlacht der Weltgeschichte in der Arktis dauerte 18 Tage. Wunder an Tapferkeit wurden vollbracht. „Die Haltung der alpenländischen Soldaten war bewundernswert", sagt der heutige Divisionär Michael Annewanter, der die Schlacht als Adjutant einer Kampfgruppe miterlebt hatte, „sie ließen sich lieber erschlagen als ihre Stellungen aufzugeben."

Zu dem Ansturm der Sowjetmassen kam der Schrecken des arktischen Winters. Wer schwer verwundet wurde, erfror in kürzester Zeit. Es gab in den 18 Tagen des zermürbenden Hin und Her von Verteidigung und Gegenstoß kein wärmendes Feuer, keinen Unterschlupf. Keine warme Verpflegung. Der zu Stein gefrorene Inhalt der Konserven mußte mit Gewalt zerstückelt und im Mund aufgetaut werden. Schwere Darmerkrankungen waren die Folge.

Der Eiswind vom Polarmeer heulte schon von Beginn der Schlacht an durch die Tundra, am 4. Mai aber steigerte er sich zu einem Orkan von unbeschreiblich grausamer Wucht. Die eisbedeckten Verteidiger der Liza-Höhen hatten jetzt auch noch um das Überleben in diesem mörderischen Schneesturm zu kämpfen, der vier Tage und Nächte mit unverminderter Gewalt über die Tundra raste und riesige Berge von Schnee auf die Anmarschrouten zu den Stützpunkten warf.

Die Jäger in den vereisten Felsnischen und den Schneelöchern mit vereisten Bekleidungsstücken ringen mit dem Erfrierungstod, während das Feuer der russischen Batterien und der sowjetischen Granatwerfer die von ihnen besetzten Höhen zur Hölle macht.

Alle Verbindungen rissen im Chaos dieses Polarsturms ab. Die Ablösung fand den Posten nicht und der abgelöste Posten fand die paar Schritte oft nicht in die Stellung zurück. Wer sich verirrt, ist rettungslos verloren. Er erfriert entweder oder er wird von den Sowjets erschlagen.

Schneeblindheit und Schüttelfröste machten der Truppe zu schaffen.

Die Einheiten sind bald dezimiert. Dennoch: Die Front hielt. Alle Einkesselungsversuche der Russen scheiterten. Alle Offiziere, die damals dabei waren, anerkennen: In dieser Lage, in der eine Katastrophensituation die andere ablöste, kam von der Führung her nie eine Panik auf, Schörners Befehle waren ruhig, entschlossen und glasklar.

Divisionär Annewanter zweifelt dennoch, ob sich die Reste der zwei Gebirgsdivisionen der Vernichtung hätten entziehen können, wenn der schreckliche Polarsturm nicht gekommen wäre. In der Tat hatten die Sowjets furchtbare Verluste durch den Orkan. Die sowjetischen Verbände hatten wegen kalendermäßigen Frühjahrs – es war ja Mitte April – ihre Winterbekleidung zum Teil schon abgeliefert. Andere Truppen waren wieder mit amerikanischen Schuhen aus der Pacht- und Leihhilfe ausgestattet. Das war Ausschußware, und bei der grausamen Kälte fielen die Sohlen ab. Es gab russische

Divisionen, die durch Erfrierungen die Hälfte ihres Bestandes verloren.

Die Sturmflut der gelandeten Sowjets überflutete die vielen kleinen Stützpunkte, die der HKL vorgelagert waren.

Sie hatten sich beim Angriff der Sowjets kämpfend zurückzuziehen, was vielen aber nicht mehr gelang. Gendarmeriegruppeninspektor Jandl erinnert sich: „Nach der Flucht der Russen fanden wir tote Luftwaffenfeldsoldaten, sie lagen in Reihen, wie sie beim Zurückgehen gefallen waren. Ein Schicksal, das viele mit ihnen damals teilten."

Brigadier i. R. Otto Klein war damals Nachrichtenführer der 6. Gebirgsdivision, einer seiner besten Funktruppführer war ein Uffz Niederl, der spätere Landeshauptmann der Steiermark. Klein ist das Schicksal eines Stützpunktes in Kompaniestärke in Erinnerung, der gleich zu Beginn des russischen Angriffs eingeschlossen wurde.

„Die Fernsprechleitung, die unter dem Schnee lag, funktionierte noch zwei Tage, dann war sie plötzlich unterbrochen. Die einzige Verbindung zur Kompanie war eine überlagernde Funkverbindung. Zunächst gab der Funker die Meldungen noch verschlüsselt durch. Sie waren erschütternd. Der Stützpunkt wurde pausenlos von allen Seiten angegriffen. Die Männer verteidigten sich, den sicheren Tod vor Augen. Immer mehr fielen durch Tod und Verwundung aus. Immer kleiner wurde die verlorene Schar, obwohl selbst die Verwundeten noch schossen.

Plötzlich verzichtete der verzweifelte Funker auf jede Vorsicht. Er gab die Verlustmeldungen und die Meldungen über die zu Ende gehende Munition im Klartext durch und funkte auch im Klartext seine Hilferufe, obwohl gerade Kampfruhe herrschte.

Die Russen fingen die Meldungen über die Lage des Stützpunktes natürlich auf und traten zum letzten großen Angriff an.

Der Funker gab bis zum bitteren Ende dramatische Situationsberichte im Klartext durch und ist an der Taste gefallen."

Es gab viele solche Tragödien abgeschnittener Einheiten und Einzelkämpfer. Oberst Ruef schreibt: ,,Nach der Schneeschmelze fand ein Bergekommando am Südhang der Obersteiner Höhe hinter einem Felsbrocken einen toten Gebirgsjäger sitzen. Rundherum lagen Abreißschnüre von Handgranaten. In einem Umkreis von 20 Metern acht tote Sowjetsoldaten. Ein erschütterndes Bild."

Kälte: Flucht nach vorne

,,Die Kompanien der Kampfgruppe Kreitmayer lagen bei minus 10 bis 14 Grad 14 Tage lang kämpfend in ihrer ,Stellung', die aus Löchern und Iglus im Schnee bestand. Kein wärmendes Feuer Tag und Nacht, kaum warme Verpflegung. Nur Kälte und Schnee und die Russen griffen immer wieder an", das sagt Divisionär i. R. Annewanter, der in den Maikämpfen Adjutant Kreitmayers war-

Das Überleben angesichts der Kälte wurde zu einer Hauptsorge, denn wer erfriert, kann sich nicht mehr wehren. Die Männer, die Zeitungen besaßen, stopften sich diese unter die Uniform und in die Schuhe. In den Schneelöchern taute man die Wände mit Feuerzeugen etwas auf, so daß eine Eiskruste entstand, die mehr Schutz gegen das Toben des Sturmes bot.

Der Orkan tobte manchmal mit solcher Wucht, daß niemand aufrecht stehen konnte. Dann kauerten die Männer in den Schneelöchern, und die Posten mußten alle 15 Minuten abgelöst werden.

Nicht immer merkten die Männer rechtzeitig eine Erfrierung. ,,Nach einem abgeschlagenen russischen Angriff", erinnert sich Annewanter, ,,sah ich im Schneeloch einen Unteroffizier, der sich den Schuh auszog, was an sich schon gefährlich war. Wenn der Schuh zu Stein gefror, brachte man den Fuß nicht mehr hinein. Aber der Mann rieb seine Fußspitzen und hatte plötzlich den großen weißen Zehen in der Hand. Er war abgebrochen wie Glas.

Schreckliches auszuhalten hatten die Verwundeten. Das Bild eines Gebirgsjägers ist mir noch in Erinnerung, der sich die Gedärme in die Bauchhöhle zurückdrückte. RAD-Männer, blutjunge Burschen, brachten die Verwundeten auf Schlitten zurück."

An eine merkwürdige Wirkung der bis ins Mark dringenden Kälte erinnert sich Dr. Hugo Schally, heute Präsident der Rechtsanwaltskammer von Kärnten. Es war bei einem Gegenangriff im Gebiet der Kampenhöhe. Die Abwehr der Sowjets war stark. 100 Meter vor der Stellung der Russen bot eine Bodenwelle vor dem Feuer Schutz. Er lag da mit seiner Gruppe und anderen Stürmern. Über die zusammengeballte Schar zwitscherten die Geschosse und hielten sie nieder. Aber je länger die Männer im Schnee lagen, desto mehr kroch ihnen die Kälte mit furchtbarer Gewalt in die Glieder. Hände und Füße schmerzten und wurden gefühllos.

Plötzlich sprang Schally auf und schrie. Einer seiner Kameraden, Gend.-Gruppen-Insp. Roman Jandl, erinnert sich nach 40 Jahren noch an die hohe, helle, mitreißende Stimme: „Gruppe Schally auf, marsch, marsch."

Dr. Schally heute: „Ich kann mich an Einzelheiten nicht mehr erinnern. Ich weiß nur eines: Zurück durften wir nicht, liegenbleiben konnten wir nicht länger, ohne zu erfrieren. Es blieb nur eines: Die Flucht nach vorne."

Die Verluste waren bei allen Bataillonen enorm, am Höhepunkt der Kämpfe hatte zum Beispiel das aus den besten Skiläufern zusamengestellte, als bewegliche Feuerwehr eingesetzte 1. Bataillon 141 nur noch 150 Mann, 750 waren tot, verwundet, erfroren.

„Alle Tragtierführer der Artillerie wurden infanteristisch

eingesetzt", erinnert sich Hans Mitsche (Arnoldstein). „Ich hatte mit ein paar Tragtieren die Versorgung von Alarmeinheiten durchzuführen. Alle Wege verweht, im Schneetreiben verlor man sofort jede Orientierung."

Rudolf Peyker erzählt: „Einmal wurde unser Zug von einer eigenen Kompanie überfallen und in ein dreistündiges Feuergefecht verwickelt, bis wir in der aufsteigenden Dämmerung einander mit echt heimischen Kraftausdrücken stoppen konnten: ‚Ihr Teppen, habts Ihr nit an der Leuchtspur bemerkt, daß wir Eigene seimar!' Sieben Tote waren das schreckliche Ergebnis dieser Verwechslung. Und noch ein erschütterndes Geschehen am Rande: Ein Sanitäter schleppte einen vermummten Verwundeten zum Verbandsplatz, und als er den Sterbenden auspackte, war es sein eigener Bruder, der beim vermeintlichen Gegner gewesen war."

„Wir müssen hier alle verrecken"

Furchtbar war in der Arktis die Lage der Verwundeten. Pfarrer Tomaschek aus Salzburg, der legendäre Priester der zweiten Gebirgsdivision: „Wer als bewegungsunfähiger Verwundeter nicht sofort in einen Rentiersack kam, erfror binnen kürzester Zeit. Für viele, viele gab es keinen Rentiersack.

Zum Schock der Verwundung kam die grauenvolle Angst des Hilflosen vor dem schrecklichen Ende durch den Spaten oder durch das Bajonett der Sowjets."

Heute noch schätzt sich Tomaschek glücklich, daß er manchmal helfen konnte. Max Lechner: „Der Pfarrer holte uns mit Kameraden in letzter Minute, bevor die Russen kamen, aus dem verlorenen Stützpunkt heraus.

Aber wie oft konnte niemand mehr helfen. Wenn eine Stellung im Bewegungskampf aufgegeben werden mußte, waren die Verwundeten verloren. Unzählige erschossen sich selbst."

Das Gesicht des Fallschirmjägers. Angetreten zum Sprung auf Kreta. Lt. Karl Körner aus Klagenfurt: „Es ist der 21. Mai 1941, genau 14 Uhr. Aber es wurde 16 Uhr, bis der Startbefehl wirklich kam. Die Luftwaffe erfuhr von der Verspätung nichts. Jäger und Bomber starteten um 14 Uhr. Und wir sprangen dann ohne Jagdschutz und ohne Feuerschutz der Bomber in die Hölle.“

Die 5. Kp. des Fallschirmjägerregimentes 1 wartet auf den Startbefehl. Von 184 Mann kamen nur 54 zurück. Viele Fallschirmjäger wurden nach der Landung von englischen Kettenfahrzeugen zermalmt, bevor sie sich vom Fallschirm befreien konnten. Männer, die ins Meer getrieben wurden, ertranken, denn sie hatten sich die Hosen der Sprungbekleidung mit Handgranaten und Munition vollgestopft. Die Waffen zogen sie in die Tiefe.

Beim Sprung selber gab es in Kreta wenig Verluste. Diese traten erst nach der Landung ein. Damals brauchte ein Springer noch zwei Minuten um sich vom Schirm zu befreien. In dieser Zeit war er wehrlos.

Ein toter Russe mit dicken Pelzstiefeln in einer eroberten Stellung.

Ungeheure Schwierigkeiten bereitete die Versorgung der Verwundeten. Hier warten Hundegespanne auf den Abtransport.

In der Mai-Schlacht war in Sturm und furchtbarer Kälte immer Bewegungskrieg. So sah der Gefechtsstand eines Bataillons aus.

Die vordersten Stützpunkte der Gebirgsjäger wurden schon am Beginn der Mai-Schlacht von den Sowjets eingeschlossen oder überrannt.

Die menschliche Leidensfähigkeit kennt keine Grenzen. Ein Leutnant marschierte eine Nacht lang mit zerschmettertem Kiefer zurück, Verwundete mit amputationsreifen zerfetzten Beinen schleppten sich selbst viele Stunden lang durch den Schnee. Das war nur bei Polarkälte möglich. Tomaschek: „Ich sah einen Russen mit abgerissenem Arm. Die eine Hand hielt er fest in die gräßliche Wunde gepreßt. So muß er schon stundenlang marschiert sein."

Ein seltsames Erlebnis in der Tundra hatte Hauptmann Fritz Gressel:

„Als ich im Mai 1942 verwundet zurückging, stieß ich auf ein seltsames Bündel im blutroten Schnee. Ineinandergekrallt lagen ein Russe und ein Gebirgsjäger. Beide Verwundete waren bewußtlos. Der Gebirgsjäger klärte uns später auf. Auf dem Weg zu ihrem Hilfsplatz hatten sich der Russe und der Gebirgsjäger durch den Schneesturm geschleppt und bald die Richtung verloren. Der waffenlose Rotarmist, der sich kaum auf den Beinen halten konnte, stürzte sich sofort auf den Gebirgsjäger, der sich verzweifelt mit Zähnen und Armen zur Wehr setzte. Beide verbissen sich ineinander, bis ihnen die Sinne schwanden. Sie wären erfroren, wenn wir sie nicht gefunden hätten."

Verwundete mußten oft 20 Stunden lang zurückgetragen werden. Wenn sich die Träger ablösen sollten, brauchte man pro Verwundeten acht Mann. In ruhigen Zeiten ging das. Was aber geschah, wenn die Hölle los war, wenn durch Tod und Verwundung die halbe Kompanie ausfiel und der Rest im Kampf ums Überleben auf kein Gewehr verzichten konnte?

Eine nicht alltägliche Episode ereignete sich bei Alakurti, als sich eine von allen Seiten von Sowjets bedrängte Kompanie vom Regiment 139 zurückkämpfte. Um sich Träger für eigene Verwundete bei den Sowjets zu holen, stürzte sich Oberfeldwebel Hans Herzog aus Oberdrauburg nach einem konzentrierten Feuerschlag mit einem Stoßtrupp in den karelischen Urwald. Nach kurzer Zeit kam er mit einer ganzen Schar von Gefangenen zurück. Ein tollkühnes Stück.

Pfarrer Tomaschek: ,,Was den Kampf in der Arktis so schrecklich machte, war die Kälte. ‚Herr Pfarrer, müssen wir alle verrecken?‘ fragten mich verzweifelte Elendsgestalten, die im Polarsturm bei den Maikämpfen in einem Iglu hockten. Sie hatten sich nach tagelangen Kämpfen in der ‚Wärme‘ des Schneeloches die Schuhe ausgezogen und brachten ihre angeschwollenen Füße jetzt nicht mehr in das steifgefrorene Schuhwerk hinein. Jetzt mußten sie im Polarsturm mit 40 bis 50 Grad Kälte die Füße mit Tüchern und Hemden umwickelt in die Brotsäcke stecken. Eine verlorene Schar.“

,,Wir alle hatten damals Erfrierungen“, sagte Gressel. ,,Auf dem Hauptverbandsplatz versorgte mich Dr. Attilio Dimai. Dimai sagte damals mit besorgtem Blick auf meine Füße: ‚Ich fürchte, die Zehen gehören auch schon mir.‘ Aber ich hatte Glück, ich kam ohne Amputation davon.“

,,Es war unverantwortlich, die Truppe ohne Polarausrüstung in die Arktis zu schicken“, erklärt Pfarrer Tomaschek, der immer wieder vorne war. Er spricht von Schörner mit Achtung, erinnert sich aber: ,,An der Front hat man Dietl den ‚Totengräber‘ von Murmansk genannt.“

Granaten auf den Verbandsplatz

,,Es gab Zeiten“, erinnerte sich Dr. Attilio Dimai, der langjährige bekannte Primarius der Chirurgie des Elisabethinenspitals zu Klagenfurt, ,,da überwog die Zahl der Erfrierungen bei weitem die blutigen Verletzungen. Manchmal trafen die Männer mit den erfrorenen Gliedmaßen fast pausenlos auf unserem Hauptverbandsplatz hinter der Liza ein. Sie mußten oft tagelang über die von Eiswinden durchfegte Tundra zu unseren Finnenzelten getragen werden, die oft unter dem Feuer der russischen Kanonenboote in der Lizabucht lagen."

„In den meisten Fällen", sagt Dr. Dimai, damals Assistenzarzt in einer Sanitätskompanie, die zur 6. Gebirgsdivision Schörners gehörte, „sahen wir, daß nichts mehr zu retten war. Aber wir amputierten vorne auf dem Hauptverbandsplatz in der Regel erfrorene Gliedmaßen nicht. Wir schickten sie zurück. Amputieren mochten diese Fälle die Chirurgen im Hinterland."

Doktor Dimai führt die erschreckende Zahl von schweren Erfrierungen nicht zuletzt auf die drakonischen Befehle Schörners zurück, der mit eiserner Strenge vereiteln wollte, daß der grausame Frost zu Massenabgängen nach hinten führte. Frostschäden hatte jeder. Sie sollten bei der Truppe ausgeheilt werden. So durften die Opfer der schlechten Ausrüstung und der furchtbaren Kälte erst zurück, wenn es oft schon zu spät war.

Wenn es vorne Kampfhandlungen gab, kamen die Chirurgen oft viele Tage nicht zur Ruhe. Es wurde in den Erdbunkern Tag und Nacht operiert. Nach einer solchen Zeit physischer Überbeanspruchung konnte es vorkommen, daß ein Sanitätsgefreiter im Bunker weiterschlief, obwohl eine Granate über ihm das Finnenzelt zerriß.

Doktor Dimais chirurgischer Lehrmeister an der Eismeerfront war der Unterarzt Dr. Karl Rauchenwald, später der hochangesehene und beliebte Vorstand der Urologischen Abteilung im Landeskrankenhaus Klagenfurt. Der junge Sanitätsoffizier muß schon damals in Griechenland und am Polarkreis ein Könner gewesen sein, denn aus den Worten Doktor Dimais klingt heute noch der Respekt vor seinem damaligen Lehrmeister, der einmal das von Geschossen zerfetzte Gesicht eines schwerverwundeten Gebirgsjägers versorgte, indem er die herabhängenden Fleischteile mit Sicherheitsnadeln zusammenflickte. Nadeln und Klammern gab es nicht mehr.

Noch heute erinnert sich Dimai an den leisen Schreck, der ihn durchfuhr, als er ganz programmwidrig die erste Amputation selbst durchführen mußte. Er mußte, weil Rauchenwald wegen einer Handverletzung nicht operieren konnte und die Amputation des halbabgetrennten Beines des eben eingelieferten Schwerverwundeten keinen Aufschub vertrug. ,,Es ging alles gut", sagte Doktor Dimai, der inzwischen längst selber ein Chirurg von überragendem Ruf geworden ist. Und das, obwohl ihm der Splitter einer russischen Granate den Mittelhandknochen der rechten Hand zerfetzt hatte.

Doktor Dimai weiß nicht einmal den Tag genau, wann das geschehen ist. Es war an demselben Hauptverbandsplatz an der Liza im Mai 1942. ,,Ich versorgte im halb in den Erdboden versenkten Finnenzelt gerade einen Schwerverwundeten. Ich entsinne mich nicht, das Jaulen der Granate gehört zu haben. Aber ich spürte plötzlich einen harten Schlag auf der Hand und sah, daß sie plötzlich wie leblos herunterhing."

Ein Sanitätsgehilfe sprang hinzu und verband den Verwundeten, an dessen Hand noch heute die schweren Narben zu sehen sind. Damals aber war eine solche Verletzung nach den stählernen Befehlen Schörners kein Grund zur Verlegung ins Hinterland.

Der Schutzwall aus Leichen

Die Gebirgsjäger hatten zum Grauen des Krieges auch noch die Schrecken des arktischen Winters mit Temperaturen bis zu minus 60 Grad zu bestehen. Heute gibt man den Forschern und Soldaten in der Arktis heizbare Anzüge und Stiefel mit. Die Gebirgsjäger in der Tundra hatte der Befehl ohne geeignete Winterbekleidung und ohne Unterkünfte in die Polarkälte der Eismeerstürme gehetzt. Jeder Skifahrer, der heute bei 0 Grad zum Skilift geht, ist gegen die Kälte besser ausgerüstet als die Gebirgsjäger, die mit ihren genagelten „Kältespeichern“ an den Füßen, ohne Pelze, ohne gefütterte Anoraks, ohne Pelzmützen, ohne gefütterte Handschuhe im arktischen Winter kämpfen mußten.

„Wir wollten uns mit Krüppelbirken rasch ein Dach über den Kopf schaffen“, erzählt ein Pionier, „aber wo sollten wir die Stämmchen am Hang aufstützen? Als wir die ersten Angriffe der Russen abgewehrt hatten, holten wir die gefrorenen Leichen und schlichteten sie so aufeinander, daß sie ein Podest bildeten, auf das wir dann Schnee warfen. Das war dann die Auflage für das Birkenknüppeldach – unter dem Verschlag froren wir monatelang in der Polarnacht. Es ist unfaßbar, was ein Mensch aushalten kann.“

Die Filzstiefel der toten Russen halfen manchem Gebirgsjäger zum Überleben. Nach Kampfhandlungen schlugen die Jäger den gefrorenen Leichen der Russen die Unterschenkel ab und tauten den Inhalt der Stiefel bei ihren primitiven Öfen auf. Dann zogen sie die Füße der Toten aus dem Schaft. So war es in diesem ersten Schreckenswinter am Eismeer.

Gend.-Rev.-Inspektor Heliodor Tributsch, Spittal a. d. Drau, erinnert sich an die Maikämpfe 1942, die schlimmste Winterschlacht der Kriegsgeschichte: „Wir haben mit den Leichen der gefallenen Kameraden und toten Russen auf der sogenannten Obersteiner- und Schoberhöhe im Nordabschnitt der Liza provisorische Stellungen gebaut, indem wir die beinhart gefrorenen Leichen übereinandergeschichtet haben. Sie boten guten Schutz gegen Infanteriegeschosse. Ich war damals bei der Aufklärungsabteilung 68 (ursprünglich Radfahrbataillon 68), die in diesem Abschnitt eingesetzt war, und wurde innerhalb von 36 Stunden zweimal verwundet.“

Das sind nur Blitzlichter auf das Geschehen. Nur ein Bruchteil der Erlebniswelt dieser Zeit wird bekannt. Die

Toten schweigen, und so viele der Überlebenden geben ihr Erlebnis nicht weiter, vielleicht auch deshalb, weil es mit Worten gar nicht zu schildern ist.

Nicht immer war es tragisch, was am Eismeer geschah. An ein seltsames Ereignis erinnert sich Rechtsanwalt Dr. Otfried Fresacher aus Klagenfurt:

„Es war in der Nacht vom 15. auf den 16. Jänner 1944, als die Russen uns bei einem der Spähtruppeinsätze überraschen konnten. Ein Feldwebel, er hieß nach meiner Erinnerung Bramberger und war ein Kärntner, wurde versprengt und stieß in der eisigen Tundra auf einen Russen.

Wie der ‚Lapplandkurier' damals berichtete, hatte der Feldwebel mit dem Russen seine gefrorene Marschverpflegung geteilt. Beide hatten Zigaretten mit, aber keiner hatte ein Streichholz. Feldwebel Bramberger und der Russe wußten bis zum Ende nicht, ob sie erfrieren werden, ob sie zu den russischen oder deutschen Stützpunkten gelangen werden. Deshalb hat keiner den anderen entwaffnet, beiden war es viel wichtiger, nicht allein zu bleiben. Feldwebel Bramberger hat allerdings, während der Russe schlief, in das Patronenlager des russischen Gewehres gespuckt, um mit der sofort gefrierenden Spucke die Waffe des Russen unbrauchbar zu machen. Nach 48 Stunden stießen die beiden auf eine deutsche Feldwache. Der Russe wanderte in das Gefangenenlager.

Laut ‚Lapplandkurier' soll er gesagt haben: ‚Germanski – gutt Kamerad.'"

Bramberger hat den Krieg überlebt, er lebt heute in Arnoldstein in Kärnten.

Sie erschossen 100 Gefangene

Es wurden in den Maikämpfen wenige Gefangene gemacht. Es waren im ganzen 197 Sowjetsoldaten, die sich ergaben. Es waren meist Rotarmisten, die sich im Sturm verirrt hatten und dann nach dem Kampf den Gebirgsjägern in die Hände fielen. Von den Gebirgsjägern, die den Sowjets in die Hände fielen, hat wohl keiner überlebt.

Ein einzelner hatte ohnedies keine Chance. Daß die Sowjets aber Gefangene haufenweise zusammenschossen, das erlebte der bekannte Bergführer Hias Kumnig aus Krumpendorf, der einer der erfolgreichsten Spähtruppführer der Eismeerfront war. Er gehörte damals zu einer durch Granatwerfer und SMG-Züge verstärkten Kompanie, die in einem Sumpfgelände beim Passieren einer See-Enge zusammengeballt, in einen Hinterhalt der Sowjets geriet. Die in einem Umkreis von etwa 300 Meter zusammengedrängten Züge sahen sich plötzlich in einem Feuerhagel, der von allen Seiten auf sie niederging.

Hias Kumnig erinnert sich: „Nach einer halben Stunde etwa kam der Ruf durch: Feuer stoppen, Hände hoch, wir ergeben uns. Schon sah ich, wie sich die Kameraden erhoben und abschnallten, das russische Feuer verstummte sofort.

Ich dachte nicht daran, mich zu ergeben, sondern hechtete ins Birkengestrüpp, und die Russen müssen mich, abgelenkt vom Schauspiel der kapitulierenden Kompanie, übersehen haben. Als ich mich sprungweise von Sumpfpolster zu Sumpfpolster absetzte, stieß ich auf Leutnant Kräher, den Zugführer der Flankensicherung. Von einer kleinen Anhöhe aus sahen wir, im Birkengestrüpp versteckt, mit dem Glas vorsichtig nach den Sowjets aus.

Dort sammelte sich die waffenlose Kompanie, Verwundete lagen herum. Deutlich sahen wir durch das Glas vor dem Haufen der 100 oder 110 Gebirgsjäger den Kompaniechef stehen, ein Hauptmann Appenheimer, ein Offizier aus dem deutschen 100000-Mann-Heer. Es war ein tüchtiger Offizier, der aber seine in die Sackgasse geratene Kampfgruppe nicht opfern wollte. „Durch das Glas sahen wir wie die Mauer der wehrlosen Kameraden lautlos unter den Feuerstößen der Sowjets niedersank."

Kumnig und Kräher waren die einzigen Überlebenden der Kampfgruppe. Kräher traf er nach dem Krieg wieder bei einem Gebirgsjägertreffen als Obstlt. der Bundeswehr.

„Wir wurden an der Eismeerfront mit dem Haß konfrontiert", erinnert sich Gend.-Gruppeninsp. Ing. Roman Jandl. „Wir fanden nach Gegenstößen tote Kameraden, die oft grauenvoll verstümmelt waren. Die Sibirier hatten ihnen die Geschlechtsteile abgeschnitten. Anderen waren die Augen ausgestochen worden. Wir sahen Leichen, deren Gesichter mit Messern zerfleischt worden waren.

Das waren zweifellos barbarische Handlungen, zu denen Gebirgsjäger niemals fähig gewesen wären.

Andererseits aber erzwang die unerbittliche Kampfführung in der Tundra Verzicht auf Regungen der Menschlichkeit. Wenn eine Kompanie im Verzweiflungskampf auf ein Häuflein zusammengeschmolzen ist, wer soll da noch Männer abstellen, die im Schneesturm Gefangene zurückführen?

Dazu kam noch die sowjetische Taktik des Totstellens. Das war eine typische Kampfart. Sie ließen sich überrollen und schossen dann von rückwärts."

Josef Lechner (Himmelberg) berichtet von einem Erlebnis: „Wir stießen im Schneegestöber beim Vorgehen auf einen russischen Granatwerfer. Im Umkreis lagen Leichen. Die ganze Bedienung war tot.

Aber da fiel uns bei einem Toten die Gesichtsfarbe auf. Die mußte im Eiswind doch kalkweiß sein, aber das Gesicht war nicht weiß, es zeigte eine gesunde Röte.

Die ‚Leichen' hatten alle Gewehre in der Faust, alle waren kerngesund.

Hätten wir das nicht entdeckt, hätten wir dran glauben müssen."

Nahkampf im Orkan

Ein fürchterlicher Nahkampf im Schneetreiben, das jede Sicht raubte, war das letzte, was der Gebirgsjäger Kurt Langler aus Innsbruck im Mai am Eismeer erlebte.

„Am Hausberg wurde uns ein Abschnitt zur Verteidigung zugewiesen. Kein Bunker, kein Verschlag, kein Schutz. Nur Sturm, Heulen, Schneetreiben, Kälte. Der Sturm riß uns den Atem vom Mund. Nicht einmal hinlegen konnten wir uns, um uns zur Verteidigung einzurichten. So stand also alle fünf Schritte ungefähr ein vom Erfrierungstod bedrohter Jäger, das war die HkL.

Wir sahen im Schnee und Sturm keine zwei Meter weit, wir kannten das Vorfeld nicht, wir wußten nicht, was rechts und links und was hinter uns war."

„Die Hände und Füße wurden gefühllos", berichtet Langler. „Verzweifelt versuchten wir, uns durch Armbewegungen und Hüpfen vor dem Erfrieren zu schützen. Im Schneesturm konnte ich kaum die Kameraden sehen.

Wir starrten in das heulende Schneegestöber und warteten auf den Feind. Plötzlich flammte seitlich von uns Gefechtslärm auf, und schon pfiffen die Garben irgendeines russischen Maschinengewehrs über unsere Köpfe.

Ehe wir einen klaren Gedanken fassen konnten, waren die Russen aber auch schon da. Weiße Klumpen schälten sich plötzlich aus dem Flockenwirbel und rannten auf uns zu, einer, zwei, drei, ein Haufen. Ein MG, dachte ich mir, um Gotteswillen, ein MG müßte her. Das würde in dem Pulk aufräumen. Aber wir hatten kein MG. Wir hatten auch keine Handgranaten. Ich hatte nichts als den Karabiner.

Ich schoß im Stehen Schuß auf Schuß. Ich sah Gestalten in weißen Schneemänteln stürzen, aber es war scheinbar sinnlos zu schießen; für jeden, der stürzte, wuchsen neue Klumpen aus dem Nichts.

Sie rannten auf mich zu, andere huschten an mir vorbei. Das Ziel der ersten Welle war, uns zu überrennen, mochten die Nachkommenden uns niedermachen. Plötzlich war mein Magazin leer. Jetzt müßte ich laden, durchzuckte es mich. Ich wußte, daß ich alles, was vor mir auftauchte, so schnell wie möglich erledigen mußte, wenn ich überleben wollte. Aber zum Laden war keine Zeit. Ich drehte das Gewehr um und schlug mit dem Kolben auf die nächste Gestalt, die auf mich eindrang. Ich hörte gellende Rufe: ‚Leuchtraketen, Leuchtraketen'. Der Nahkampf wurde zu einem wirren, tödlichen Durcheinander schießender und mit dem Kolben dreinschlagender weißer Gestalten. Wir trugen weiße Schneemäntel, die Sowjets trugen weiße Mäntel, Freund und Feind war nicht mehr zu unterscheiden. Ein mörderischer Kampf im Schneesturm. Mann gegen Mann."

„Ich vermag mich an Einzelheiten nicht mehr zu erinnern. Von rückwärts traf mich plötzlich ein furchtbarer Schlag auf den Kopf und löschte sofort mein Bewußtsein aus. Ich weiß heute noch nicht, war es der Kolben eines Kameraden oder das Gewehr eines Russen. Um mich wurde es damals Nacht.

Als ich zu mir kam, war Stille um mich. Ich konnte kein Glied rühren. Ich hatte keine Stimme, keine Kraft. Auf meinem Gesicht lag Schnee. Es muß wohl eine Nacht vergangen sein. Es hatte mich total zugeweht.

Todesangst überfiel mich. Werden die Sowjets kommen und mich töten?

Irgendwann tauchten dann zwei Gestalten in weißen Schneemänteln auf. Sie suchten nach den kleinen Hügeln, den vom Schnee überdeckten Leibern. Sie drehten die leblosen Körper um, um zu sehen, ob in einem der stillen Schläfer noch Leben war.

Ich wollte rufen. Aber ich brachte keinen Laut über die Lippen. Nur meine Hand vermochte ich schwach zu heben. Die Kameraden sahen mich. Ich war gerettet. Mein Stahlhelm war fast zertrümmert. Ich selber weiß bis heute nicht, ob der Schlag von rückwärts von einem Russen oder einem Kameraden stammte, der mich im Schneesturm für einen Gegner hielt.

Nach vier Tagen schnitt man mir mit einer Schere vier Zehen ab. Sie waren buchstäblich verfault."

Schwerverwundete schossen am MG

Es ist eines der Kennzeichen in der Erinnerung der Eismeerkämpfer, daß ihnen das Zurückblenden an die schlimmsten Tage der Maikämpfe nur bruchstückhaft möglich ist. Nicht nur weil 40 Jahre vergangen sind, sondern deshalb, weil die psychische und physische Inanspruchnahme damals so erschreckend war, daß ein Trancezustand eintrat.

Gend.-Insp. Roman Jandl: „Ich erinnere mich nicht, daß ich in den drei kritischen Wochen einmal geschlafen hätte."

Bezeichnend auch für die mörderische Hektik, daß bei jenen, die im Krieg Tagebuch geführt hatten, für die Wochen der Maikämpfe jede Aufzeichnung fehlt.

Josef Lechner aus Außerteuchen bei Gnesau berichtet: „Wir waren seit drei Wochen nicht aus den Kleidern gekommen, nicht gewaschen. Es gab für uns kein wärmendes Feuer, kein warmes Essen, höchstens Dörrgemüse, mit Hartspiritus etwas warmgemacht. Frost und das Feuer der Russen wüteten in der Kompanie, die immer mehr zusammenschmolz.

Durch die ungeheure wochenlange Spannung im Kampf um das Überleben waren wir so apathisch und verzweifelt geworden, daß wir uns gar keine Deckung mehr errichteten, wenn wir unseren Granatwerfer in Stellung brachten.

Es war am 10. Mai, der Sturm hatte etwas nachgelassen. Wir griffen an. Wir hatten 80 Meter vor den Sowjets unsere Granatwerfer in Stellung gebracht, unser Leutnant, er hieß

Strausser, befahl uns eindringlich, uns aus Felsbrocken eine Deckung zu bauen. Kurze Zeit später kam er wieder, um sich davon zu überzeugen, daß wir dies auch getan haben.

Da jaulte es. Ein Bersten, ein Feuerblitz. Ein Volltreffer eines sowjetischen Granatwerfers in unsere Stellung. Dem Leutnant, der sich so um uns gesorgt hatte, riß ein Splitter den Kopf weg, der Granatwerfer war zerfetzt. Ich überlebte."

Lechner war schon Monate vorher am Handgranatenköpfl schwer verwundet worden. Auch damals: Splitter im Kopf. Einige sind ihm nach dem Krieg noch aus dem Kopf operiert worden. „Es sind heute immer noch welche drin", sagt der Kriegsversehrte, der immer noch unter seiner Kriegsverletzung leidet, resigniert.

In den Tagen der Maikämpfe, wo es um Tod und Leben ging, und die Welt rundum eine tobende weiße Hölle war, gab es Phasen, wo kein Verwundeter mit Hilfe der überlebenden Kämpfer rechnen konnte; die mußten töten, um nicht selbst getötet zu werden.

Wer in solchen Situationen verwundet wurde und noch bei Sinnen war, hatte nur die Wahl, liegenzubleiben und zu erfrieren oder von einem Russenkolben erschlagen zu werden. Der einzige Ausweg zum Überleben war in der Verteidigung: weiterkämpfen, schießen. So lagen selbst Schwerverwundete noch am MG.

Die Geschichte der Kriegsmedizin könnte hier über wahre Wunder berichten. Jeder Soldat kennt solche Fälle. Schwerstverwundete, denen der Fuß weggerissen wurde, marschierten stundenlang auf dem blutenden Stumpf. Der bekannte Klagenfurter Arzt Dr. W. Lakomy war bei minus 40 Grad mit zerschmettertem Unterkiefer eine ganze Nacht lang marschiert, bis er zufällig auf Deutsche stieß.

Es leben viele noch, die eigentlich nach den Erwartungen ärztlicher Kunst nicht mehr leben dürften: Bergführer Hias Kumnig weiß von einem Fall aus den Maikämpfen: Die Kompanie war eingeschlossen. Einem Gebirgsjäger hatte ein Splitter ein Stück der Schädeldecke weggerissen. Er wurde zu einem Sanitätszelt getragen.

Kumnig: ,,Ich sah den Mann: Die Schädeldecke war handflächengroß herausgeklappt und hing an einem Hautfetzen. Ich sah die Gehirnwindungen. Der Unterarzt hatte für den hoffnungslosen Fall gar keine Zeit, man legte ihn unversorgt vor das Zelt. Zum Sterben.

Am nächsten Tag kam ich in einer Gefechtspause wieder, sah die ‚Leiche' mit der herausgeklappten Schädeldecke. Aber siehe da, die ‚Leiche' atmete. Jetzt nahm sich auch der Arzt des Mannes an. Als wir ausbrachen, nahmen wir ihn mit. Ich habe später nie mehr von ihm gehört."

Als „Leiche" weggelegt wurde der Gebirgsjäger ROA-Uffz. Dipl.-Ing. Karl Nassimbeni an der Eismeerfront. Er lebt mit einem Lungenflügel in Villach.

Ein Toter mit Urlaubsschein

Den Volltreffer eines russischen Granatwerfers überlebte der Tiroler Gefreite Hugo Delazer aus Innsbruck auf der Obersteiner Höhe am 4. Mai 1942. Der ehemalige Gebirgsjäger, der heute als Arzt in Klagenfurt lebt, bezeichnete diesen Tag als zweiten Geburtstag. Und das kam so:

,,Wir stellten uns zum Angriff gegen die Sowjets bereit. Von denen wimmelte es nur so auf den Höhen vor uns. Mit zwei Kameraden hockten wir in Deckung hinter einem Felsen. Da sagte der eine, ein Kärntner namens Karlin, zu mir: ‚Du sitzt auf meinem Rucksack.' Tatsächlich, ich saß auf seinem Rucksack, und so wechselten wir die Plätze. Ein paar Minuten später fuhr etwas wie eine feurige Kugel zwischen unsere Köpfe. Das nahm ich noch wahr. Dann war ich weg.

Als ich wieder zu mir kam, spürte ich warmes Blut im Gesicht. Es hatte mich erwischt. Ich versuchte, die Beine zu bewegen. Es ging. Da sah ich Karlin. Er lehnte auf seinem Rucksack an dem Felsen, seine Brust war von der Granate zerrissen, eine einzige grauenhafte Wunde. Das war genau an der Stelle, an der ich vorher gewesen war.

Und Karlin war tot, mit einem Urlaubsschein in der Tasche. Er war schon unterwegs gewesen in seine Heimat in Unterkärnten. In Rovaniemi hatten sie alle Urlauber aus den Zügen geholt, als es am Eismeer losgegangen war.

Neben Karlin lag zerfetzt der andere Kamerad, an dessen Namen ich mich nicht mehr erinnern kann. Ein blutiger, vom Körper losgerissener Arm lag neben mir. Meine Mütze war von Splittern durchsiebt.

Ehe ich mich aufraffen konnte, jaulte es. Mit häßlichem Pfeifen fuhr die nächste Werfergranate in den Kompanietrupp, der 30 Meter neben mir lag. Dort liegt Hauptfeldwebel Scheucher, durchfuhr es mich. Unser Scheucher!“

Er wurde damals verwundet.

Roman Jandl erinnert sich: „Normalerweise war Blasius Scheucher Spieß. Aber von ihm hieß es respektvoll: Wenn Krieg ist, ist der Blase beim Zug. Das heißt, wenn es rund ging, ließ Scheucher seinen Troß Troß sein, und die ‚Schreibstube‘ überließ er einem Obergefreiten. Er war als Zugführer freiwillig bei der kämpfenden Kompanie.“

Es wird wenige Vorgesetzte geben, die 40 Jahre später ausnahmslos noch so gerühmt werden wie Scheucher. Er war ein ungewöhnlicher Mensch, ein vorbildlicher Soldat.

Und das nicht etwa, weil er ehrgeizig gewesen wäre. Das EK 1 hatte er längst schon, vom Durchbruch durch die Metaxaslinie. Er war einfach ein Pflichtmensch, ein Kamerad unter Kameraden. Wenn sie ins Feuer gingen, wollte er bei ihnen sein.

Und seine Leute liebten ihn auch im Gefecht. Denn sie wußten, er verlangte nichts, was er nicht selber geleistet hätte.

Er war im Gefecht und im inneren Dienst die Ruhe selber. Das war ein Spieß, bei dem es kein Poltern und Schreien gab.

Er ließ nichts durchgehen, aber er machte alles mit Ernst und Güte: ,,Tuats das nit Burschen", rügte er, und wenn einer was anstellte: ,,Tuats zwa Tag Holz hackn", und alles war erledigt für ihn. Da gab es kaum ein Melden in dieser Kompanie.

Als er heimkehrte, wurde er in Klagenfurt ein Vater der Armen und Bedrängten. Den toten Soldaten setzte er mit dem Ulrichsberg ein Denkmal von europäischem Ruf. ,,Die Lebenden sollen die Toten nie vergessen."

Als er 1962 als Vizebürgermeister Klagenfurts im Alter von 50 Jahren starb, schritten 10000 Menschen trauernd hinter seinem Sarg. Es war der Heimgang eines großen Bürgers.

Die Erfrierungen gehörten zum täglichen ,,Krankengut" der Ärzte an der Eismeerfront. Dr. Karl Rauchenwald, einer der bekanntesten Ärzte der Eismeerfront: ,,Nicht zuletzt waren daran die genagelten Schuhe schuld, die in Griechenland ganz gut waren, hier am Polarkreis wurden sie zu Kältespeichern."

Wo immer es möglich war, stöberten die Jäger nach Kämpfen das Vorfeld nach russischen Leichen ab. Man trennte ihnen die beinhart gefrorenen Unterschenkel ab und taute sie im Unterstand aus den Filzstiefeln der Sowjets auf.

Während der Maikämpfe war freilich wenig Zeit zu solch rettender Materialbeschaffung. Ungeheures wurde auch hier den Ärzten abverlangt. Dr. Rauchenwald: ,,Das war eine Zeit, wo ich in 14 Tagen nur 14 Stunden zum Schlafen kam. Wir hielten uns nur mit starkem Kaffee und Zigaretten aufrecht und arbeiteten manchmal wie in Trance. Dabei führten wir schwerste Bauchoperationen, ja Hirnoperationen durch." ,,Operationssaal" war eine Finnenhütte.

Der Arzt erinnert sich: ,,Einmal schlief ich nach einer Operation beim Zunähen regelrecht ein. Mein Assistent Dr. Stauder aus München riß mich hoch. Aber die Arbeit war ja schon getan. Die Spannung abgeebbt, bei der Routinearbeit des Zunähens kam der Zusammenbruch."

Dr. Rauchenwald erlebte übrigens in seiner urologischen Abteilung im LKH Klagenfurt nach fast 35 Jahren den letzten Patienten von der Eismeerfront. In der Prostata eines ehemaligen Gebirgsjägers aus Villach entdeckte man eine Russenkugel, die 35 Jahre unerkannt in diesem Organ gesteckt war und dem Mann Beschwerden bereitet hatte. Die Kugel wurde 1979 operativ entfernt.

Kein Organ war vor Kugel oder der Kälte sicher. Rudolf Peyker, Oberschulrat aus Klein-St. Paul, erinnert sich daran, wie oft der entblößte Zeigefinger am Abzugshahn des Gewehres festfror.

„Die Schneestürme", so schreibt er, „peitschten uns die eisigen Schneeflocken waagrecht ins Gesicht, sie fühlten sich an wie Sandkörner. Da mußte jeder Truppenführer immer wieder seine Leute kontrollieren, ob sie nicht an bloßen Hautstellen schon weiße Flecken hatten. Und wenn der Sturm aus der Richtung blies, wo man ins Hosentürl hineinkommt, dann waren männliche Kostbarkeiten bitter gefährdet! Eines Tages spürte ich bei den Maikämpfen in meinen Augen Schmerzen wie tausend Nadelstiche, die Augen und ihre Umgebung schwollen dick an und ich konnte nichts mehr sehen. Da wußte ich, was es heißt, schneeblind zu sein."

Was ein Orkan am Eismeer bedeutet, das illustriert Gend.-Gruppeninspektor Jandl mit einem Beispiel: „Wir konnten uns nicht mehr aufrichten, aber auch nicht mehr liegen. Die Hände um die Skibindung geklappt, hob uns der Sturm die Körper zu einer Art Liegestütz hoch, wobei er die Füße vom Boden hochriß."

„Aber ein solcher Orkan rettete uns am Höhepunkt der Maikämpfe das Leben", sagt der ehemalige Gebirgsjäger: „Wir waren zum Angriff angetreten, und auf die Minute genau setzte der Sturm aus Südwest ein. Er faßte uns mit seiner Gewalt im Rücken und riß uns vor."

Den Sowjets, die halb erfroren hinter Felsbrocken kauerten, nahmen die über den Boden treibenden Schneemengen in Form von richtigen Schneeknollen jede Sicht. Der Sturm war so furchtbar, daß er den in die Windrichtung blickenden Russen wohl auch die Luft zum Atmen wegriß. Es wurde nicht viel geschossen. Die Männer der zweiten Gebirgsdivision hatten Gebirgsstutzen mit einem verstärkten Schaft. Die Kolben taten ganze Arbeit.

Jandl gehörte dann zu jenen, die von einer Höhe aus das Ende des russischen Expeditionskorps mit eigenen Augen sehen konnten: ,,Wir sahen die dunklen Punkte im Schnee, sie strebten wie Lemminge der Küste zu, wo sie von Booten aufgenommen wurden.“

Es waren dies die Truppen, die der von Schörner geplanten Einschließung entkommen konnten.

Es war ein teuer erkaufter Abwehrerfolg der Gebirgsjäger. ,,Von unserer 11/141, die in die Maikämpfe geworfen wurde, erreichten nur 15 Mann, mehr oder minder angeschlagen, wieder die alte Unterkunft der Kompanie“, sagte Jandl.

Ein anderer Überlebender, der damalige Oberfeldwebel Langer (Villach) schrieb damals in sein Tagebuch: ,,Die 2./141 ist mit 75 Mann ausgerückt, 30 Mann kamen zurück. Moralisch und körperlich komplett fertig. Jeder dachte mit Grauen an die letzten Tage zurück.“

So war es fast bei allen Einheiten. Was in den Brennpunkt der Kämpfe geriet, wurde aufgerieben.

Dr. Franz Kerber, Landeck, war damals Bataillonsveterinär beim I./Gebirgsjägerregiment 136 und erinnert sich: ,,Vom 1./136 sind zirka 900 Mann ausgerückt, um die Russen abzuwehren, und von denen, die nach der Abwehr zur Truppe zurückkehrten, waren etwa zwei Dutzend heil. Alle anderen hatten Erfrierungen, Verwundungen oder andere Leiden.“

Torpediert: Tod nach der Rettung

Der deutsche Nachschub für die Armee am Eismeer erfolgte über Linachamari und Petsamo. Zumindest sollte er erfolgen. Angesichts der britischen und sowjetischen Seeherrschaft erreichte aber nur ein Bruchteil der Versorgungsgüter und Truppentransporte ihr Ziel.

„Wenn eigene Transportschiffe einliefen, dann steigerte sich das russische Artilleriefeuer auf die Hafeneinfahrt zu einem Feuerorkan“, berichtet R. Paulitsch in Treffen, damals als Panzerjäger zum Hafenschutz eingesetzt. „Ruhig war es ja nie. Fast regelmäßig lieferten sich die am Hafeneingang postierten deutschen Küstenbatterien wilde Duelle mit den 21 russischen schweren Batterien auf der Fischerhalbinsel. Aber, wie gesagt, wenn deutsche Transportschiffe einliefen, war der Teufel los. Unsere Zerstörer vernebelten das ganze Gebiet, um die Transporte der Sicht zu entziehen, aber die Geschosse fielen so hageldicht, daß sie immer wieder ihre Opfer fanden.

Wir sahen den Feuerschein und hörten die Detonationen. Wieder einmal sanken deutsche Transporter und mit ihnen ging Nachschub für die Lapplandarmee auf den Meeresgrund.

Es war vor Weihnachten, da waren auch unsere Post und unsere Weihnachtspäckchen dabei, dachten wir grimmig. Aber dann sahen wir das Entsetzliche. Schiffbrüchige schwammen in der eisigen See dem Ufer zu. Die ersten erreichten die Mole. Sie wurden an Land gezogen. Und das war ihr gnädiger und doch schrecklicher Tod in der gnadenlosen Polarkälte. Das Thermometer zeigte damals kaum weniger als 35 bis 40 Grad minus. In dem Augenblick, wo die nassen, unterkühlten Leiber aus dem Wasser tauchten, erfroren sie in Gedankenschnelle zu glashartem Eis. Alle Rettungsversuche waren umsonst. Wohl an die 200 deutsche Seeleute hat damals dieses Schicksal ereilt.“

Es wird nicht viele Gebirgsjäger geben, die dem Untergang eines torpedierten Transportschiffes entrannen. Eduard Mirnig aus Klagenfurt ist einer von ihnen. Mit 1800 Gebirgsjägern aus Kärnten, Tirol und Salzburg war der damalige Stabsfeldwebel mit der „Donau“ und einem zweiten Dampfer von Drontheim nach Hammerfest unterwegs. „Es war am 21. August 1942 um 17 Uhr“, erinnert er sich. Wir lagen mit umgelegten Schwimmwesten in den Kojen und warteten, bis der U. v. D. zum Abendessen pfeifen würde. Da erschütterte eine furchtbare Explosion das Schiff. Im nächsten Augenblick schossen Wasserfontänen aus der Tiefe des von einem Torpedo aufgerissenen Schiffsbauches. Schon bäumte sich das Schiff vorne hoch. Zusammen mit einem 16jährigen Schiffsjungen erfaßten wir im letzten Augenblick ein Rettungsgerät. Furchtbare Schreie von hilflosen Verwundeten gellten. Panikszenen spielten sich ab. Wir stürzten sechs Meter in die Tiefe und dann spülten uns die Wogen des untergehenden Schiffes fort. Im Schwimmen sahen wir noch, wie vom senkrecht absackenden Bug Troßwagen, Autos und Feldküchen ins Wasser stürzten. Dann schoß plötzlich vor uns eine riesige Stichflamme hoch. Auch das zweite Transportschiff war getroffen worden.

Stundenlang schwammen wir mit vielen Hunderten auf der unruhigen See. Dann fischte uns die Barkasse eines deutschen Zerstörers auf. Wir wurden zurück nach Drontheim gebracht. Dabei sind viele der Geretteten noch an Unterkühlung gestorben. Einer von ihnen bekam in dieser Stunde schlohweißes Haar.“

Mirnig erreichte sein Ziel, die Front bei Salla, erst vier Wochen später. Es war eine böse Begegnung mit dem frühen Winter. Schon beim Ausladen aus dem Transportzug wurde befohlen: „Jeder beobachtet die Nasenspitze des Nachbarn.“ Trotzdem hatte das Bataillon schwere Erfrierungen zu beklagen. Als wir Menage faßten, kam keiner dazu, die warme Kost zur Gänze zu sich zu nehmen. Der Eintopf fror schon nach kurzer Zeit zu Eis.“

Eine der größten Katastrophen war im Oktober 1944 der Untergang des Transportschiffes „Donau“ im Nordmeer.

Einer der Überlebenden ist der Bautechniker A. Kalteis aus Klagenfurt: „Es gab an Deck des Dampfers schreckliche Szenen. Der Kapitän erschoß sich, Hunderte rauften sich auf Tod und Leben an Deck um Ringe und um Holzbohlen.

Ich schwamm im eisigen Wasser und sah die Menschentrauben auf den Flößen. Die Traube wuchs immer höher, immer mehr Menschen kletterten über die Leiber der anderen nach oben. Die Pyramide wurde immer größer. Sie mußte längst die zu unterst liegenden Gebirgsjäger erdrückt haben. Dann fiel die Riesentraube um. Während ich schwamm, hörte ich eine gewaltige Detonation und eine furchtbare Druckwelle hob mich aus dem Wasser. Unser Zerstörer hatte gegen das englische U-Boot eine Wasserbombe geworfen. Überall trieben Schiffsbrüchige. Ein älterer Hauptmann hob schwimmend immer wieder einen Arm hoch und schrie seinen Namen und seinen Dienstgrad. Immer wieder ‚hier Hauptmann sowieso‘. Es war, als wollte er seine Leute rufen und sagen ‚laßt doch euren alten Hauptmann nicht im Stich‘.

Ich fühlte, wie ich auskühlte und zu Eis wurde. Ich schwamm auf ein Boot zu. In ihm saßen zwei Gebirgsjäger und ein Marineoffizier, ich sah das goldene Elliosauge an seinem Ärmel und am Arm hielt er doch wahrhaftig einen Schoßhund und zu mir rief er: ‚Sie steigen nicht ein, ich erschieße Sie.‘ Die kleinen Boote waren nämlich nur für die Besatzung des Transporters bestimmt. Aber die Kräfte verließen mich im Eiswasser, ich hatte keine andere Wahl und griff nach dem Bootsrand, wollte mich hochziehen, aber ich war vor Kälte bereits erstarrt. Ich wäre abgesackt, wenn mich die Kameraden im Boot, ungeachtet der Einsprüche des Offiziers, nicht hochgezogen hätten.

Ein Zerstörer nahm uns an Bord. Ich sah, wie die Matrosen in prachtvoller Kameradschaft ins Wasser sprangen, um schwimmend einzelne Gebirgsjäger zu bergen, die unterzugehen drohten und um Hilfe riefen.

Auf dem Zerstörer sah ich dann den alten Hauptmann wieder. Er lag tot vor dem Waschraum. Erfroren."

Ein furchtbares Erlebnis hatte Max Schlager aus St. Andrä: ,,Wir hatten den grandiosen Sonnenuntergang im Skagerak beobachtet", berichtet Max Schlager. ,,Es war 21 Uhr, ein schöner Augustabend, und ich suchte mit meinen Kameraden die Unterkunft auf, die im dritten Stock eines modernen Passagierschiffes lag. Wir wollten gerade die Rucksäcke zum Abendessen öffnen, als ein mächtiger Stoß durch das Schiff ging. Eine Detonation erschütterte den Schiffsrumpf und gleich drauf eine zweite.

Aus den Lautsprechern tönte der Befehl: ,,Alle Mann von Bord." In schrecklicher Panik ballten sich die Menschenleiber nun an den Aufgängen. Das Schiff stand in Flammen. Ein Torpedo hatte den Ölkessel getroffen, das brennende Öl ergoß sich auf das Meer. Die Flammen versperrten im Nu die Aufgänge aus dem Schiffsbauch. Viele verbrannten, ehe sie das Deck erreichen konnten.

Ich gelangte unversehrt ins Freie. Auf Deck spielten sich grauenhafte Szenen ab. Unablässig tönte von der Kommandobrücke die Stimme eines Marineoffiziers: ‚Ruhe bewahren, über Bord springen.' Aber Nichtschwimmer, die halb irr vor Angst waren, wagten den Sprung nicht. Mit zwei Kameraden aus Klagenfurt sprang ich vom steil gewordenen Deck. Ich habe beide nicht wiedergesehen. Das Meer war eine Flammenhölle, in dem viele verbrannten. Andere zog der Sog des untergehenden Schiffes in die Tiefe.

Ich entkam den Flammen. Drei Stunden schwamm ich, in Wellenberge und in Wellentäler auf- und abgeschleudert. Da tauchte ein Schiff auf. Sie wollten mich bergen, aber Brecher spülten mich wieder fort, später traf ich auf einen Matrosen, der schreckliche Verbrennungen aufwies. Wir schwammen nun gemeinsam bis sechs Uhr früh, dann barg uns ein Minensuchboot. Ich war so erschöpft, daß ich die hingestreckte Stange nicht mehr zu fassen vermochte. Ich bin in Narvik und am Eismeer sechsmal verwundet worden", sagt Max Schlager, „das schlimmste Erlebnis jedoch war diese Nacht im Skagerak."

Die Division der Toten

Noch nie in der Menschheitsgeschichte ist in der Arktis eine solch ungeheure kriegerische Leistung vollbracht worden.

In einem Tagesbefehl nach den Maikämpfen schrieb Schörner: „Die letzten Kämpfe haben jede Frage, ob die Schwierigkeiten des Geländes, des Wetters ertragen werden können oder nicht, völlig ausgeschlossen. Sie mußten ausgehalten werden. Selbst unter größten Opfern."

Er vergaß hinzuzufügen, daß dazu beste Soldaten gehörten und ein mit Tatkraft geballter Mann wie Schörner. Oberst Karl Ruef, einer, der dabei war, bezeichnete neben der Härte, den besseren Nerven und dem guten Willen auch noch die Angst vor Strafe bei den Unterführern als eine der Ursachen für das unglaubliche Durchhaltevermögen, das Schörner zu mobilisieren verstand.

Der Erfolg wurde gegen einen ungeheuer harten Menschentyp errungen. Dr. Hans Pichler aus Villach hatte als Bataillons-Arzt viele Erfahrungen mit dieser Härte. Er erlebte es, daß Russen, die keinen Nachschub mehr hatten, ihre Gefallenen aufgegessen haben. Er erinnert sich an einen „Patienten", einen Russen, der drei Tage mit einem Bauchschuß in einem Teich lag, die Gedärme hatte er in die Bauchhöhle gestopft und mit der Koppel alles zugebunden. Es kam vor, daß Gruppen von Russen mit Stricken zusammengebunden wurden. Die Innersten blieben im Sturm über Nacht am Leben, die Äußeren nur, wenn sie Glück hatten. Die Innersten aber konnten am nächsten Tag weiterkämpfen.

Die Sowjets verloren bei den Maikämpfen vor Murmansk rund 6000 Mann. Die Zahl ist annähernd genau. Nicht etwa, weil in sowjetischen Quellen etwas über Verlustziffern zu finden wäre. Die Russen schwiegen sich darüber aus.

Aber auf seiten der Gebirgsjägertruppen war das Gelände zwischen den Stützpunkten nach dem Abflauen der Kämpfe systematisch durchkämmt worden. Und was man an toten Sowjets fand, ergänzte das Bild der gegnerischen Verluste aus den Kampftagen.

Einer, der beim Durchkämmen der Tundra dabei war, ist der einstige Gebirgsjäger Max Kraßnitzer, heute Gendarmeriebezirksinspektor in Reifnitz am Wörthersee.

Er entsinnt sich: ,,Von unserem Lager wurden wir mit Lastwagen in den gerade befohlenen Suchraum gefahren, und dann schwärmten wir aus und stapften in das Gelände.

Wir fanden Sowjets und eigene Kameraden, aber weit in der Mehrzahl waren es Russen. Sie trugen erdbraune Uniformen, es war keine Winterbekleidung. Sie hatten keine Pelzstiefel an den Füßen, so wie auch unsere Landser nur mit Mänteln bekleidet waren und mit den gewöhnlichen Kommisschuhen.

Selten fanden wir eine Leiche unversehrt. An Stellen, wo die Sonne dazukam, hatte bei den Toten schon die Verwesung begonnen. Bei den meisten hatte der arktische Sturm die Leichen gefrieren lassen, und wenn wir die Körper anzuheben begannen, fielen die Gliedmaßen ab.

Die Leichenteile warfen wir in die Papiersäcke, die wir mit uns trugen.

Manchmal fanden wir einzelne stille Schläfer in Schneeflekken oder aperem Tundraboden, manchmal aber lagen sie fast zuhauf. Manchmal erdbraune Gestalten allein, oft aber auch Gebirgsjäger in der Nähe. Aus der Lage der Leichen ließen sich Tragödien erahnen."

Die 2. Gebirgsjägerdivision verlor in den Maikämpfen: 323 Tote, 910 Verwundete, 80 Vermißte, die man zu den Toten zählen muß. 620 Mann gingen an Erfrierungen ab.

Die 6. Gebirgsjägerdivision verlor 527 Mann an Toten, 52 blieben vermißt, rund 800 Mann fielen durch Erfrierungen aus.

Aber die Front am Eismeer hielt.

Drei Divisionen kämpften vor Murmansk. Die vierte liegt heute noch in Parkkina: Die Division der Toten.

Im Herbst 1941 wurde in Parkkina ein Friedhof für die ganze Front angelegt. Der ehemalige Gebirgsjäger Leopold Ebner aus Klagenfurt berichtet: „Unsere Versorgungskolonne bekam Befehl, alle Gefallenen, die vom Sommer her in der Tundra lagen, nach Parkkina zu bringen. Die Truppe brachte sie zu Sammelstellen und stapelte sie dort auf.

Wir holten sie dann ab.

Wir hoben dann immer Leiche für Leiche auf den Lastwagen und schlichteten sie Mann für Mann auf die Ladefläche, und die war immer knapp. Für pietätvolle Lagerung war kein Raum. Da konnte es wohl sein, daß man die Aufforderung hörte: ‚Gib den klanen (den kleinen) da auffa, der hat noch Platz.'

In Parkkina hoben gefangene Russen die Gräber aus. Die Leichen wurden in Papiersäcke gepackt und zum zweitenmal bestattet.

Damals im Herbst 1941 wurden die Gräberoffiziere vom Winter überrascht. Wir hatten nach den letzten Angriffen im Oktober noch viele Leichen nach Parkkina gebracht. Die Russen konnten sie plötzlich nicht mehr begraben, weil die Erde zu Stein gefror. Also wurde ein Stapel von Toten aufgeschlichtet, über die bald der Schnee das weiße Leintuch zog.

Der unheimliche Totenberg mit den steifgefrorenen Leichen überwinterte darunter. Als es aber Frühjahr wurde, tauten die stillen Schläfer in den Papiersäcken früher auf als der metertief gefrorene Boden. Unerträglicher süßlicher Leichengeruch begann die Luft zu verpesten."

Von 1942 an wurden die Toten nach jeder Kampfhandlung geborgen und in Papiersäcke eingesargt.

„Das war nicht immer leicht", berichtet der damalige Fahnenjunker Dr. Hansjörg Krenn aus Klagenfurt. „Die Leichen waren zu Stein gefroren und die Gliedmaßen ragten oft in grotesken Verrenkungen vom Körper ab, so wie sie im Augenblick des Todes erstarrt waren. Um die Körper der entseelten Kameraden in die Säcke zu bringen, mußten die sperrigen Gliedmaßen abgeschlagen werden. Sie sprangen ab wie Glas."

„Auch ich war einmal mit einem zweiten Fahnenjunker zu einer solchen makabren Arbeit eingeteilt", erzählt Dr. Krenn. „Der Spieß war offenbar der Meinung, daß Offiziersanwärter diese Tätigkeit kennenlernen müssen."

Gebirgsjäger in Tunesien

Gebirgsjäger, die am Eismeer verwundet worden waren, kamen im Herbst 1942 zu einem Gebirgsjägerregiment, das in Salzburg, Klagenfurt und Innsbruck aufgestellt worden war und zum Einsatz in Tunesien bestimmt war. HS-Direktor Richard Pacher: „Das Gefährlichste war die Überfahrt. Die Italiener verrieten jeden Transport an die Briten und die beherrschten das Mittelmeer."

Die Gebirgsjäger lernten im Brückenkopf Tunesien in einem fremdartigen Gelände eine Kampfesweise kennen, die sich wohltuend von der gnadenlosen Ostfront unterschied: Wer verwundet wurde, brauchte nicht zu fürchten, massakriert zu werden.

Wiederholt kam es in Tunesien im Einvernehmen mit dem französischen und britischen Gegner zu Kampfpausen, bei denen die Verwundeten geborgen wurden. Dr. Eduard Widmoser aus Innsbruck berichtet von einem Fall, wo die Briten ihre Toten durch den Kampfabschnitt seiner Kompanie trugen, um zu dem einzigen Geländeteil zu gelangen, wo eine Bestattung der Leichen möglich war. Als Widmoser sich nach dem Zusammenbruch im Brückenkopf ergab, reichte ihm ein britischer Leutnant, der aus dem Panzer kletterte, die Hand und verteilte an die Deutschen Zigaretten.

Gefangene wurden korrekt behandelt, erinnert sich der ehemalige Dkfm. Svitil aus Klagenfurt, der bei einer Erkundung im Kakteenwald plötzlich eine Bajonettspitze auf seine Brust gerichtet sah und von Franzosen umzingelt war. Svitil konnte auf abenteuerliche Weise wieder entkommen. An der Ostfront wäre so etwas einfach unmöglich gewesen.

Dem Regiment blieben natürlich blutige Verluste nicht erspart. Gleich beim ersten Gefecht wurde der beliebte Regimentskommandeur Hassels tödlich verwundet. Sanitätsunteroffizier Sepp Kofler, heute Pfarrer in Angerz bei Wörgl, hatte ihm erste Hilfe geleistet. Oberst A. Holzinger führte das Regiment, bis er verwundet wurde und mit einem Lazarettschiff der Gefangennahme entging. Die Briten hatten das Schiff unterwegs zwar wieder aufgebracht. Ein britischer Arzt überzeugte sich, daß alle Deutschen wirklich verwundet waren, dann ließen die Briten 800 Verwundete frei. Das Schiff nahm Kurs nach Italien.

Am 6. Mai 1943 brach die Front im Brückenkopf zusammen. Brigadier Reinhold Mössler (Salzburg) sollte an jenem Tag helfen, eine Front aufzubauen. „Ich hielt die flüchtenden Fahrzeuge auf. Die Insassen folgten auch noch der Einweisung in das Gelände. Aber kaum, daß ich mich wieder umdrehte, waren sie wieder fort."

Noch am selben Tag wurde in Massen kapituliert.

Ein Denkmal bei Tunis erinnert heute daran, daß 8000 Deutsche im Brückenkopf Tunesien gefallen sind. Achtlos fahren die meisten deutschen Reisegruppen daran vorbei. Die meisten wissen gar nicht, daß hier einmal gekämpft und gestorben wurde.

Sie überlebten Stalingrad

Tiefflug über dem Chaos

Ein Österreicher hat als Aufklärungsflieger schon Tage vor dem Durchbruch, der die Katastrophe von Stalingrad einleitete, die sorgfältig verschleierten russischen Angriffsvorbereitungen erkannt. Er war der erste Flieger, der am Morgen der völlig überraschend hereingebrochenen Offensive das Chaos der aufgerissenen Front sah und mit der Schreckensmeldung zurückflog, die ihm dann bei den Stäben nicht geglaubt wurde.

Oberst i. R. Hans Hirn, heute Pensionist des Bundesheeres in Klagenfurt, war vor der Katastrophe von Stalingrad im Donabschnitt als Aufklärungsflieger eingesetzte. Er hatte schon volle acht Tage vor dem Durchbruch gemeldet, daß die Russen zwölf Brücken über den Don gebaut hätten. Die Brücken waren unter Wasser gebaut worden. Hirn erkannte auch starke Truppenbewegungen und Truppenansammlungen. Aber man glaubte seiner Meldung offenbar nicht, denn er erhielt den Befehl vom Führungsstab der Luftwaffe, die Brükkenaufklärung am großen Donbogen nochmals auf ihre Richtigkeit zu überprüfen. Man glaubte bei den Stäben nicht, daß in so kurzer Zeit so viele Brücken errichtet worden seien.

Hirn startete wieder und stellte neuerlich 12 Brücken fest, doch neuerlich wurde an seiner Aussage gezweifelt. Der Führungsstab der Luftwaffe befahl, die Meldung am folgenden Tag mit Lichtbildern neuerlich zu bestätigen. Die Bildaufnahmen wurden gemacht, und nun erst gab es Alarm. Stukaverbände wurden aus Stalingrad herausgezogen und zum Einsatz auf die Bereitstellungsräume und Brücken am Don herangeführt. Die 48. Deutsche Panzerdivision wurde von Stalingrad in Richtung großer Donbogen verlegt. Flak und Artillerie wurde zur Verstärkung der rumänischen Front in Marsch gesetzt.

Aber die Maßnahmen kamen bereits zu spät. Am nächstfolgenden Tag, am 19. November 1942, war kein Flugwetter. Trotzdem startete Hirn befehlsgemäß wieder zur Aufklärung in den Raum Kletzkaja.

Dort sah er dann seine Brücken wieder. Über sie wälzte sich jetzt eine braune Heeresmasse. Mit Entsetzen sah die Besatzung der deutschen ME 110 das Chaos der aufgerissenen Front. Überall russische Panzer, zerstörtes Kriegsmaterial. Hirn ging im Tiefflug nieder. Überall in Massen vorgehende russische Infanterie und in den ehemaligen rumänischen Stellungen das Chaos des Zusammenbruches. Die Sowjets marschierten Mann an Mann, Linie hinter Linie, eine wandernde Menschenmauer, eine Dampfwalze aus Menschenleibern. Hirn flog in 5 m Höhe über ihre Köpfe hinweg, hinein in das Nebelgrau, die Sicht betrug keine 300 m.

Er hatte von dem Schrecklichen genug gesehen, er gab dem Flugzeugführer Befehl: „Zurück."

Auf den Einsatzflughafen zurückgekehrt, meldet er: „Massen von Feindpanzern durchbrechen die Donfront. Divisionen russischer Infanterie auf dem Marsch nach Süden."

Eine Katastrophe! Der Geschwaderkommandeur läßt sich sofort mit dem kommandierenden General der Luftwaffe, Fiebig, verbinden. Es meldet sich zuerst der I a, darauf die Stimme Fiebigs: „Was gibt's?"

Der Major schreit ins Telefon: „Aufklärer meldet Durchbruch am Don, Tausende Panzer . . ."

Der General unterbricht ihn: „Ausgeschlossen, unmöglich! Sagen Sie Ihren Aufklärern, sie sollen nächstes Mal die Augen besser aufmachen. Die gemeldeten Panzer können nur die in diesem Raum operierenden rumänischen Panzerverbände sein!"

Das Gespräch ist zu Ende.

Der entgeisterte, entsetzte Oberleutnant Hans Hirn hat dieses Gespräch mitangehört. Er ist sprachlos. Dann reißt er das Telefon an sich und spricht selbst mit dem I a. Er schildert ihm das Chaos, das er gesehen hatte, und beschwört ihn: „Ein Irrtum ist ausgeschlossen!"

Der Generalstäbler beim Stabe Fiebigs zweifelt dennoch: „Wie konnten Sie bei diesem schlechten Wetter die Typen der Panzer überhaupt erkennen?" wendet er ein.

Aber Hirn ist der einzige deutsche Flieger im ganzen Bereich des Fliegerkorps Fiebig, der an diesem Morgen bei dem verhängnisvollen Schlechtwetter auf Feindflug geschickt worden war. Weitere Einstätze, die die Meldung Hirns hätten bestätigen können, waren nicht möglich. Das Schneetreiben hatte inzwischen so zugenommen, daß jeder Start unmöglich wurde.

„Es vergingen Stunden", erklärt Hirn, „bis gegen Mittag ein Anruf vom Stab der 6. Armee erfolgte." Der für die Feindlage verantwortliche Generalstäbler wollte nun von Hirn persönlich wissen, was er gesehen habe. Er meldete neuerlich seine Eindrücke.

Bei der Armee mußte man inzwischen aber auch schon andere Meldungen über den Durchbruch gehabt haben, denn der Generalstäbler sagte: „Ja, es ist hier eine gehörige Schweinerei im Gange."

Die „Schweinerei" sollte Hunderttausenden Soldaten das Leben kosten.

Vier Tage später endete Hirns Aufklärungstätigkeit im bereits eingeschlossenen Stalingrad. Über der Stadt stürzt sich ein ganzes Rudel von sowjetischen Jägern auf sein „Me 110".

Aus dem mit dem Rücken zum Flugzeugführer sitzenden Aufklärer wird jetzt der Bordschütze. Oberleutnant Hirn nimmt den Sternmotor der russischen Maschine ins Visier, die sich hinter die Me 110 gesetzt hat. Er drückt auf den Abzug seines Zwilling MG, und sein Herzschlag setzt aus. Die Waffe versagt.

Der Russe rast immer näher, Hirn schreit dem Flugzeugführer über das Kehlkopfmikrofon zu: „Stürzen." Aber in dem Augenblick sieht Hirn den Sternmotor schon vor sich, keine 50 m entfernt. Ein furchtbarer Schlag wirft seinen Kopf zurück. Er sieht noch, daß sein MG ein wild verbogener Klumpen von Metallteilen ist. Ein Volltreffer der russischen Bordkanone. Hirn hat das Gefühl, eine Kugel habe seinen Kopf durchbohrt, er tastet den Nacken nach dem Blut der Ausschußöffnung ab, aber da war kein Loch.

Vor seinen Augen wurde es schwarz.

Als er wieder zu sich kam, flog die Me 110 in 3000 m Höhe, der Flugzeugführer hatte die Maschine abgefangen. Die deutsche Flak im Kessel hatte ihr Luft gemacht. Mit dem blutüberströmten Beobachter landete der Pilot in Moroskowkaja. Hirn hatte Splitter in Arm und Hand und einen tief im Stirnbein. Ohne dicke Haube wäre es ein tödlicher Kopfschuß gewesen.

Nach der Landung stellte es sich erst heraus, daß der Tank fast leer war. Eine Kugel hatte ihn durchbohrt, ohne den Treibstoff in Brand zu setzen.

Ein Wunder über Stalingrad.

Die verratene Armee

Stalingrad war der Anfang vom Ende. Was später geschah, war nur mehr der Todeskampf eines Regimes, der ein ganzes Volk mitriß.

An der Wolga vollzog sich ein europäisches Schicksal. Mit den Deutschen, Österreichern und Ungarn gingen auch kroatische Verbände, rumänische und italienische Divisionen unter.

Stalin war die Zeitenwende für Rußland; hier begann sein Aufstieg zur Weltmacht, in deren Schatten heute der Rest Europas liegt.

Die Wende wurde möglich durch das Millionenheer, das Stalin heimlich in der Tiefe des Raumes aufgebaut hatte. Weder die Alliierten noch der deutsche Geheimdienst wußten davon.

Die Literatur über diese grausigste Schlacht der Kriegsgeschichte füllt bis heute eine ganze Bibliothek. Jahrelang wurde nach den Ursachen der Katastrophe geforscht und die Frage der Verantwortung diskutiert.

Es gibt heute wohl keinen Zweifel mehr darüber, daß Hitler das Todesurteil über die 6. Armee sprach, als er am 22. November 1942 den Ausbruch verbot. Ende November standen 479 672 Mann auf sowjetischer Seite außerhalb des Einschließungsringes. In dessen Innern verfügte Paulus über 350 000 Mann. Die Hauptsorge der sowjetischen Führung war, die eingeschlossene Armee könnte den Ring durchbrechen.

„Warum sind Sie nicht ausgebrochen?" Das war die erste Frage des Generals Tschuikow, als ihm nach der Kapitulation General Seydlitz vorgeführt wurde.

Paulus hat nach dem Krieg in seiner Rechtfertigungsschrift behauptet, daß jedes bewußte Handeln gegen den Befehl Hitlers das Schicksal der Ostfront besiegelt hätte. Die 6. Armee habe durch ihr Opfer den Aufbau einer neuen Front und die Rückführung der Kaukasusarmee ermöglicht.

Seydlitz, der stärkste Mann im Kessel, hat diese These immer als maßlose Übertreibung hingestellt. Er sagte einleuchtend: „Mir wäre doch eine Armee von 22 Divisionen, beweglich und operationsfähig, außerhalb eines Kessels tausendmal lieber gewesen als lahmgelegt, operationsunfähig und unversorgt im Kessel."

Die Masse von 22 Divisionen, rechtzeitig an eine Durchbruchsstelle geballt, hätte sich größtenteils der Vernichtung entziehen können und wahrscheinlich mehr sowjetische Divisionen gebunden, als es dann die „Festung der lebenden Leichen" tat.

Dieser Überzeugung war auch General Zeitzler, der Generalstabschef des Heeres. Hitler hatte seine beschwörenden Einwände vom Tisch gewischt. Und die Generäle gehorchten. Auch Manstein. ,,Wir sind nur Befehlsempfänger", sagte der Fliegergeneral Richthofen wütend, ,,hochbezahlte Unteroffiziere."

Daß der Ausbruch unterblieb, hängt mit der Person des Feldmarschalls Paulus zusammen. Ein Feldherr vom Schlage eines Reichenau oder gar eines Erwin Rommel hätte ohne Zögern in souveräner Eigenmächtigkeit die Armee aus dem Kessel geführt.

Die Weisheit einer Kaiserin Maria Theresia hatte im Siebenjährigen Krieg den ,,Maria-Theresienorden" gestiftet, der 200 Jahre lang der höchste Orden der Donaumonarchie war. Er wurde nur für Waffentaten verliehen, die ohne oder gar gegen den Befehl erfolgreich durchgeführt wurden.

Für Paulus gab es kein Wanken. Am 31. Jänner 1943 funkte er die letzte Botschaft: ,,Die 6. Armee hat getreu ihrem Fahneneid bis zum letzten Mann und bis zur letzten Patrone, eingedenk ihres hohen und wichtigen Auftrages, die Position für Führer und Vaterland bis zuletzt gehalten."

Paulus hat erst nach dem Krieg erfahren, womit Hitler sein Verbot des Ausbruches am 22. November begründet hatte: ,,Wenn wir Stalingrad jetzt aufgeben, bekommen wir es nie wieder." Es war Prestigedenken, das bei seiner verhängnisvollen Entscheidung eine unheilvolle Rolle gespielt hatte.

Mit Schuld beladen hat sich Göring, der Hitler die Luftversorgung der Armee zugesichert hatte, wiewohl viele Kommandeure von Anfang an dies in Zweifel stellten. Göring sorgte dafür, daß ihre ,,defaitistischen" Berichte Hitlers Schreibtisch nie erreichten.

Schon Anfang Jänner zeigte es sich, daß die Luftversorgung eine Illusion war. Als die Sowjetpanzer die von Trichtern zerrissenen Flugplätze überrollten, hatte die Luftwaffe den größten Teil ihrer Transportfliegergeschwader verloren. Genau: 536 Ju 52, 140 He 111, 123 Jäger und 2196 Mam.

Die 6. Armee starb an Hunger, Kälte und Mangel an Munition.

Die Führung hat ihr wider besseres Wissen bis zuletzt die Illusion von Entsatz vorgegaukelt.

General Schmidt, der eisenharte Stabschef der unglücklichen Armee, der „Durchhaltegeneral", gab Ende Jänner 1943 dem ausfliegenden Oberst Selle, dem Pionierspezialisten, den Auftrag mit: „Sagen Sie überall, wo sie es für ratsam halten, daß die 6. Armee von ihrem Oberkommando verraten worden ist."

7000 traten an, 400 kamen durch

Am 22. November 1942 schloß sich der Ring um Stalingrad; aber wie locker und fadenscheinig er anfangs war, das erhellt der Bericht des damaligen Oberwachtmeisters Robert Romich, der 1987 in Wien verstorben ist.

Romich wollte im November 1942 von seinem Urlaub in Wien wieder zu seiner Flakabteilung 91 einrücken, die in Stalingrad lag.

In Obliwskaja wurde er an jenem schicksalsschweren 22. November bei der 9. Flakdivision zurückgehalten. Der Teufel war los. Im Norden hatte die russische Dampfwalze mit 800000 Mann die rumänischen Frontabschnitte überrollt und auch die deutschen Truppen zerschlagen, die mit Feldartillerie und Flakverbänden zur Unterstützung der rumänischen Front unterwegs waren.

Jetzt galt es am Tschir die Flut aufzuhalten, die an Stalingrad vorbei, auf Charkow zustürzen wollte. Alles, was greifbar war, wurde zu Alarmeinheiten zusammengefaßt. Urlauber aller Waffengattungen und Versprengten, aber auch OT-Leuten, Reichsbahnbediensteten und Leuten der Feldpost wurde ein Gewehr in die Hand gedrückt.

Oberwachtmeister Romich hatte mit 70 Mann einen der Stützpunkte zu besetzen, die in fliegender Hast als Wellenbrecher errichtet wurden. Sie waren 4 bis 5 Kilometer voneinander entfernt und 15 km tief gestaffelt. In Eile wurden sie durch eine Ringleitung miteinander verbunden.

Die zusammengewürfelten Einheiten kamen sofort ins Feuer und bewährten sich überraschend gut. Romich: „Es war allen klar, um was es ging. Die Kampfmoral war gut, sie sank erst gegen Ende des Jahres, als ständiger Kampf, Hunger, Kälte und Hoffnungslosigkeit die Lebenskraft der älteren Leute erlöschen ließ."

In der baumlosen, tiefverschneiten Don-Steppe mit den gefürchteten Schneestürmen begann, bei unerträglicher Kälte, für die immer wieder angegriffenen Stützpunktbesatzungen eine schreckliche Leidenszeit. Nur die Leute der Luftwaffe hatten Winterbekleidung, die andern mußten sich diese von den toten Russen holen, die nach jedem Angriff vor der Stellung lagen. Sie holten sich auch russische Waffen, vor allem MP. Ohne russische Waffen und russische Munition hätte der Widerstand zusammenbrechen müssen.

„Wir unternahmen in den Nächten regelrechte Beutezüge", berichtet Romich. „Wir arbeiteten uns zur sowjetischen Rollbahn vor und betätigten uns als „Straßenräuber". Die Sowjets fuhren mit aufgeblendetem Licht. Nahte eine kleinere Kolonne, wurde sie gestoppt. Nach einem Feuerstoß verließen die Fahrer meist fluchtartig die Fahrzeuge. Wir erbeuteten aber meist nur Munition. Die hatte bei den Sowjets Vorrang. Nur selten fiel uns Verpflegung in die Hand. Aber wir erbeuteten brandneue amerikanische Jeeps, einmal wurden sogar zwei Panzer überrumpelt, und es war ein Glück, daß wir versprengte Panzerleute bei uns hatten; sie setzten die Beutepanzer in Betrieb.

Schwer litten wir von Anfang an unter Hunger. In jenen schrecklichen Wochen riß das Vorbild einzelner Offiziere und Unteroffiziere immer wieder die Männer aus Verzweiflung und Mutlosigkeit hoch. Es zählte nicht mehr der Dienstgrad, es zählte nur der Mann.

Ein Vorbild sondergleichen war in unserer „Kampfgruppe Stahel" mein Abschnittskommandant Major v. Samson. Unermüdlich war er von Stützpunkt zu Stützpunkt unterwegs, immer ganz allein. Sein Erscheinen gab den Kämpfern Kraft und Mut. Es standen fast 2000 Mann unter seinem Befehl.

In einer klirrend kalten sternenklaren Nacht vor dem Heiligen Abend fiel er den Russen in die Hand. Sie erschossen ihn und beraubten ihn seiner Kleidung. Die erfrorene Leiche war nackt.

Nach Weihnachten 1942 wurde die Lage der vollkommen unversorgten Stützpunkte unhaltbar. Die Stützpunktkommandanten erhielten den Befehl: „Auf eigene Faust! Durchschlagen in Richtung Morosowskaja." Dort irgendwo vermutete man die deutsche HKL.

Die Kampfgruppen hatten Unglaubliches geleistet. Sie hatten in dem Glauben standgehalten, daß ihr Ausharren den Ausbruch der 6. Armee ermöglichen würde.

„Wir waren vom Ausbruch überzeugt", erklärt Robert Romich. „In den ersten Wochen hatten die Sowjets offensichtlich keine Übersicht über die Lage in diesem Vorfeld des Kessels. Die vielen deutschen Kampfgruppen verwirrten das Bild. Es kam vor, daß berittene russische Aufklärer vor unseren Stützpunkten auftauchten und Reißaus nahmen, wenn sie erkannten, daß sie Deutsche vor sich hatten."

Der „Wellenbrecher" am Tschir hat sich bewährt. In den Memoiren des Sowjetmarschalls Jeremenko heißt es wörtlich: „Die (sowjetische) 5. Panzerarmee war bis 18. Dezember im Raum Obliwskaja in schwere Kämpfe verwickelt. Sie blieben leider ohne Erfolg."

Der Durchbruch

Am 30. Dezember 1942 traten die Reste der Kampfgruppe Stahel zum Durchbruch an. Romich: ,,Aus Munitionskisten wurden Kufen für die 2 cm Geschütze gemacht, eine zweite 2 cm wurde an das einzige Kfz 15 angehängt, das als Funk- und Befehlswagen von Oberst Stahel selbst gesteuert wurde. Aus Holzgestellen von Nebelwerfergranaten bastelten wir Schlitten für die Munition. Mit dem 2 cm Geschütz im Mannschaftszug kamen wir bald nicht weiter. Die Männer, die schon tagelang nichts gegessen hatten, waren total erschöpft. Das Stapfen im tiefen Schnee war ungeheuer anstrengend. Wir litten unter Durst. Zeitweise nahm uns Nebel schützend auf, in dem man kaum einen Meter weit sehen konnte. Manchmal kreuzten wir den Weg mit Russen, die wir sprechen hörten. Immer wieder kam es zum Kampf. Immer wieder mußte ich mit meinem Zug im Schnee in Stellung gehen.“

Am 31. Dezember 1942 walzten Sowjetpanzer die letzten Überlebenden des Zuges von Oberwachtmeister Romich nieder. Immer wieder hatte er seine Leute belehrt: ,,Bei Panzerangriff liegenbleiben, unbeweglich liegenbleiben!“ Da kamen die Ungeheuer plötzlich aus einer weißen Bodenwelle, drei, vier, nein fünf oder sechs, mehr sah Romich nicht mehr, er hatte die aufgesessene Infanterie bemerkt, die mehr sehen konnte als die Russen hinter dem Panzerschlitz.

Romich stellte sich tot. Aber seine total erschöpften ,,wandelnden Leichen“ hatten keine Nerven mehr. Ein paar müssen wohl aufgesprungen sein, als sie sahen, wie die Panzer ihre liegenden Kameraden zermalmten. Sie suchten, gehemmt vom tiefen Schnee, davonzulaufen und rissen wohl auch die andern mit. In das häßliche, nervenzermürbende Geräusch der Panzer mischten sich die Feuerstöße aus den russischen MP. Sie knallten die Männer ab wie Hasen.

Romich und noch ein Kamerad waren die einzigen Überlebenden.

Sie stießen später wieder auf Reste der Kampfgruppe, die sich immer wieder einigeln und den Weg freikämpfen mußte. Längst mußten die Jeeps mit den Verwundeten liegengelassen werden, weil der Sprit ausging. Wer sich erschöpft fallenließ, erfror, wer verwundet wurde, erfror. Keiner hatte mehr die Kraft, einem andern zu helfen. Viele starben wegen Unterernährung an Herzversagen.

Einmal wurden die Überlebenden von einer Me 109 gesichtet, sie wiesen in Anflügen den Kameraden die Richtung nach Morosowskaja. Dabei wurden zwei Maschinen von den Russen abgeschossen.

Von 7000 Mann der Kampfgruppe Stahel erreichten vierhundert die HKL an dem Tag, an dem Morosowskaja geräumt wurde. Von den 400 starben viele noch später beim Transport in die Heimat.

Robert Romich war 10 km vor der rettenden HKL bei der Erstürmung eines Ortes verwundet worden, schaffte aber in letzter Minute den Weg nach Morosowkaja mit dem Aufgebot seiner letzten Kraft.

Es war der 4. Jänner 1943. Im Kessel setzte jetzt das große Sterben ein.

Das Massensterben im Kessel

Der Kessel, der ursprünglich 50 km lang und 30 km breit war, wurde im Lauf von 77 Tagen immer mehr zusammengedrängt. In der letzten Jännerwoche klammerten sich die rund 100 000 Überlebenden in die Trümmer der Ruinenstadt, die in einen Nord- und einen Südkessel aufgespaltet war.

Die Landser lagen in Schneelöchern auf einem gefrorenen Boden, in dem sich niemand eingraben konnte. Was nicht in

Stellung war, hockte in Höhlen und Kellern, in denen es kein wärmendes Feuer gab. Winterbekleidung hatte die Truppe nicht. Die Sowjets hatten Pelzmäntel, Pelzstiefel, Pelzhandschuhe; die Landser hatten das alles nicht. Der Frost wütete und machte das Leben zur Qual. Kein Tag, wo nicht Verzweifelte zur Pistole griffen oder wahnsinnig wurden.

Fehlende Hygiene produzierte Milliarden von Läusen. Sie überfluteten die Elendshöhlen. War einer erfroren, merkten es die Kameraden daran, daß die Läuse die Leiche in Scharen verließen. Zu den Läusen kamen die Ratten; sie nagten Leuten mit Erfrierungen die gefühllos gewordenen Glieder ab.

Die Armee verhungerte, nachdem die letzten der 40 000 Pferde verzehrt worden waren. In diesen Tagen geschah es, daß man Eisenbahnschwellen herausriß, sie raspelte und davon eine heiße Suppe kochte. Pferdehufe wurden ausgekocht; sie ergaben eine trübe etwas fettige Brühe. Gebratene Ratten waren eine Delikatesse, sofern man ihrer habhaft wurde. Aus Fußpuder wurden Puddingsuppen gekocht. Aus Sägespänen, Stroh und Steppengras kochte man einen nach Leim schmeckenden Brei.

Nicht alle hungerten so. Manche verstanden, es sich zu richten. Aber das waren Ausnahmen. Gegen Weihnachten mehrten sich die rätselhaften Todesfälle. Männer starben am MG oder im Schneeloch scheinbar ohne geringsten Anlaß. Sie kippten beim Kartenspielen oder beim Schneeschippen um.

Erst nach Weihnachten wurde ein Pathologe eingeflogen, der die rätselhaften Todesfälle klärte; Erweiterung der Herzkammern! Die Leichen wiesen kein Gramm Fett auf. Die Männer starben durch konstanten Wärmeverlust.

Die Truppe lag bei Minus 35 Grad im Schnee, sprang gegen die Panzer mit geballten Ladungen, stand hinter der Pak und der Flakkanone und schoß, solange sie etwas zum Schießen hatte. Die sowjetischen Panzerrudel rollten aber nicht selten auch ungehindert in die HKL, suchten sich die Opfer, die im Schnee lagen, und zermalmten sie.

Anderswo konnte es geschehen, daß ein Unteroffizier an der 8,8 Fl. Kanone 17 von 27 Panzern in Flammen schoß, oder daß ein Obergefreiter sich auf die Ungetüme schwang und die Sehschlitze mit einer Zeltbahn zuband und dann die geballte Ladung an den Ketten befestigte.

Stalingrad wurde um die Weihnachtszeit zum Massengrab. Die Befehle lauteten alle gleich: „Stellung halten, keinen Schritt zurück." Die Antworten waren auch gleich: „Verschossen, kein Sprit mehr, Bedienung ausgefallen, Geschütz gesprengt." Meistens kam keine Meldung mehr, dann wußte man höheren Orts auch, woran man war. Tote machen keine Meldung mehr. Tausende Männer krallten sich in der grausamen Kälte in den Schnee und schossen, bis sie starben.

Es gab auch Ausnahmen. Drückeberger verkrochen sich in die Keller, sie stahlen, was sie fanden. In den letzten Wochen sind in Stalingrad 364 Todesurteile vollstreckt worden. Wegen Feigheit, wegen unerlaubter Entfernung und wegen Verpflegungsdiebstahls.

Ein Major des Hauptquartiers saß im Kessel und sandte Hitler laufend wahrheitsgetreue Berichte über die verzweifelte Lage im Kessel. Aber Hitler glaubte bekanntlich nur das, was er glauben wollte. Er hielt die Berichte des Majors für „Feindpropaganda". Er sagte, der Sender müsse in russische Hand gefallen sein.

Was die Männer in Stalingrad bis zum letzten kämpfen ließ, war die Ausweglosigkeit. Sie hatten im Lauf des Krieges die Leichen ihrer Kameraden gesehen, die als Gefangene erschossen worden waren. Sie wußten, daß auch die Gefangenschaft Tod bedeuten würde. Sie fürchteten die Vergeltung für das, was den russischen Gefangenen vielfach angetan worden war.

In diese Situation hinein griff der Tod plötzlich mit einer Seuche im Innern der Festung um sich. Die Männer in den Löchern und in den Hilfsplätzen erkrankten plötzlich an Fieber. Das Quecksilber des Fieberthermometers zeigte 40 Grad. Viele Kranke starben im Delirium.

Der Flecktyphus kümmerte sich nicht um die Kapitulation. 40 000 Deutsche starben daran, als Stalingrad schon wieder russisch war.

25 000 Verwundete wurden aus dem Kessel ausgeflogen. Wieviele Verwundete es wirklich gab, wird nie bekannt werden. Sie lagen in eiskalten Kellern auf bloßem Boden. In der letzten Phase wurde ein erheblicher Teil des Sanitätspersonals zum Kampf eingesetzt. Die Verwundeten lagen hilflos in ihrem Blut, im eigenen Kot, in Eiter und im Urin. Sie schrien, sie wimmerten, sie verlangten eine Pistole, um sich erschießen zu können.

Die Toten konnten im Jänner nicht mehr bestattet werden. Die steifgefrorenen Leichen wurden zu Stapeln zusammengetragen, die manchmal haushoch waren.

Tragödien spielten sich auf den Flugplätzen ab, solange diese noch in deutschem Besitz waren. Dramen schildert die Stalingradliteratur.

Einer von denen, der vom Flugplatz Gumrak ausgeflogen werden sollte, war der Feldwebel Hubert Wirkner; er lag auf einer Tragbahre am Rand des Flugfeldes, in das die russischen Granaten schon ihre Trichter rissen. Er hatte einen Flugschein, aber die letzte Maschine startete im Artilleriefeuer mit Leuten, die keinen hatten. Aber sie hatten die Maschine gestürmt. Sie klammerten sich an die Tragflächen, als die Maschine schon startete.

Um sich vor den Russen zu retten, kroch Wirkner auf allen Vieren über die von gefrorenen Leichen übersäte Straße in Richtung Stalingrad.

Die Einnahme von Gumrak erlebte der österreichische Sanitäter Franz Sperdin bei der fast ausschließlich aus Österreichern bestehenden 100. Jägerdivision. Die Sowjets nahmen aus den Kellern Ärzte und Sanitätspersonal mit. Sperdin verdankt sein Leben einem russischen Apotheker. Der junge Kärtner, der sich in seiner Heimat schon mit Pilzen und Pflanzenkunde beschäftigt hatte, rettete später in der Gefangenschaft unzähligen Kameraden das Leben, als er Kräutertrupps in die Ruinen führte und vitaminhaltige Pflanzen in Massen in die Lager brachte.

In den ersten Februartagen 1943 kapitulierten die „lebenden Leichen von Stalingrad".

90 000 Mann gingen in sowjetische Gefangenschaft. Das Sterben durch die sowjetischen Waffen hörte auf, aber das Fleckfieber kümmerte sich nicht um die Kapitulation. 40 000 Mann raffte das Fleckfieber hinweg.Franz Sperdin überlebte es und Hubert Wirkner auch.

Vom Tod zum Leben

Am Tag der Kapitulation wurde Oberfeldwebel Wirkner Zeuge, wie die deutschen Verwundeten ermordet wurden. Er erinnert sich heute noch mit Schaudern:

„Ich sah im Keller nördlich des Roten Platzes, wo ich schwerkrank darniederlag, plötzlich, wie ein Russe durch das Kellerfenster Benzin hereingoß. Ich konnte mich mit letzter Kraft auf den Boden rollen und kroch auf Händen und Füßen auf die Treppe zu. Ich erreichte sie noch, als der Keller in einer hochroten Wolke explodierte. Es mögen etwa 50 Verwundete im Keller gewesen sein, sie wurden zu lebenden Fakkeln. Einige brachten es noch fertig, die Fenster zu erreichen, sie suchten sich an den Gittern hochzuziehen. Aber oben schlugen die Russen mit den Kolben auf ihre Finger, Am Fuß der Treppe stand ein Eimer mit Wasser. Ich goß ihn mir über den Kopf und kroch wieder auf allen Vieren über die Treppe hoch ins Freie. Hinter mir hörte ich die gräßlichen Schreie der Kameraden, die verbrannten. Wie ein Hund kroch ich im Schnee weiter. Ein Sowjetsoldat sah mich und ging mit gezogener Pistole auf mich zu. Ein anderer rief ihm warnend etwas zu, und der Mann steckte die Pistole wieder ein.

Als ich aus dem Verwundeten-Keller, mit Brandwunden im Gesicht, an den Händen und am Kopf herauskroch, schleppte ich mich in den gegenüberliegenden berüchtigten Theaterkeller. Die Fenster im Parterre waren offen, es war bitter kalt, und ich war naß, vom Eimer Wasser, den ich mir über den Kopf geschüttet hatte.

Da geschah das erste Wunder. Dort stand eine Feldküche unter Dampf; es lagen vielleicht 500 Verwundete auf dem blanken Boden. Ich zitterte vor Kälte. Einige Pechfackeln, von den Russen gestellt, erhellten den riesigen Raum. An der Feldküche stand ein Soldat in Feldwebeluniform. Er hat mich nicht angesehen. Plötzlich sagte er: „Da ist ein Kamerad nur in der Winterhose und im Hemd. Er erfriert, wenn wir ihm nicht helfen. Einen Schlag für den, der einen Mantel übrig hat!“Daraufhin war plötzlich ein Mantel da.

Dieser Mann sprach zu den lautlos daliegenden Halbtoten und Sterbenden mit der Miene eines, dem irdischen Leben völlig entsagenden Diakons, vom Leben und Sterben vor dem Allmächtigen und von der Liebe gegeneinander in der Not. Daß das möglich war und wie lange es möglich war, weiß ich nicht mehr. Es war beinahe überirdisch. Der Mann sprach die ganze Nacht. Alle hörten zu, keiner fluchte mehr, nur Beten und Stille.

Früh morgens trieb mich etwas aus dem Raum wieder über die Straße. Ich wollte in den ausgebrannten Keller zurück, nach den anderen sehen. Es waren nur 50 m. Sie lagen noch da, alle verbrannt, unförmige zusammengeschmorte Leiber. Auf meinem Weg zurück rief es aus der Erde hinter einem

Ruinenkeller: „Hallo, dich haben wir gestern gesehen, du bist doch von der 14 PD, komm rüber."

Es war der 2. oder 3. Februar 1943.

Ich kletterte durch die Trümmer und wurde in einen Treppenabgang hineingezogen. Es war ein dunkler Raum, ein Proviantvorratslager, in dem 30 Schwerverwundete lagen, von denen einer nach dem anderen in den nächsten Tagen starb. Dort verlor ich für viele Tage das Bewußtsein. Zwei Wochen lag ich im Fleckfieberwahn.

Als ich wieder klar war, sah ich zwei Pfarrer, den evangelischen und katholischen Divisionspfarrer meiner Division und den Stabsarzt Keller, sowie den Anrufer, ein San. Feldwebel, der mich gekannt haben muß. Einer der Pfarrer hieß Peter. Sie sagten mir wörtlich: „An Ihnen ist ein großes Wunder geschehen. Sie waren so gut wie tot. Sie haben das Fleckfieberdelirium überstanden, an dem alle anderen starben."

Sie hatten mich in dieser Zeit gepflegt, und als es zu Ende ging und ich schrie und tobte und Verbände zerfetzte, gab mir Dr. Keller aus Mitleid eine seiner letzten gehüteten schweren Morphium-Spritzen zum Erlösen. Die beiden Pfarrer sagten mir, daß dann Ruhe war, sie hielten mich für tot. Am Abend brachten sie meine „Leiche" ins Freie, und da geschah das Wunder.

Als sie mich in den Schnee legten, war ich plötzlich hellwach. Ich sprach ganz klar mit ihnen und war fröhlich und guter Dinge. Steif und kalt war ich, sie trugen mich zu einer Benzintonne, in der ein Feuer war, und gaben mir Wasser, Brot und Dauerwurst. Während ich versuchte zu essen, konnte ich kaum meine Hände heben.

Eines Tages – es war ein Sonntag Ende Februar – kam ein russ. Kommando mit einem Intendanten, der die herumliegenden verwundeten Deutschen ermitteln sollte. Er brachte Brot und Konserven. Es war ein Jude, der mich liegen sah und auch ansprach. Ich muß wohl erbärmlich ausgesehen haben. Er sagte nur, meine Augen seien ihm aufgefallen.

Es war zwei Tage später, da kam wieder ein Kommando Russen, holte die beiden Pfarrer und den Stabsarzt fort, brachten uns in das inzwischen eingerichtete „Sammellazarett", das ein Keller war. Dort vegetierten wir weiter.

Später erfuhr ich dann, daß beide Pfarrer, Ebert und Raab, durch Genickschüsse getötet worden waren, desgleichen der Stabsarzt Dr. Keller, weil sie uns angeblich versteckt hatten. Einer der beiden Pfarrer war jedoch nicht tot, sondern nur schwer verletzt, andere Russen haben ihn gefunden und in den Timoschenkobunker transportiert. Von Dr. Dibold erfuhr ich später, daß der überlebende Pfarrer vom Timoschenkobunker zu einem Lager nach Krasno-Armejsk gebracht wurde. Dort ist er an seinen Verletzungen und an Unterernährung gestorben.

Im Timoschenkokeller, einem unterirdischen Labyrinth, führte das Schicksal Wirkner mit dem Linzer Arzt Dr. Dibold zusammen, der selber Fleckfieber überstanden hatte und durch seine aufopfernde Selbstlosigkeit aus der Masse der anonymen Ärzte ragte. Er hat nach dem Krieg in seinem Buch „Arzt in Stalingrad" das Grauen im Timoschenkokeller geschildert. Wirkner: „Hier verfaulten bei lebendigem Leib in absoluter Finsternis tausende Verwundete. Keine Medikamente, kein Verbandszeug, keine Verpflegung, keine sanitären Einrichtungen. Die furchtbaren Zustände sind nicht wiederzugeben. Ein Papier, das solches Elend in Worten aufnehmen könnte, müßte zu Staub zerfallen."

Er fiel in Stalingrad

Pausenlos hatten die Sowjets vor der Kapitulation die wandelnden Gerippe mit Flugschriften zum Überlaufen aufgefordert. Im Mitteilungsblatt der „Kameradschaft Stalingrad" erinnert der Stalingradheimkehrer Sepp Wirrer aus Salzburg an die verschiedenen Texte: „Deutsche Soldaten, wollt Ihr Eure Heimat wiedersehen, kommt zu uns! – Nehmt diesen Passierschein und gebt uns ein Zeichen! Niemand wird auf Euch schießen, wir garantieren für Euer Leben und Heimkehr nach dem Krieg!

Es war zum Lachen, nein zum Verzweifeln. Vor kaum einer Woche lief ein Infanterist mit dem Passierschein in der Hand vor unseren Augen über. Er kam nicht weit. Kopfschuß.

Als wir ihn zurückholten, stellten wir fest, der Schuß kam von vorne. Genau so hätte er von hinten sein können. Es gab immer noch solche unter uns, die dazu fähig gewesen wären."

Nach der Kapitulation marschierten die Landser auch ohne Passierschein in das Verderben.

Leopold Svenda aus Wien erinnert sich:

„Wir schleppten uns in Zehnerreihen in endlosen Kolonnen durch die Steppe. In Ortschaften stürzte sich die Bevölkerung auf uns und riß uns alles vom Leibe, die letzten Habseligkeiten, die manchem hätten das Leben retten können.

Von Zeit zu Zeit wurde Pause gemacht, damit die Nachhut die zurückgebliebenen Gefangenen erschießen konnte.

Die Nächte waren eisig, und wir kauerten auf dem eisigen Steppenboden, um dem sibirischen Wind weniger Angriffsfläche zu beiten. Wer einschlief, wachte nie mehr auf. Ein fleischloses Gerippe ist bald durchweht. Man mußte in Abständen aufstehen, um den Kreislauf in Bewegung zu bringen. Wer das nicht konnte, erfror. Zwischen den Toten konnte man die Nacht überleben, weil ihre starren Körper den Wind abhielten."

Leopold Svenda nennt die Gefangenschaft „Fünf Jahre Sklaverei, Hunger, Fleckfieber, Ruhr, Malaria, Krätze, Wassersucht und Sterben ohne Ende."

Von den 90000 Mann, die Anfang Februar in die Gefangenschaft gingen, sahen nur 5000 die Heimat wieder. 5000 von 350000 Mann der 6. Armee.

Die Nachwelt nimmt ihre Heimkehr zur Kenntnis, ohne zu fragen: Wo sind die andern geblieben, die die Waffen niederlegten?

Niemand scheint auf den Gedanken zu kommen, daß diese 5000, die das Grauen der Schlachten und den Holocaust der Gefangenschaft überlebten, eine Art Orden der Tapferkeit sind, eine Auslese des Schicksals. Jeder von ihnen ist ein biologisches Wunder! Jeder von ihnen ist ein durch Leid geadelter Zeuge vor der Geschichte, ein Denkmal, das für die Toten steht.

Es gibt nichts in der Geschichte, was mit dem Schrecken von Stalingrad vergleichbar wäre. Das apokalyptische Bild des Grauens, der Verzweiflung, der Hoffnungslosigkeit wird niemals in Worten seinen gebührenden Ausdruck finden können. Für dieses Maß des Leidens hat die Sprache keine Worte mehr.

Aber auch das Opfer der Stalingradkämpfer, ihr Wille zum Durchhalten, ihr verzweifelter Mut geht als Jahrtausendereignis in die Menschheitsgeschichte ein.

Der französische Marschall Lattre de Tassigny schrieb 1946 über Stalingrad: ,,Es hat in unserer Zeit einige ganz große Leistungen gegeben. Zum Beispiel die Deutschen in Stalingrad. Sie standen für einen irrsinnigen Befehl, aber was sie geleistet haben, ist vorbildlich.“

Deutlicher noch äußerte sich de Gaulle. Als er 1944 in den Ruinen von Stalingrad stand, sagte er nachdenklich: ,,Das ist schon ein fabelhaftes Volk, ein sehr großes Volk!“

Er meinte die Deutschen damit.

Das ehrende Wort de Gaulles gilt auch den Österreichern in deutscher Uniform.

Es wird die Zeit kommen, wo man auch das hoffnungslose Ausharren des Stalingradkämpfers als beispiellose heroische Tat rühmen wird. Und seine Nachfahren werden einmal ehrfürchtig von ihrem Ahnen raunen: ,,Er fiel in Stalingrad.“

Der kriegsentscheidende Hafen von Murmansk wird heute von vielen ehemaligen Gebirgsjägern besucht. Aber die Umgebung ist strengstes militärisches Sperrgebiet.

Als es Winter wurde, erleichterte der Schlitten den Abtransport von Verwundeten. Im Sommer aber mußte jeder Verwundete von vier Mann viele, viele Stunden durch die Tundra getragen werden.

Die Sowjets machten in der Regel keine Gefangenen. Umgekehrt wurden sowjetische Gefangene von den Gebirgsjägern gut behandelt. Dieses Bild beweist es und zeigt, wie polarfest die Gegner bekleidet waren.

So abgekämpft sahen die Gebirgsjäger am Ende des blutigen Sommers 1941 vor Murmansk aus.

Das Bild eines deutschen Aufklärers zeigt Stalingrad, die Stadt an der Wolga. Die riesige schwarze Wolke stammt von einem brennenden Öllager in jenem Teil der Stadt, der von den deutschen Truppen nie erobert werden konnte. Die Wolke stand wochenlang über der Stadt.

Als es noch Pferde gab

Das ist die Straße des Todes, die vom Flughafen Pitomnik nach Stalingrad führte.

In den eisigen Löchern kämpften sie, in den Löchern schliefen sie. Und sie starben darin. In der letzten Phase der Schlacht hatte niemand mehr die Kraft, die Toten zu begraben.

Kamikaze im U-Boot

Die Tragödie der deutschen U-Bootwaffe

Das Radar wurde im 2. Weltkrieg der deutschen U-Bootwaffe zum Verhängnis.

Bei Kriegsausbruch am 1. 9. 1939 standen erst 24 U-Boote im Einsatz. Im Laufe des Krieges wurden 1170 U-Boote gebaut.

Von diesen wurden 863 gegen die feindliche Transportflotte und die feindliche Kriegsmarine eingesetzt.

Von diesen Booten kamen nur 233 wieder zurück. 630 U-Boote gingen verloren. Von 41 500 Mann der Besatzungen sind 30 112 gefallen.

Die Verluste betrugen fast 74 Prozent. Diese Verlustziffer wurde nur von den Kamikazefliegern Japans übertroffen.

Es ist nicht bekannt, wie groß der Anteil der Österreicher an der U-Bootwaffe war. An einem Treffen in Villach nahmen Italiener, Briten, Franzosen, Engländer und Amerikaner teil. Unter den 600 Teilnehmern waren 20 Österreicher.

Es ist erstaunlich, daß in der deutschen U-Bootwaffe noch U-Bootoffiziere der k.u.k.-Marine gedient haben.

Der k.u.k.-Fregattenleutnant Leo Wolfbauer war während des 1. Weltkrieges Wachoffizier auf dem vom Maria-Theresien-Ritter-Ordens-Träger k.u.k.-Linienschiffsleutnant Hermann Rigele kommandierten „U 31“. Im 2. Weltkrieg waren Rigele, Wolfbauer und der k.u.k.-Linienschiffsleutnant Rudolf Singule als Kommandanten deutscher U-Boote im Einsatz. Wolfbauer war als Korvettenkapitän Kommandant des Versorgungs-U-Bootes „U 463“. Das Boot wurde am 15. 5. 1943 südwestlich der Scilly-Inseln versenkt. Es gab keine Überlebenden.

Der aus Klagenfurt stammende Kapitänleutnant und Ritterkreuzträger Hans Trojer war Kommandant von ,,U 221", einem Patenboot der Kärntner Landeshauptstadt. Er ist mit der gesamten Besatzung am 27. 9. 1943 südwestlich von Irland auf See geblieben. Die Tragik dieses erfolgreichen Kommandanten war ein Ereignis am Abend des 8. 12. 1942, als sein Boot, bei hohem Seegang, bei einem Angriff das plötzlich in Sicht gekommene ,,U 254" rammte. ,,U 254" sank. Trojer leitete trotz zu erwartender gegnerischer Angriffe eine Rettung der Überlebenden ein und es gelang auch, einen Großteil der Besatzung von ,,U 254" an Oberdeck des eigenen Bootes aufzunehmen. Durchden hohen Seegang wurden die Geretteten jedoch bis auf 5 Männer von Bord gespült und abgetrieben. Weitere Rettungsversuche blieben ohne Erfolg.

Der heutige Klagenfurter Rechtsanwalt Dr. Karl Th. Mayer war als zweiter Wachoffizier auf ,,U 382" im Einsatz. Es war das 13. U-Boot, das auf der Howaldt-Werft in Kiel gebaut wurde. Die Boots- und die Feldpostnummer M 46120 ergaben ebenfalls die Quersumme 13. Das war ein gutes Omen. U 382 überstand den Krieg. Von der ersten Feindfahrt berichtet Mayer: ,,Wir waren noch in der Nordsee, als plötzlich aus der tiefen Wolkendecke ein feindliches Flugzeug auf das Boot stieß. Wir konnten gerade noch wegtauchen. Das Flugzeug warf aber Bomben in den Tauchfleck. Dadurch traten Beschädigungen am Oberdeck auf. Nach einer halben Stunde gab der Kommandant Kptlt. Herbert Juli Befehl zum Auftauchen. Die Luft war ,,rein", und so erhielt Oberbootsmaat Sepp Leinenbach den Befehl, die vordere Kanone wieder festzuzurren und alle lose gewordenen Teile der Oberdecksverkleidung außenbords zu werfen. Er wurde mit einer Wurfleine gesichert. Die Schwimmweste sollte eine weitere Sicherheit sein. Als Leinenbach seine Arbeit beendet hatte, wollte er wieder zurück auf den Turm. Plötzlich fegte ihn eine kurze Welle vom Boot. Die Wurfleine riß. ,,Mann über Bord", schrie der Kommandant.

Das Boot wurde manövermäßig gefahren. Doch Leinenbach geriet außer Sicht. Etwa 40 Minuten lang ließ der Kommandant, ungeachtet der damit verbundenen Gefahr für das Boot, verschiedene Suchkurse fahren, von Leinenbach keine Spur. Aber der Kommandant gab nicht auf. Und tatsächlich geschah nach einer Kursänderung das Wunder. Der Obermaat, der schon jede Hoffnung auf Rettung aufgegeben hatte, wurde entdeckt. Ein Hohes Lied der Kameradschaft auf See.

Das Drama des U 598

Von den 630 verschollenen Booten weiß man von den meisten nicht, wie die Besatzungen starben. Es gab nur ganz vereinzelt Überlebende. Einer von ihnen ist der Oberst des Bundesheeres Heinrich Luschin in Klagenfurt.

Er berichtet über das Ende seines Bootes, auf dem er als 1. Wachoffizier fuhr. Es war seine zweite Feindfahrt, die auch seine letzte war.

„Wir liefen Anfang Juni 1943 aus dem U-Boot-Stützpunkt St. Nazaire aus. Etwa 600 sm südwestlich der Azoren wurden wir durch einen U-Tanker versorgt und beölt. Mitte Juli erreichten wir unser Operationsgebiet, die brasilianischen Gewässer.

In der Nacht vom 21. zum 22. Juli greifen wir einen Einzelfahrer an. Ein Torpedo kommt unmittelbar nach dem Abschuß an die Wasseroberfläche. Seine Laufbahn ist sichtbar. Wir tauchen und bleiben mehrere Stunden unter Wasser.

Nach dem Auftauchen greift uns ein feindliches Flugzeug an. Es kommt überraschend aus der Morgensonne. Mehrere Bomben mit Zeitzünder detonieren mit fürchterlichem Wasserdruck nahe am Boot. Wassermassen schießen in den Diesel- und E-Maschinenraum. Die Ruderanlage ist beschädigt. Unsere Pumpen sind zu schwach. Der achtere Teil des Bootes ist bereits voll Wasser. Das Boot ist manövrierunfähig. Nur noch Turm und Bug ragen aus dem Wasser.

Unser Funker setzt Notsignale ab. Er meldet, die Antennennadel hätte noch ausgeschlagen. Er glaubt, er habe das Notsignal abgesetzt. Aber er irrt sich.

Das Notsignal besteht aus vier Buchstaben, die immer wiederholt werden, damit man sie peilen kann. Bei Empfang dieses Signals hat jedes in der Nähe stehende U-Boot zu Hilfe zu eilen. Wir wissen, daß drei Boote in der Nähe sind.

Die Besatzung ist mit wenigen Ausnahmen an Oberdeck. Die MGs sind besetzt. Das Flugzeug umkreist in sicherer Entfernung das Boot.

Nach ca. einer Stunde erscheint eine zweite Maschine und greift an. Sie wird mit MG-Feuer abgewehrt. Aber beim zweiten Anflug wirft sie aus allen Bordwaffen schießend ihre Bomben ab. Gott sei Dank daneben.

Aber wir wissen, die Flugzeuge würden wieder kommen und solange angreifen, bis sie unser hilfloses Boot auf Grund gebombt haben.

Ich bemühe mich, die restlichen Maschinengewehre aus dem Bootsinneren an Deck zu bringen. Gleichzeitig muß ich mich um die Verwundeten kümmern. Das Feuer der Bordwaffen hat sie hingestreckt, auch der Kommandant hat einen Schuß im Bein. Aber er bleibt auf der Brücke.

Die Verwundeten sind jetzt die Ärmsten, sie werden nicht mehr schwimmen können. Für sie werden die zwei Schlauchboote klargemacht. Sie werden darin verstaut. Mit Mühe gelingt es, sie mit Proviant und Leuchtmunition zu versorgen. Jedem Boot wird ein Begleiter zugeteilt, dann stoßen sie ab.

Der Kommandant steht jetzt vor einer schweren Entscheidung. Noch immer hoffen wir, in der Annahme, daß unser Notruf eines der in der Nähe operierenden Boote erreicht hat, auf Hilfe. Wir sind 300 Kilometer von der Küste entfernt, und die Gewässer sind verseucht von Haifischen.

Noch sind, nach dem Abstoßen der Verwundeten, fast zwei Drittel der Besatzung an Bord. Sie klammern sich wie eine tragische Traube rund um den Turm.

Längst hat der Kommandant befohlen: „Alle Mann Tauchretter oder Schwimmenwesten um."

Die *Schwimmwesten* aus hellem gelbem Gummi waren mit einer Schicht überzogen, um nachts zu phosphoreszieren. Sie bestanden aus mehreren Luftzellen, die im Normalfall durch den Benützer mittels eines Luftröhrchens aufgeblasen und im Notfall durch Öffnen einer komprimierten Luftflasche mittels einer Reißleine gefüllt wurden.

Die *Tauchretter* waren ähnlich den Schwimmwesten konstruiert und hatten zusätzlich eine Nasenklammer und ein Mundstück, durch das ein Sauerstoffgemisch eingeatmet werden konnte.

Stunde für Stunde sehen wir vergebens nach Rettung aus. Stunde für Stunde zögern wir die Versenkung hinaus.

Erst viel später sollte ich erfahren, daß wir vergebens auf Hilfe gewartet hatten. Der Funker hatte in seiner Aufregung „weiße Mäuse" gesehen, die Antennenspitze hatte gar nicht gewackelt, es war gar kein Strom im Boot, keines der deutschen U-Boote hatte einen Notruf aufgefangen.

Das Warten auf Rettung wurde zum Verhängnis.

Denn der Kommandant wurde einer Entscheidung durch das Schicksal enthoben. Der dritte Bomber war da.

Er griff im Tiefflug von vorne an.

Von vorne. Das heißt, daß unsere MG nicht rechtzeitig feuern konnten, denn unser wrackes Boot ragte mit dem Bug vorne in die Höhe und nahm den Richtschützen die Sicht.

Die MG können erst feuern, wenn die Maschine schon über unsere Köpfe braust.

Sie hatte ihre tödliche Last aber schon im Anflug gelöst."

„Ich bin auf der Brücke und sehe die Bomben direkt auf

uns zukommen. Unwillkürlich bücke ich mich und ziehe den Kopf ein. Es gibt einen ohrenbetäubenden Krach.

Volltreffer. Ich verliere das Bewußtsein und komme unter Wasser kurz wieder zu mir. Mit einer Reflexbewegung ziehe ich die Reißleine der Schwimmweste und höre noch im Unterbewußtsein Luft in die Weste strömen. An der Wasseroberfläche komme ich wieder zu Bewußtsein. Ich hatte in der Hitze des Gefechtes vergessen, meine Weste aufzublasen. Diese Vergeßlichkeit rettete mir das Leben. Wie ich später erfahren habe, waren die prallgefüllten Westen und Tauchretter der Besatzung, die sich schutzsuchend um den Turm gedrängt hatte, durch den Explosionsdruck der Bomben geplatzt.

Meine Weste hält jetzt dicht. Gott sei Dank.

Dieselöl schlägt mir mit jedem Wellenschlag über den Kopf. Es brennt gräßlich in den Augen. Ich bin mitten in einem großen Ölfleck. Ich spucke Blut. Die Beine kann ich nicht bewegen. Ich brauche lange Zeit, um mir zu vergegenwärtigen, was geschehen war. Ich paddle mit den Händen, so gut ich kann. Es schmerzt.

(Im Krankenhaus werden später folgende Verletzungen festgestellt: Gehirnerschütterung, Oberschenkelhalsbruch rechts, ein Hals- und Lendenwirbel gebrochen, Trommelfelle perforiert, Netzhautschädigung rechts und Lunge.)

Nach endlos scheinender Zeit gelingt es mir, aus dem Ölfleck zu kommen. Außerhalb desselben stoße ich zu meiner Überraschung auf den Maschinen-Obgefr. Machenschalk. Er war als Betreuer in einem der ausgesetzten Schlauchboote gewesen und unverletzt.

Die Schlauchboote waren zur Zeit der letzten Bombenwürfe etwa 50 m vom Boot entfernt und durch den Explosionsdruck- und -welle umgekippt. Alle Verwundeten ertranken. Auf Schwimmer wurde geschossen.

Machentschalk erkennt mich zunächst nicht, da mein Kopf

angeschwollen und entstellt ist. Er will aufgeben. Nach einer Zeit fragt er: „Hat es noch einen Sinn, daß wir schwimmen, Herr Oberleutnant?“ Ich antworte: „Solange ich kann, ja!“

Schwarze Schatten jagen manchmal an uns vorbei. Sind es Haifische?

Kein Flugzeug ist mehr in Sicht. Der leichte Seegang bewegt die Körper der Kameraden, die an zerfetzten Westen im Ölfleck treiben. Ich kann sie sehen, wenn ich auf einem Wellenberg bin. Ob sie wohl noch lebten oder schon tot waren?

Wir lassen uns von den Wellen treiben. Wie lange? Ich habe kein Zeitgefühl mehr.

Die Sonne ist im Untergehen. Da braust aus heiterem Himmel ein großes Flugzeug mit amerikanischen Hoheitszeichen über uns hinweg. Wir sind so überrascht, daß wir erst beim zweiten Überflug winken, so gut wir können. Das Flugzeug steigt höher und kreist über uns. Eine Rauchboje wird abgeworfen zur Windrichtungsbestimmung. Dann folgt ein Fallschirm mit gelbem Paket. Es ist ein Schlauchboot. (Der Fallschirm löst sich beim Aufprall auf das Wasser. Das Paket geht unter. Nach kurzer Zeit erscheint auf der Wasseroberfläche ein Schlauchboot. Ein in das Paket eingebautes Salzstück wird durch das Wasser aufgelöst und gibt ein Ventil zu einer Luft- oder Sauerstofflasche frei.)

Das Schlauchboot treibt ca. 50 m von uns entfernt auf den Wellen. Ich überrede Machentschalk, der nicht von meiner Seite weichen will, zum Schlauchboot zu schwimmen. Auch ich paddle mit letzter Kraft auf das Boot zu. Machentschalk erreicht es und hält sich an einem Tau fest. Er ist überrascht, als ich nach einiger Zeit auf der anderen Seite des Bootes auftauche. Wir halten uns am Boot fest und schöpfen Luft. Die Sonne ist mittlerweile untergegangen, und die ersten Sterne erscheinen am Himmel. Ganz plötzlich ist es Nacht geworden.

Das Flugzeug kreist noch immer über uns. Es hat Lichter

gesetzt. Machentschalk versucht ins Boot zu kommen. Nach mehreren Versuchen gelingt es ihm. Dann zieht er mich hinein.

Als ich aus dem Wasser komme, habe ich so große Schmerzen, daß ich ohmächtig werde. Das Boot besteht aus vier Schlauchwülsten und einem Netz als Boden. Wir liegen halb im Wasser. Ich bin nur fallweise bei Bewußtsein und kann nur noch zwischen Tag (hell) und Nacht (dunkel) unterscheiden. Wie lange treiben wir schon im Boot?

Die Sonne brennt heiß vom Himmel. Plötzlich weckt mich Machentschalk und ruft aufgeregt: ,,Schiff in Sicht!" Ich denke, ich träume. Das Schiff kommt auf uns zu, dreht wieder ab. Es hat uns nicht gesehen, zieht aber enge Schleifen und sucht offensichtlich das Seegebiet ab. (Wie ich später erfahre, hat das Aufklärungsflugzeug unsere Position mittels Funkspruch durchgegeben). Nach einiger Zeit ist das Schiff wieder da und entdeckt uns. Es kommt langsam längsseit. Ein Netz wird mit einem Kran außenbords gehievt. Unser Boot wird unterfangen und an Bord gezogen. Es ist eine brasilianische Korvette. Brasilien war im Kriegszustand mit Deutschland! Entlang der Küste hatten die Amerikaner Luftstützpunkte errichtet und brasilianische Häfen wurden von US-Kriegsschiffen zur Versorgung angelaufen. Wir bekommen als erstes etwas zu trinken. Es schmeckt wie Milch und Honig. Ich bin nur mit einer Turnhose bekleidet. Diese wird aufgeschnitten, weil meine Beine angeschwollen sind. Um die Fetzen reißen sich die Matrosen als Souvenir. Die Schwimmweste nimmt ein Offizier an sich. Beim Anschnallen auf eine Trage, als die Beine eingerichtet werden, verliere ich das Bewußtsein. Ich erwache wieder in einer Kajüte und zwei Tage später auf einem Operationstisch in Pernambuco (Recife).

Nach einem halben Jahr im Streckverband erhalte ich für weitere 6 Monate Gips am ganzen Körper. Zum Jahreswechsel 1943/44 werde ich an Bord eines amerikanischen Kreuzers nach Miami (Florida) gebracht, wobei wir unterwegs mehrmals U-Boot-Alarm hatten. Von dort geht es per Eisenbahn mit Begleitoffizier und Arzt nach Crossville/Tennessee in ein Lazarett. Nach Entlassung aus diesem, im Juli 1944, werde ich in ein Kriegsgefangenenlager der US-Navy bei Phönix/Arizona überstellt. Ende 1946 erfolgt die Heimkehr nach Kärnten.

Machentschalk wurde nach Anlaufen Pernambucos in ein amerikanisches Verhörlager bei Washington geflogen. Im Herbst 1944 trafen wir uns im Lager Phönix wieder.

In der Gefangenschaft erfahre ich, daß nur Machentschalk und ich von U-598 gerettet wurden. Die Stärke der Besatzung unseres Bootes war 48 Mann (davon 3 See- und 1 Ing.-Offizier).

Der Pilot des amerikanischen Aufklärungsflugzeuges, ein amerikanischer Offizier aus Texas, der mich in Pernambuco im Lazarett besuchte, erzählte mir, daß der Dieselölfleck auf dem Wasser seine Aufmerksamkeit erregt hätte. Als er uns entdeckt hatte, kombinierte er, daß wir zwei uns wohl mit eigener Kraft aus dem Ölfleck gearbeitet hätten und daher noch leben müßten.

Ein Bericht über den U-Boots-Krieg vermerkt für die Zeit vom 5. 6. bis 14. 8. 1943: „Bei Operationen in brasilianischen Gewässern versenken U-Boote 14 Schiffe mit 81 000 BRT. Einer Luftoffensive von Liberators, Mariners, Venturas und brasil. Flugzeugen fielen 4 Boote zum Opfer. Eines von ihnen war U-598, unser Boot."

Geheimunternehmen „Baßgeiger“

Nach der Polarschlacht im Mai 1942 wurde es vor Murmansk ruhiger.

Der Krieg der Spähtrupp-Unternehmen und der kühnen Langlauf-Unternehmen in die leeren Räume der Tundra begann. Und dieser Stellungskrieg auf Stützpunkten sollte dann bis zum Oktober 1944 dauern, als die Sowjets versuchten, der deutschen Armee am Eismeer ein zweites Stalingrad zu bereiten und eine Katastrophe die deutsche Polarfront tatsächlich zum Einsturz brachte.

Die Gebirgsjäger in der „Hölle der Arktis“ glaubten damals an der nördlichsten Front dieses Krieges zu stehen.

Sie wußten nicht, daß 2000 km nördlich von ihnen deutsche Geheimkommandos im Einsatz waren, die vergeblich auf Grönland Fuß zu fassen suchten.

Grönland ist der „Eisschrank Europas“. Der Raum hat eine ungeheure Bedeutung für das Wettergeschehen auf der nördlichen Halbkugel. Es war im 2. Weltkrieg für die von der Welt abgeschlossenen Deutschen geradezu lebenswichtig, für ihre Luftwaffe und ihre Seeoperationen Wettermeldungen von der langgestreckten und menschenleeren, eisbedeckten Ostküste Grönlands zu bekommen. Das wußten natürlich auch die Amerikaner.

Sie stellten einen eigenen Marineverband auf, um die Nordküste zu überwachen und den Deutschen den Weg nach Grönland zu sperren.

Unternehmen auf Unternehmen starteten die Deutschen. Sie konnten sich immer nur einige Monate halten, dann wurden sie angepeilt, angegriffen, ausgehoben und vernichtet.

Im Jahre 1944 war diese Arbeit der amerikanischen Peilstationen so perfekt und der Postengürtel der Wachschiffe für die Eisküste so dicht, daß Grönland für Deutschlands Wetterleute verschlossen war.

Eine der letzten Expeditionen, die aus dem Grönlandeis durch eine abenteuerliche Luftaktion gerettet werden konnte, war die Mannschaft des Unternehmens „Baßgeiger“. Sie war von den Schlittenpatrouillen entdeckt und angegriffen, dann aber samt dem unersetzlichen wissenschaftlichen Material auf dem Luftweg zurückgeholt worden, ehe sie von den Amerikanern vernichtet werden konnte.

Der wissenschaftliche Leiter des Unternehmens „Baßgeiger“, Univ.-Prof. Dr. Schatz, lebt heute in Innsbruck.

Auch sein damaliger dänischer Gegenspieler, Kurt Olsen, überlebte den Krieg. Er besuchte 1964 Prof. Schatz in Innsbruck und schrieb dann seine Erlebnisse und auch die der deutschen Gegner in seinem Buch „Ein Hundeleben“ nieder, das in Dänemark ein Bestseller wurde.

Auch Dr. Heinrich Schatz hatte die dramatischen Ereignisse des geheimen Unternehmens „Baßgeiger“ in einem Tagebuch festgehalten. Es enthüllt erregende Einzelheiten des tödlichen Kampfes mit den Naturgewalten, der 295 Tage dauerte. Es war eine Tat soldatischer Pflichterfüllung, 2000 Kilometer nördlich vom nördlichsten Frontabschnitt. Die Wissenschaftler und ihre Funker haben allen schrecklichen Hindernissen zum Trotz ihren Auftrag erfüllt. Ununterbrochen funkte die Expedition ihre Wetterbeobachtungen, obwohl das Leben in Sturm und Eis oft eine Hölle war.

Es ist gewiß kein Ruhmesblatt für die Denkarbeit im zuständigen Wehrbezirkskommando, daß es den Innsbrucker Wissenschaftler zunächst als Kraftfahrer bei den Gebirgsjägern einzog. Der Universitätsprofessor für Mathematik wusch feldgrau gestrichene Wehrmachtswagen. Neun Monate lang, dann wurde erst erkannt, daß man einen Mathematikprofessor besser verwenden könnte. Dr. Schatz wurde zum Marinewetterdienst einberufen.

Nach gründlicher, monatelanger Vorbereitung startete das Unternehmen ,,Baßgeiger“ im August 1943. Der Wettertrupp bestand aus acht Mann. Leiter war Univ. Prof. Dr. Schatz. Zweiter Meteorologe war der Marinegefreite Dr. Triloff, unter den Funkern waren zwei Wiener, Funkmaat R. Riedl und Obergefreiter Hans Zima.

Zugeteilt war dem Wettertrupp der Leutnant-Sonderführer Gerhard Zacher, ein Sachse, der für die Expedition ein Sorgenkind werden sollte.

Am 14. August 1943 verließ die ,,Coburg“ die Neptunwerft von Rostock mit ihrem tosenden Lärm. Schon auf der Fahrt von Warnemünde nach Moen geriet die überladene ,,Coburg“ in einen schweren Sturm.

Brecher spülten über das ganze Deck, Decklasten rissen sich los, Wasser geriet in die Maschine. Ein schlechter Anfang. Dabei hatte schon in Rostock ein manövrierendes U-Boot der ,,Coburg“ den Weg verlegt, eine Seekarte war durch Unachtsamkeit über Bord gegangen, die Seeleute sahen dies alles als übles Vorzeichen an.

In Narvik lud Admiral Klüver die Meterologen vor ihrer Reise ins Ungewisse zu einem Essen ein. Eine Staatsjolle brachte sie zur ,,Coburg“ zurück.

Das Schiff war 42 Meter lang und 7,20 Meter breit. Sein Tiefgang betrug 3,5 und 4,5 Meter. Es war 1938 als Schiffskutter gebaut worden. Sein Antrieb erfolgte jetzt durch eine Dieselmaschine von 590 PS. Die ,,Coburg“ erreichte eine Geschwindigkeit von elf Seemeilen. Die Besatzung bestand aus dem Kommandanten, dem Stabsobersteuermann Johann Rodebrügger, trotz seiner 35 Jahre der ,,Alte“ genannt, und 18 Mann. Rodebrügger hatte für eine seemännische Unternehmung mit einem Wettertrupp das EK I erhalten und träumte nun insgeheim vom Deutschen Kreuz in Gold. Er hatte schon 18 Jahre bei der Marine aktiv gedient und den höchsten Unteroffiziersdienstgrad erreicht, den die Marine zu vergeben hatte.

Um es gleich zu sagen, sein Traum vom Deutschen Kreuz blieb unerfüllt. Im Gegenteil, auf sein Schiff wartete das Verhängnis. Es sollte den Wettertrupp eigentlich nur an die Küste nördlich des Germanialandes bringen und dann wieder heimkehren. Aber das Schiff kam niemals zurück.

Zunächst aber ging alles gut. Die „Coburg" hatte zwar wenig Chancen, heil durch die alliierten Sperren zu kommen. Aber sie schaffte es in einer Sturmfahrt durch den Nordatlantik doch. Ein deutsches U-Boot sollte sie als Sicherung begleiten. Aber es verfehlte infolge des Sturms den befohlenen Treffpunkt. Die „Coburg" hatte auch ohne die Sicherung Glück und entging den Torpedos der Amerikaner.

Am 31. August näherte sie sich der Eiskante und begann sich durch den Treibeisgürtel zur Küste durchzuarbeiten.

Die Kette der Enttäuschungen, Überraschungen und Abenteuer begann. Am 6. September ertönte der Ruf „Land in Sicht". Tatsächlich: „Vom Mastkorb sah ich mit dem Fernglas die Ile de France und den Nordteil des Germanialandes", berichtete Dr. Schatz. „Die Entfernung schätzten wir auf 40 Seemeilen. Wir waren voll Hoffnung. In wenigen Tagen sind wir am Ziel."

Aber es sollte nicht Tage, sondern noch Wochen dauern, bis sie am Ziel sein würden. Am 7. September sitzt das Schiff im Eis fest. Das Deck ist eine einzige Glatteisfläche. „Wir sahen zwar backbord eine offene Rinne, aber wir konnten nicht wenden, wir waren im Eis gefangen", erinnert sich Dr. Schatz. Es wurde versucht, dem Schiff mit Sprengstoff den Weg freizumachen. Den ganzen Tag dröhnten die Detonationen, aber die „Coburg" kam im Eispanzer nur eine einzige Schiffslänge weiter. Am nächsten Tag preßten sich die Schollen an die Bordwand. Zum ersten Male ertönte der Alarmschrei: „Leck im Achterheck." Wasser dringt ins Schiff.

Aber die Dünung hat auch die Schollen zerbrochen, das Schiff kommt los, kämpft sich mit Rammstößen durch das Eis.

Aber das Rammen tut ihm nicht gut. Es gibt den ersten ernsten Schaden. Nach 14 Meilen leckt der große Öltank.

Wieder muß Sprengstoff her, um die ,,Coburg" flott zu machen. Aber in zwei Stunden kommt das Schiff nur 50 Meter weiter.

Durch die Sprengungen werden Eisfelder von einem Meter Dicke zerbrochen, aber der Fortschritt war auch in Zukunft meist gering. Oft konnte sich die ,,Coburg" pro Tag nur bis zu 200 Meter in die Eispanzer hineinsprengen.

Gefangene der Eisscholle

Am 9. September 1943 hören Wetterleute und Besatzung die Rundfunkmeldung vom Verrat Italiens. Aber das ist nicht das Schlimmste an diesem Tag: Neuerlich geht der Alarmschrei durch das Schiff: Leck im Vorderschiff. Armdick schießt das Eiswasser in den Laderaum.

Fieberhaft arbeitet die Mannschaft mit Handpumpen – zehn Stunden lang. Dann wird das Leck durch Verstemmen der Nieten und durch Verkeilen verschlossen. Und mit Streifen von Bärenspeck abgedichtet. Der Bär, ein Riese von 1,98 Meter, war erst wenige Stunden vorher aus 300 m Entfernung vom Kommandanten von der Reling aus erschossen worden.

Das Pressen der Eismassen vereitelte alle Versuche der Sprengungen. Dazu sanken die Temperaturen, und das Eis wurde so hart, daß selbst Reihensprengungen nur kleine Krater hinterließen. Die Sprengmunition ging aus. Das Oberkommando der Marine schickte zweimal Flugzeuge, die Sprengstoff abwarfen, aber es gab kein Entkommen mehr. Eingemauert in die Schollen trieb die ,,Coburg" langsam in das Ungewisse. Besatzung und Wettertrupp sind Gefangene der treibenden Scholle. Es wird Befehl gegeben, das Sprengen einzustellen und die Aufgabe als schwimmende Station zu erfüllen.

Die Masten werden gekappt und in den Innenraum eingebaut, um dem Schiff eine seitliche Verstärkung gegen den vernichtenden, gefährlichen Druck der Eispressungen zu geben. An der Längsseite des Schiffes wird eine Hütte aufgestellt. Die Wetterbeobachtungen beginnen, obwohl durch das Leck ein Viertel der meteorologischen Ausrüstungen verlorengegangen und die Hälfte der Radiosondenballons unverwendbar geworden war.

Am 2. Oktober brach das Eisfeld, mit dem die ,,Coburg" täglich rund acht Seemeilen nach Südwest getriftet war, plötzlich in Stücke. Man hatte Mühe, die Hütte auf dem Eis und das Gerät zu bergen. Die Expedition schöpfte Hoffnung. Die ,,Coburg" arbeitete sich weiter mit Sprengstoff gegen das Land vor.

Eine gefährliche Phase beginnt nun. Eispressungen drohen das Schiff zu vernichten. Am 6. Oktober wird es ernst. Dr. Schatz berichtet in seinem Tagebuch:

,,Um Mitternacht beginnt sich das Eis zu rühren. Es singt und schabt, dann dröhnen dumpfe Schläge ans Schiff. Wir haben das schon öfter gehört, diesmal aber ist es lauter und heftiger, wir hören, wie die Schollen krachend an die Schiffswand drücken, wie sie beim Emporheben reiben und wie es im Schiffsrumpf knallt und knackt. Der Lärm wird immer ärger. Gegen 2 Uhr beginnt sich das Schiff stark zu neigen, auf dem Deck fallen die Gegenstände um, das Geschirr fällt aus dem Schrank, Werkzeug und Rucksäcke stürzen herunter, immer stärker wird die Neigung. Das Boschhorn schreit Alarm: ,Alle Mann auf Deck.' Wir kleiden uns hastig an; beim Hinauflaufen auf das Deck ist die Treppe schon so schief, daß wir nur noch schwer hinaufkommen. Dann stürze ich auf dem schiefen Boden. Wir springen auf das Eis und versuchen, Eistrümmer von der Bordwand wegzuräumen."

Aber erst Sprengungen helfen, das Schiff richtet sich wieder etwas auf . . . Mit Notgepäck warten die Männer in den Kojen den nächsten Angriff der Naturgewalten ab. Aber diesmal wird das Schiff vom Schicksal noch verschont. Aufregende Tage folgen. Am 12. Oktober kommt es beinahe zur Katastrophe. Dr. Schatz erinnert sich: „Überall um uns Eisberge. Da beginnt plötzlich eine gewaltige Bewegung im Eis. Wir drehen uns mit der ganzen Umgebung ziemlich rasch, die Schollen türmen sich am Schiff, vor der ‚Coburg' schiebt sich das Eis mit einer Geschwindigkeit von einem Meter in zwei bis drei Sekunden vorbei. Es war die heftigste Pressung, die wir bisher mitgemacht haben."

Aber die „Coburg" hält den furchtbaren Eisdruck aus. Ununterbrochen ist die Besatzung bereit, mit Alarmgepäck das Schiff zu verlassen. Aber noch ist das Glück der „Coburg" hold. Am 16. Oktober erreicht sie landfestes Eis auf der Nordseite der Insel Shannon, etwa sechs Seemeilen von Kap Sussi entfernt. Die Fahrt durch das Eis des Grönlandstromes hatte 47 Tage gedauert. Fast 500 Kilometer wurden im Eis zurückgelegt.

Am 16. Oktober 1943 wurde die „Coburg" längs des landfesten Eises auf der Nordseite von Shannon vertäut. Eine Abteilung ging zur Erkundung an die Küste. Am Fuß des Mayersteinberges mußte die sogenannte Alabamahütte liegen. Sie war im Jahre 1910 während der Alabamaexpedition von Ejnar Mikkelsen erbaut worden. War sie jetzt feindfrei?

Der Leutnant kehrt mit den Funkern von der Erkundung mit der Meldung zurück, daß die Hütte verlassen und offenbar seit langem unbenützt ist. Die Fenster sind zerschlagen, in der Hütte selbst liegt Eis. Barbaren müssen hier gehaust haben. Das Inventar liegt verstreut um die Hütte herum; zuhauf liegen da Konserven, sie sind zwar alt, aber durchaus noch brauchbar. Schiffsteile liegen in der Nähe der Hütte.

Die Männer atmen auf! Die Alabama ist offensichtlich kein Stützpunkt der Alliierten. Also los! Während die „Coburg" einfriert, wird mit dem Entladen des Schiffes begonnen. Drei

Kilometer vom Schiff entfernt wird ein Lager errichtet, das „Eislager". In einer Hütte wird meterologisches Gerät, Proviant und Brennstoff gelagert. Dr. Schatz ordnete an, die meterologischen Arbeiten vom Schiff aus zu versehen. Zum Füllen der Radiosondenballons wurde neben dem Schiff ein Iglu gebaut. Eine zweite Hütte entstand im Schutz eines Eisberges nahe der „Coburg". Mit Eifer setzten nun die Radiosondenaufstiege bis in 6000 Meter Höhe und die Höhenwindmessungen ein.

Am 10. November setzen Eisstüme ein.

Der Weg vom Schiff zum Wetterhäuschen ist nicht zu bewältigen; in diesem Sturm kann niemand stehen. Er fegt jeden blitzschnell um. Man könnte sich allenfalls kriechend fortbewegen. Aber auch das ist zu gefährlich. Wer dabei die Richtung verliert, ist verloren. Der tosende Sturm dauert Tage an und häuft und häuft viele Meter hohe Wächten um das Schiff.

Erst am 16. November klart der Himmel wieder auf.

„Todesurteil" über die Coburg

Ein Eislager wurde mit großen Mühen eingerichtet. Es gab Schwierigkeiten zwischen Rodebrügger und dem Leutnant Sonderführer. Ihn hatte nämlich eines Tages der Teufel geritten. Er bildete sich ein, er müsse aus dem Haufen von Seeleuten und Funkern der Wettertruppe eine militärische Einheit machen.

So abwegig war der Gedanke zwar nicht. Wenn er, der Leutnant, für den Verteidigungsfall die Verantwortung zu tragen hatte, dann mußte er wohl schon vorher für diesen Fall Vorbereitung treffen. Dazu gehörte ein gewisses Maß an Ausbildung. Jeder andere hätte bei der schwierigen Konzeptlage vielleicht auch Verständnis bei dem Schiffskommandanten und den Meterologen gefunden. Aber Zacher fehlte einfach das Fingerspitzengefühl, er hatte nicht das Format, das sein Dienstgrad eigentlich voraussetzte. So wurde er zum Elefanten im Porzellanladen und erreichte nichts als Krach.

Eines Tages verlangte er allen Ernstes, daß ihm die Disziplinargewalt über die Schiffsbesatzung übergeben werden sollte. Seiner Ansicht nach handhabte der Kommandant die Disziplin nicht mit der entsprechenden Strenge.

Klar, daß Rodebrügger ob eines solchen Ansinnens wütend wurde. Es kam zu einer explosiven Auseinandersetzung, die kriegsgerichtsreif war. Um dem Leutnant zu zeigen, daß er auf dem Schiff nichts, aber auch gar nichts zu sagen hatte, verbot er, daß sich seine Leute weiter am Transport der Einrichtungen für das Eislager der Meteorologen beteiligten. Dieser Befehl bewies, daß auch Rodebrügger nicht gerade ein Musterbeispiel von militärischer Weisheit war. Denn er traf mit dieser Anordnung ja gar nicht den Leutnant, dem war das Eislager völlig egal, der blieb ohnedies lieber auf dem Schiff. Getroffen wurde damit der Wettertrupp und sabotiert wurde damit seine Aufgabe. Die Leute des Wettertrupps machten nun die Transportarbeit allein, und die Matrosen sahen ihnen zu.

Die Seeleute begannen sich gründlich zu langweilen, und Rodebrügger hätte in seinen 18 Dienstjahren bei der Marine eigentlich lernen müssen, daß für den Geist der Besatzung nichts schlimmer ist als Untätigkeit. Die Leute tranken dann auch mehr, als es wünschenswert war, von den reichlichen Weinvorräten, die sich auf dem Schiff befanden, und sie klauten den Meteorologen auch ihren „Stoff", wenn es gerade sein mußte.

Auf dem Eis rund um die „Coburg" wuchsen nach und nach die Vorratsstapel. Immer wieder fegten heftige Stürme über das Eis. Sie ließen um das Schiff riesige Schneewächten zurück, die eine großartige Tarnung bedeuteten. Die „Coburg" glich einem Piratenschiff. Die Leckschäden hatten ja die Laderäume absaufen lassen, und die Güter lagen jetzt zum

Trocknen auf dem Deck. Es herrschte eine fürchterliche Unordnung. Die Fallschirme, mit denen der Brennstoff abgeworfen worden war, wurden zur Tarnung des Schiffes verwendet. Wenn der Wind blies, schwollen die Schirme wie windgefüllte Segel an. Die „Coburg“ sah wie ein „Fliegender Holländer“ aus.

Aber es ließ sich auf ihr leben. Der Leiter der Expedition war guter Dinge. Die Meteorologen machten eifrig ihre Beobachtungen.

Die Männer fühlten sich jetzt vollkommen sicher, obwohl sie auch nie vergaßen, daß sie in einer dünnen Stahlschale hausten, die von gefrorenem Seewasser umgeben war, das jederzeit zu einer furchtbaren Gewalt werden konnte. Jeder von ihnen hatte noch das dumpfe Krachen und Knallen im Ohr, mit dem sich das Eis an die Schiffswände gepreßt hatte.

Aber niemand ahnte am 18. November, daß der „Coburg“ eine schreckliche Nacht bevorstand.

Am Donnerstag, den 18. November, um 7.40 Uhr riß ein furchtbarer Knall die Besatzung hoch. Dr. Schatz berichtet in seinem Tagebuch: „Wir hörten das Reiben des Eises am Schiff. Draußen tobte der Nordsturm mit rund 150 Kilometer in der Stunde. Es war dichtes Schneetreiben um das Schiff. Den ganzen Tag heulte der Sturm.

Abends steigert er sich zum Orkan mit der Stärke 10. Um 21 Uhr kommt das Eis in heftige Bewegung. Wir bringen die Seesäcke mit der Notausrüstung und wichtiges Material, drei Petromaxlampen, Petroleum, Spiritus, die Aktentasche mit den Geheimsachen aufs Deck. Alles geht in völliger Ruhe und Ordnung vor sich. Inzwischen ist unsere Lage sehr ernst geworden. Auf der Steuerbordseite hat sich das Eis bis auf 4 Meter Höhe aufgetürmt und drückt gegen das Schiff. Ich sehe, wie wir ziemlich rasch gegen das Iglu hingedrückt werden. Dieser bricht in sich zusammen und wird vom Eis, das sich auf der Backbordseite hoch auftürmt, verschlungen. Das Iglu war ein unheimlicher Anblick.

Jetzt beginnt das Eis weiter vorn zu arbeiten. Wir stehen auf Deck, bereit zum Ausladen. Im tobenden Schneesturm sieht man nur wenige Meter weit. Der Wind heult über das Decksegel. Das Schiff dreht sich mit dem Heck nach Süden und wird heftig nach links gedrückt. Es wird immer gefährlicher. Helms schneidet die Verspannungen des Decksegels los, die Leute vom Wettertrupp springen über Bord aufs Eis und wir übernehmen die Seesäcke und 100 Proviantkisten und schleppen sie auf einen Haufen, etwa 50 Meter vom Schiff entfernt. Es ist dichtes Schneetreiben, wir können nur wenige Meter weit sehen, obwohl der Scheinwerfer des Schiffes direkt auf uns gerichtet ist. Ich arbeite ohne Brille, denn die Augen sind immer wieder vereist und vom Eis verklebt. Wir haben eine Kette gebildet und geben Stück für Stück weiter. Inzwischen ist es Zima gelungen, die Instrumente aus der Wetterhütte zu bergen.

Nach Mitternacht wird es immer ärger. Die Pressungen beginnen bereits an der Stelle, wo wir die Seesäcke und den Proviant abgelegt haben, und das Eis stürzt auf unser Lager. Wir sind jetzt schon in der Nähe der Hütte, die wir beim Eisberg aufgestellt hatten. Es geht wieder aufs Eis, es ist unheimlich, über dieses Geschiebe zu laufen. Nahe beim Schiff ist alles in Bewegung. Wir werfen so rasch wie möglich unseren Stapel weiter und packen die Sachen in die halbfertige Hütte. Trotz der Arbeit im Sturm, die uns Augen und Bart immer wieder vereist, schwitzen wir und sind durchnäßt. Wir können bis auf einige Proviantkisten das meiste bergen. Dann kehren wir in unseren Raum zurück und rasten etwas. Immer wieder eilen wir hinauf und sehen nach der Lage, wenn das Schiff unter den Pressungen kracht und knackt. Um 1.45 Uhr sind wir schon fast zur Hütte geschoben. Wir versuchen, die Tasche mit den Geheimsachen zu retten. Ich bin neben der Hütte. Da hebt sich der Boden, gegen die Hütte preßt sich ein mehrere Meter hoher Eisberg, um die Hütte bricht alles zusammen, neben offenen Stellen mit gurgelndem schwarzem Wasser schieben sich dicke Eisplatten übereinander.

Das Eis drückt die Hütte zusammen, Zima ist nach Süden zum Eisberg gelaufen. Ich versuche, zu ihm zu kommen. Immer wieder muß ich mich von den klemmenden Eisblöcken freimachen.

Ich suche mich auf den Eisberg zu retten, aber dieser bricht in Stücke, ich falle und stolpere über die Trümmer und komme endlich zu Zima durch. Auf einem Umweg über noch festes Eis kommen wir zum Vorderschiff und über die Reeling ins Schiff.

Der Druck gegen die Bordwand auf der Steuerbordseite wird immer stärker, dort schiebt sich ein Wall heran, der über das Decksegel reicht. Wir werden gegen den Eisberg gedrückt, der neben der Hütte stand und zum Teil zerbrochen ist. Das Schiff beginnt sich zu neigen, zuerst sind auf der Steuerbordseite einige Kubikmeter große Eisblöcke auf das Decksegel gedrückt worden, jetzt neigt sich das Schiff gegen Backbord. Ich stehe mit Pritsch an der Reeling. Wir sehen, wie das Schiff tief in das Wasser hineingedrückt wird, ich schaue um, da richtet sich das Deck steil auf. Die Fässer und Kisten stürzen herab, die Leiter zur Back sinkt herunter, die Leute turnen hinauf, einige raten, aufs Eis herunterzuspringen. Ich klettere hinauf, das Deck ist jetzt über 30 Grad geneigt, und man muß sich irgendwo festhalten, um nicht abzurutschen. Das Vorderschiff ragt hoch in die Luft, Brücke und Hinterschiff liegen tief unter uns. Aber das Schiff hat bis jetzt standgehalten. Der Alte ist völlig ruhig und besonnen, er schreit uns zu, wir sollen uns aufs Eis retten und vor dem Schiff auf ruhigerem Boden sammeln. Im Tosen des Sturmes und im Krachen des Eises hören ihn nicht mehr alle. Unter Führung von Zima springen wir über die Reling aufs Eis und stolpern und laufen über die einstürzenden Eisbrocken nach vorn. Durch Rufen halten wir die Verbindung. Zima mit der Taschenlampe ist im Schneesturm nur als heller Fleck zu erkennen. Der Schiffscheinwerfer erlischt, die Lichtmaschine ist ausgefallen. Bald haben wir ruhigeres Eis erreicht, mit Rufen und Lichtzeichen sammeln wir uns und stellen fest, daß wir noch neun sind. Trotz aller Signale finden wir niemanden mehr. Wir stehen zunächst eng aneinandergedrückt im Schneesturm. Wir sind vom Schwitzen bei der Ausladearbeit durchnäßt. Dann wärmen wir uns mit Bewegung und suchen eine Wächte als Windschutz. Ich will unsern kleinen Schiffshund, den Jockel, den Sternberg mitgebracht hat, erwärmen, er ist aber steif und erfroren. Mit einer Pütz und den beiden Gewehrkolben graben wir uns tiefe Löcher in die Wächte und verkriechen uns in ihnen, von Zeit zu Zeit gehen wir heraus und wärmen uns durch Herumtrampeln und Schlagen mit den Armen.

So warten wir bis halb fünf Uhr, da sehen wir den Scheinwerfer ganz nahe im Nebel. Wir arbeiten uns zum Schiff zurück, zuletzt über hohe Eisbarren und an den Trümmern der Hütte vorbei. Das Schiff sieht gespensterhaft aus: Der Bug ragt steil aus dem Eis, es liegt so schief, daß die eine Bordwand mit dem Kiel wie ein Dach aufgerichtet ist. Die Brücke liegt tiefer als der Bug, das Achterschiff steckt tief im Eis. Der Weg zum Deck ist schwierig. Unter der überhängenden Bordwand queren wir über einen steilen Eishang, unten liegt Matsch von Seewasser und Brennstoff.

Eis quoll wie Zahnpasta durchs Leck

Die ‚Coburg' ist zum Gespensterschiff geworden. Wir turnen über die Reling auf das steile Deck. Die andern haben den Befehl zum Aussteigen nicht mehr gehört und haben stundenlang auf den Geländern der Back gehockt.

Die Pressung, die das Schiff aufgerichtet hatte, war die letzte gewesen. Die Maschinisten haben trotz aller Schrecken die

Lichtmaschine wieder klargemacht, der Leutnant und Schewe haben noch gefunkt, bis sie unter die stürzenden Apparate zu liegen kamen. Beide gestehen, daß sie nicht geglaubt haben, lebend wieder herauszukommen. Pritsch, der bis zuletzt Proviantkisten aus dem Laderaum geworfen hatte, erzählte, daß die Nieten unaufhörlich geknallt haben – wie Pistolenschüsse. Riedl, der als letzter aus unserem Raum kam, hatte noch gesehen, wie die Bordwand bei der Hobelbank hereingebogen wurde. Im Maschinenraum ist das Eis durch ein Leck gedrungen, wie Zahnpasta aus der Tube gedrückt wird. Als wir eingestiegen waren, saßen unsere Leute auf der Tischkante im Wetterdienstraum, alle durchnäßt und durchkältet. Unten sah es furchtbar aus, der Boden 31 Grad geneigt, in wüstem Durcheinander lag Geschirr, Glasscherben, Papier und die Einrichtung auf einer Seite. Den Ofen hatten wir gelöscht, das Eisenschott getrauten wir uns nicht zuzumachen, um bei einer neuen Pressung hinauszukönnen. Die Einrichtung der Wetterhütte und die Anlage zur Wasserstofferzeugung sind vernichtet, ebenso die Wasserstoffflaschen, die Zelte bis auf einige, viele Kraxen und Schlitten, das meiste des aus dem Schiff aufs Eis geladenen Materials. Die meisten belichteten Filme wieder durch Seewasser verdorben. Wir haben noch die vollständige Ausrüstung für den Obs-Pilot- und Funkbetrieb. sowie das meiste der Kleider, vor allem die Pelzsachen. Im Schiff ist durch das Durcheinanderstürzen viel zerstört, aber die Sichtung ergibt, daß wir mit dem Übriggebliebenen lang durchhalten und vor allem unsere Aufgabe erfüllen können. Das Schiff ist wohl verloren, es liegt auf dem Eisberg. Es ist nicht abzusehen, wie wir wieder vom Eisberg herunterkommen sollen. Auf Deck haben wir Seile gespannt und auf dem Eisbelag mit dem Pickel Stufen gehackt, ein Gang darüber ist eine alpine Wanderung. Noch schlimmer sieht es in den Räumen aus, man geht immer auf dem untersten Rand der Räume mit einem Fuß auf der Seitenwand. Aber die Besatzung ist überall am

Werk, um Schäden zu beheben: Bald geht die elektrische Heizung wieder, zur Erzeugung des Kühlwassers wird jeden Tag Eis gehackt. Bei den Lattenböden werden einzelne Latten herausgesägt oder Leitern auf die Böden genagelt (trotzdem stürze ich im Wetterdienstraum ab), in den Räumen werden Bänke und Regale der neuen Neigung angepaßt. In der Kombüse wird der Herd aufgerichtet und zwei Podien eingebaut, die Kojen so umgenagelt, daß sie halbwegs eben werden. Alle Arbeiten müssen bei großer Kälte gemacht werden, jeder Weg mit der dabei nötigen Turnerei erfordert viel Kraft. Wir fangen an, im Eis nach dem verschütteten Material zu graben, und finden vor allem viele Verpflegskisten. Die Sachen aus den teilweise durchnäßten Seesäcken werden zum Trocknen ausgelegt. Manche haben fast alles verloren, wir teilen ihnen Wäsche zu. Die Stimmung ist gut und gefaßt, jeder hat in den letzten Stunden mehrmals mit dem Leben abschließen müssen; wir beginnen zu merken, wie wir alle müde sind. Wir haben den Wetterdienst wiederaufgenommen, die Lücken werden sogleich ergänzt. Am Abend sitze ich mit Günter beim Leutnant in seiner Kammer, dort glaubt man an 45 Grad Neigung. Auf einem kunstvoll auf den Tisch genagelten Gestell kochen wir uns Kakao, dann schlafen wir uns zwölf Stunden aus und trocknen dabei die nassen Kleider am Leib. Der Leutnant, der den Untergang der ‚Blücher' mitgemacht hat, sagt, damals sei es lang nicht so arg gewesen wie in der Schreckensnacht auf der Coburg."

Nach der entsetzlichen Sturmnacht entschloß sich Dr. Schatz, eine Landstation im Nordosten von Shannon zu errichten. Eine riesige Wächte von 40 m Länge und etwa 30 m Breite brachte ihn auf die Idee, die Station in diesen Eisberg zu graben. Der Schnee lag hier 4 bis 5 Meter hoch. Eine bessere Tarnung als diese Schneeburg konnte es nicht geben.

Fünf Mann gingen ans Werk und gruben Stollen und Höhlen in den Gletscher. Die Vorräte, die noch auf der gestrandeten „Coburg" lagen, wurden in Schlitten zuerst zum Eislager, dann zur „Grottenstadt" gebracht, die im Entstehen war.

Aber die Oberfläche des Eises war rauh. Die Schlitten hielten nicht stand. Sie zerbrachen in Stücke, und es wurde notwendig, die Kisten am Rücken in Lasten bis zu 35 Kilo zu tragen. Die gesamte Entfernung vom Schiff bis zur Wächte betrug acht Kilometer. Ungeheure Schwierigkeiten waren in der Polarnacht zu überwinden, in der oft wochenlang die Stürme tobten.

Nach jedem Sturm klafften neue, oft viele Meter breite Spalten im Eis. Nacheinander fielen die Träger in der Dunkelheit in das eiskalte Wasser. Sie konnten sich zwar alle retten, aber ihre Kleidung war sofort zu Eispanzern gefroren, und es kostete Mühe, die Verunglückten lebend zurück zum Schiff oder in das rettende Zelt in der „Grottenstadt" zu bringen. Auch Dr. Schatz, der sich zum Mißfallen des Leutnants vom Kistenschleppen keineswegs ausschloß, blieb der Sturz in eine Eisspalte nicht erspart. Er zog sich eine Beinverletzung zu, die ihm wochenlang zu schaffen machte. Wer in eine Spalte klatschte, fiel meist wochenlang als Träger aus. Ein fühlbarer Verlust für den Wettertrupp.

Auf dem Eis zwischen dem Schiff und der Grottenstadt hatte Dr. Schatz eine Hütte als Zwischenstation errichten lassen. Die riesigen Schneemassen, die sich um die Hütte sammelten, verursachten aber einen so gewaltigen Druck auf die Oberfläche des Eises, daß Ende Dezember das Meerwasser den Hüttenboden überflutete. Als der Wasserstand schon zu den Schlafkojen aufstieg, fror es zu Eis.

Die Männer hackten es auf und trugen es hinaus, aber es gurgelte bald wieder am Hüttenboden. Da gaben sie es auf. Sie fanden, daß die dicke Eisschicht als Fußboden das Gute hatte, daß jetzt nur noch ein kleinerer Luftraum mit dem Primuskocher zu heizen war.

An manchen Tagen war das Eis so unruhig, daß die Leute

spüren konnten, wie sich die ganze Unterlage der Hütte mit der Dünung auf und ab bewegte. Das Gerät an der Wand über dem Herd schwang im Takt mit dem Seegang hin und her.

Da hatten es die Leute auf der „Coburg" besser. Sie waren den ganzen Dezember beschäftigt, das Eis um den Schiffsrumpf wegzugraben. Innen hatte man sich auf die schrägen Verhältnisse des mit 30 Grad Schlagseite liegenden Schiffes eingerichtet.

Der Leutnant hatte den „schrägen Komfort" in der „Coburg" den brutalen Lebensbedingungen im Eislager vorgezogen. Es kam ununterbrochen zwischen ihm und dem Kommandanten zu Zusammenstößen, weil der kleine Sachse mehr militärischen Geist und Disziplin einzuführen suchte.

Dennoch gab es auf der „Coburg" ein recht stimmungsvolles Weihnachtsfest mit einem Bäumchen, das noch aus Narvik mitgebracht worden war. Alkohol gab es in Mengen. Admiral Klüver hatte aus Norwegen persönliche Geschenke abwerfen lassen.

Nicht ganz so harmonisch feierte die Besatzung des Eislagers den Heiligen Abend. Sie kauerten in halbfertigen Schneehöhlen am Ende der Welt. Bei minus 30 Grad vergeht die Lust zum Feiern.

Zu Beginn des Jahres 1944 wurde das Eisgrottensystem bezugsfertig. Hier zogen nun die Wetterleute ein. Sie und die Seeleute begannen sich nun als zwei getrennte Gruppen zu fühlen.

Am 4. Jänner 1944 wurde die Wetterstation ins Eislager verlegt. Die Unterkünfte bestanden aus Zelten, die in Eishöhlen aufgestellt waren. Sie waren durch ein System von Eisstollen miteinander verbunden. Kriechstollen führten ins Freie.

Das Lüftungsproblem war so gelöst, daß lange Entlüftungskamine, die aus Hüttenbrettern bestanden, von der

Decke der Eisgrotte ins Freie führten. Diese Schächte waren die einzige Gefahr, entdeckt zu werden, sie wurden deshalb so gut wie möglich getarnt.

Dr. Ernst Trelloff schilderte nach dem Krieg das Leben in der Wächte so: ,,Während der Polarnacht spielte sich fast unser ganzes Leben im Innern des Gletschers ab. Wir verließen diesen nur, wenn das Wetter einen Transport über das Eis ermöglichte oder eine Wetterbeobachtung zu machen war. Ende Jänner verließen wir einmal eine ganze Woche lang den Stollen nur zum Zwecke der Wetterbeobachtung, sonst zwang uns der anhaltende Schneesturm zum Daueraufenthalt im Zelt. Unsere Zelte im Stollen waren so niedrig, daß wir in ihnen nur liegen konnten.

Als ich am 3. Jänner 1944 das schon vorbereitete Zelt bezog, betrug die Temperatur im Inneren der Wächte minus 26 Grad. Wir hatten damals noch so wenig Petroleum an Land, daß jedem Zelt nur ein dreiviertel Liter täglich zur Verfügung stand. Das bedeutete, daß wir nur einmal täglich eine bescheidene warme Mahlzeit kochen und uns nach den Wetterbeobachtungen ganz kurz die Hände wärmen konnten. Dennoch sank, solange wir das Zelt bewohnten, die Temperatur niemals tiefer als auf minus 15 Grad . . .“

Und Dr. Schatz erinnert sich: ,,Durch die Atemluft vereisten die Luftlöcher am Schlafsack. Meist waren am Morgen Sack und Decken an der Zeltwand angefroren, auch die Matratzen wurden zu Eisblöcken, beinhart gefroren. Bei Schneesturm sank die Temperatur auf minus 38 Grad. Die Ausgänge unserer Stollen wurden metertief zugeweht, so daß wir immer größte Mühe hatten, uns ins Freie zu buddeln. Wir krochen mit den Füßen voran durch das Loch, das so eng war, daß man nur mit Mühe durchkam.“

Bei Schneestürmen mit Windstärke 10 war es ein schwieriges Unternehmen, die Wege zu den Instrumentenplätzen zu finden, und noch gefährlicher war der Rückweg, das Zurückfinden zum Stolleneingang. An die Leine, die die Gebirgsjäger am Fischerhals an der Eismeerfront benützten, wenn sie die Latrine aufsuchten, dachte man offenbar nicht. Die Decke der Höhle senkte sich langsam, aber unerbittlich nieder auf die Köpfe der Bewohner. Alle 14 Tage mußte von der Eisdecke 30 Zentimeter abgegraben werden. Das Eis wurde in Zeltbahnen zum Stolleneingang geschleppt.

Das Leben ist ungeheuer hart. Und dennoch schreibt Dr. Schatz am 5. Jänner in sein Tagebuch: ,,Trotz der unerbittlichen Härte ist das Leben unter diesen Verhältnissen ein Erlebnis von gewaltiger Größe, wie es nur ganz wenigen Menschen gegönnt ist und wie es nur denen geschenkt wird, die einen Sinn für die damit verbundene Romantik haben.“

Gasalarm in der ,,Grottenstadt“

Die Belüftung in der Grottenstadt ist ein lebensbedrohendes Problem. Oft ist der Abzug beim Aggregat der Funkstation verweht, dann füllen die Abgase die Stollen und Höhlen. Männer in den Zelten werden aus Luftmangel ohnmächtig.

Am 29. März kommt es beinahe zu einer Katstrophe. Dr. Schatz berichtet in seinem Tagebuch: ,,Nach der 2-Uhr-Früh-Beobachtung höre ich ein merkwürdiges Stöhnen. Auch Triloff hört es. Dann hören wir Hilferufe aus den Höhlen der Funker. Der Wiener Riedl kann nur noch die Arme und den Kopf bewegen, der übrige Körper ist gelähmt. Sein Landsmann, der lange Zima, liegt ohnmächtig auf der Koje. Wir zerren Ridl vor den Stollen, dann bringen wir den schweren Zima sehr mühsam durch den Zelteingang und schleifen ihn durch den Stollen ins Freie.

Während ich fortstürze, um unseren ‚Hilfsarzt‘ Pritsch zu holen, bricht auch Triloff zusammen. Bei unserer Rückkehr liegen alle drei vor unserem Loch. Ich selbst bin schwindlig.

Es ging aber gut. Alle drei erholten sich wieder. Die Rettung war in letzter Minute erfolgt. Um neue Unglücksfälle zu verhüten, wurde aus Röhren ein neuer Auspuff für das Aggregat gebaut.

Schiffsbesatzung und Wetterleute haben sich auseinandergelebt. Die Matrosen plünderten ein Lager der Meterologen. Kanister und Kisten wurden erbrochen und vor allem Tabak, Milch, Speckbüchsen u. a. „organisiert“. Auch persönliches Eigentum fehlte.“

Es ist nicht ganz auszuschließen, daß der Kommandant von den Streifzügen seiner Leute gewußt hat. Aber der Landser, der den Begriff des ‚Organisierens‘ kennt, wird sich darüber wohl nicht wundern.

Die Versorgung des Wettertrupps geriet dadurch freilich nicht in Gefahr. Mitte Februar wurden sechs Moschusochsen entdeckt, die auf den Höhen nördlich der Grotten grasten. Nur einer wurde geschossen.

Nach dem Krieg lobte der Däne Kurt Olsen, der damals schon die Vorbereitungen für den Überfall der deutschen Wetterstation traf, in seinem Buch ‚Ein Hundeleben‘ das Verhalten der Deutschen. Er schreibt: „Das natürlichste wäre nun gewesen, alle Ochsen zu erschießen und das Fleisch als einen vernünftigen Zuschuß zur Kost aufzusparen. Aber das taten die Deutschen nicht. Sie schossen ein einziges Tier, um zu kosten, wie es schmeckt, den Rest schonten sie. Selbst mitten im Krieg hatten die Höhlenbewohner so viel Sinn für den Wert der Natur, daß sie das Wild lieber von der Ferne betrachteten, als es zu verspeisen.“

Lob zollt aber der dänische Gegenspieler auch dem Natursinn der Deutschen. „Jede Schlucht und jede kleine Ebene bekam von den romantischen Deutschen und Österreichern Namen – der höchste Punkt der Lagerumgebung, ein Schutthügel ein paar hundert Meter vom Lager entfernt, war für diese Leute keine namenlose Höhe, sondern das ‚Rosenjoch‘, der kleine Granitfelsen, der aus dem Wasser ragte, wurde ‚Nunatak' getauft, die Schlucht vor der Wächte wurde zur ‚Wolfsschlucht'. Einmal erhielt die Besatzung der Grottenstadt den Besuch einer Bärin. Sie wurde nach einer wilden Jagd erlegt. Zwei Bärenjunge suchten verzweifelt Zuflucht beim Körper des Muttertieres. Die Bärenkinder wurden in das Eislager gebracht, wo sie eine solche Aufregung verursachten, daß die Wettermeldung vergessen wurde. Einige Tage später aber biß einer der kleinen Bären den Wiener Funker Riedl, der ihn streicheln wollte. In seinem verständlichen Zorn verprügelte er die beiden und warf sie aus dem Eispalast. Das war in der Nacht. Am nächsten Morgen aber suchte die ganze Besatzung die beiden Verbannten. Sogar der Posten hielt Ausschau nach den Bärenkindern, die später dann von selber wieder ins Lager kamen."

Im Kampf ums Überleben im Eis hatten die Männer des Wettertrupps und der Schiffsbesatzung beinahe den gefährlichsten Feind vergessen: den Menschen selbst. Sie wähnten sich noch immer unentdeckt. In Wirklichkeit hatte sich längst eine alliierte Schlittenpatrouille an ihre Spur geheftet.

Auch die Funkstation auf der „Coburg" und in der Grottenstadt war von den USA-Peilgeräten bereits entdeckt. Über den Köpfen der Männer des Unternehmens „Baßgeiger" schwebte das Unheil; sie wußten es nur noch nicht.

Schon am 21. November 1943 hatte eine dänische Patrouille in US-Uniformen die Spuren der Deutschen beim Alabamahaus entdeckt. Die Dänen stellten fest, daß die Spur vom Norden kam, und jagten dann auf ihren Hundeschlitten quer durch Shannon nach Westen zur Düdemandsbugt. Von dort aus trug der Funk die Meldung an das US-Kommando weiter: „Deutsche auf Shannon."

Aber in der hereingebrochenen arktischen Nacht hatte man es nicht eilig festzustellen, wo ihre Station genau lag. Erst im Februar nahm der tollkühne Däne Carlos Zibell die Spur der

Deutschen beim Alabamahaus wieder auf. Er entdeckte eine Trampelspur, die ihn mitten in das Lager führte. Aber alles, was er sah, war nur ein Durcheinander von Felsbrocken zwischen riesigen Wächten. Er sah nichts, was Menschenwerk gewesen wäre. Carlos war über dieses Meisterwerk von Tarnung fassungslos, und seine Erkundung hätte vielleicht ungünstig ausgehen können, wenn ihm nicht das Wetter und der Zufall zu Hilfe gekommen wären. Er fand nach langem Suchen auf einem Felskopf einen vier Meter langen Radiomast. Das also war die Station. Wo aber war das Lager, wo waren die Eingänge?

Hier verriet ihm einer der Deutschen ahnungslos selbst den Zugang in die Grottenstadt. Kurt Olsen berichtet darüber:

,,Carlos zog sich hastig hinter einem Stein zurück, von dem er auf den Platz hinaussehen konnte. Sein Herz schlug wild und heftig in seiner überströmenden Freude, endlich am Ziel zu sein. Der Wind faßte seine Anorakkapuze und machte sie flattern. Mit einer nervösen Handbewegung stieß er sie zurück und rollte sie zusammen, damit ihn der Laut nicht verrate. Er starrte krampfhaft nach allen Seiten und suchte wie ein Rasender nach Spuren von anderen deutschen Anlagen, aber es schien in der ganzen chaotischen Umgebung nur dieses kleine hölzerne Ding zu sein. ,Wo in aller Welt konnten nur die Bauten sein? In diesem Augenblick erhielt er eine helfende Hand – von einem Deutschen. Ein Lichtschein, 20 Meter entfernt, erregte seine Aufmerksamkeit. Das Licht verschwand rasch, aber wo es gewesen war, sah er den dunklen Umriß eines Mannes für einen Augenblick.

Mit dem Fernglas untersuchte Carlos die Wächte aus kaum 20 Meter Abstand genau, besonders die Stelle, wo der Mann verschwunden war. Aber selbst auf dem Schnee, der sich ein bißchen dunkler ausnahm als der in der Umgebung, war nichts Ungewöhnliches zu sehen. Er machte sich einen Überschlag über die Größe der Wächte und rechnete aus, daß sie mit

Leichtigkeit eine ganze Station mit modernem Komfort für 20 Mann fassen konnte. Voll Bewunderung mußte er bei sich selbst zugeben, von der Tarnung übermannt zu sein.

Zwar hatten sie angeblich am Neujahrstag eine Leuchtkugel beobachtet und hatten seither einen strengen Postendienst eingerichtet, aber sie hatten keine Ahnung, daß in einem amerikanischen Kommando schon Pläne für ein Luftlandeunternehmen ausgearbeitet wurden, um die im Gletschereis versteckte deutsche Station zu vernichten.

Zu dieser Aktion kam es am 22. April 1944. Das dänische Kommando bestand aus acht Mann, unter ihnen Kurt Olsen selbst. Die einzige Chance dieser Gruppe bestand in einer Überrumpelung der Deutschen. Aber genau das mißlang. Und die deutschen Meteorologen und Funker der Marine zeigten in der Stunde der Bewährung eine geradezu unglaubliche Kaltblütigkeit. Sie benahmen sich wie alle erprobten Gebirgsjäger in der Arktis. Die Gefechtsdarstellung der Dänen, wie sie Kurt Olsen wiedergibt, und auch die Darstellung im Tagebuch von Dr. Schatz weisen nur unwesentliche Abweichungen auf. Sie bestätigten beide: Diese Wetterleute waren unheimlich auf Draht.

Univ.-Prof. Dr. Schatz berichtet in seinem Tagebuch am 22. April 1944: „Um 11 Uhr weckt uns Pritsch mit dem Ruf: ‚Alarm, das Lager ist überfallen, der Leutnant tot.‘ Ich stecke die Mappe mit den Geheimsachen in den Rucksack und laufe, wie auch alle anderen, mit dem Gewehr vor den Stollen. Ich will mit Günther auf die Wächte, da schlagen einige Schritte vor mir Maschinengewehrgeschosse in den Schnee, so daß dieser hoch aufspritzt. Die Zeltgruppen laufen auf ihre Alarmposten, ich habe mit Günther, Eugen Müller und Pritsch die Stolleneingänge zu sichern, wir verteilen uns auf die unteren Schrofen, ich vergrabe die Einsatzbefehle im Schnee. Vom Rosenjoch schießt ein Maschinengewehr, Schmidt, der als Posten auf dem Nunatak den Alarm telefonisch gegeben hatte, schießt gezieltes Feuer nach oben. Die Abwehr geht völlig ruhig, planmäßig: Einige gehen über die Südfelsen gedeckt nach oben vor und sichern die Südflanke, eine andere Gruppe arbeitet sich parallel dazu auf der Nordseite vor; die Funker in ihrer Hütte werden von Günther und Eugen Müller alarmiert. Schmidt, dem die Munition ausgeht, stürzt sich aus der Dekkung und stellt sich tot; als daraufhin das Feuer auf den Nunatak aussetzt, rennt er zum Funkhüttlein und holt sich neue Patronen. Inzwischen haben die Leute im Süden das MG durch einen Schuß auf das Visier außer Gefecht gesetzt. Die Angreifer, fünf an der Zahl, flüchten nach Westen, sie werfen alles weg, haben einen Verwundeten, der Blut verliert und öfter hinfällt. Die Verfolgung muß aufgegeben werden, weil wir das Lager nicht zu sehr schwächen dürfen.

Die Funker geben sofort den Spruch durch: ‚Lager überfallen, Trupp im Kampf.‘ Inzwischen kommt die Gruppe Carlsen mit dem erbeuteten schweren amerikanischen MG vom Rosenjoch zurück. Wir gehen zum Leutnant und stellen fest, daß er sofort tot gewesen ist. Wir ehren ihn durch eine stumme Front.“

Leutnant schoß noch im Sterben

Erst nach dem Krieg wurde durch Karl Olsen bekannt, wie der Leutnant gefallen war. Er war gerade im Begriff gewesen, das Lager mit einem Jagdgewehr zu verlassen, als er auf Jensen, den Führer der amerikanischen Angriffstruppe, stieß, der seinen Leuten sichernd vorausgeschlichen war.

In fließendem Deutsch rief er mit unterdrückter Stimme: „Gewehr weg.“

Zacher war so maßlos verdutzt, daß er angesichts der drohenden Mündung der amerikanischen Maschinenpistole tatsächlich das Gewehr fallenließ. Jensen bedeutete dem Deutschen mit einer Handbewegung mitzukommen. Um keinen Preis wollte er das Unternehmen vorzeitig verraten. Zacher hätte in der ausweglosen Lage, in der er war, sein Leben retten können, indem er sich schweigend ergeben hätte.

Aber er war allen Fehlern zum Trotz ein ganzer Mann, er mußte in Sekundenschnelle erfaßt haben, daß es ganz auf ihn allein ankam, ob die ahnungslosen Kameraden nun überrumpelt würden oder rechtzeitig alarmiert werden konnten.

Und Gerhard Zacher opferte sich. Obwohl er sah, daß der andere den Finger an der schußbereiten MP hatte, griff er blitzschnell nach seiner Pistole, die er in der linken Hosentasche hatte. Er brachte sie noch bis zum Anschlag, dann drückte der Amerikaner im weißen Anorak ab. In der MP-Garbe stürzte der Leutnant tödlich getroffen zu Boden. Er schrie laut auf, er brüllte seinen letzten Alarm. Jensen wußte, jetzt war alles verloren. Er sah noch, wie der Mann, den er für tot hielt, noch einmal nach der Pistole griff. Da jagte er dem Deutschen im Schnee noch eine zweite Garbe in den Leib, dann hetzte er in langen Sätzen davon.

Nach der erfolgreichen Abwehr des Überfalls blieb die Station in ständiger Alarmbereitschaft.

Aber der erwartete Angriff aus der Luft blieb aus. Wie nach dem Krieg bekannt wurde, hatten die Amerikaner die Funkstation auf der zerstörten „Coburg“ angepeilt und hielten sie für eine zweite geheime Wetterstation; die suchten sie nun wochenlang auf Shannon. Und das rettete wohl das Unternehmen „Baßgeiger“.

Das Oberkommando der Marine hatte sich nämlich inzwischen entschlossen, den Wettertrupp und die Schiffsbesatzung durch einen ebenso gewagten wie einzigartigen Flugzeugeinsatz zurückzuholen, um die 26 Männer und das unersetzliche wissenschaftliche Material, das durch die Meteorologen gesammelt worden war, vor dem Zugriff des Gegners zu retten. Aber erst Ende Mai war es soweit. Alles, was zurückbleiben mußte, wurde vernichtet, die „Coburg“ ging in Flammen auf.

„Die Munition wird gesprengt. Die Zelte werden angezündet. Die Erdstollen in die Luft gejagt. Im Stollensystem beginnt ein gewaltiger Brand, aus der Wächte steigt schwarzer Rauch.“ Dr. Schatz gerät beim Klarmachen der Sprengung in einem Stollen in eine Rauchschwade und kann sich nur mühsam, halb betäubt, mit einer Rauchvergiftung ins Freie retten. Bald darauf fliegt auch dieser Teil der Grottenstadt in die Luft. Die Funkstation und die Funkhütte werden vernichtet. Die beiden Bären sind beim Packen nicht auf die Schlitten zu bringen. Sie müssen erschossen werden. Auf das Grab des Leutnants, das mit einem Kreuz geschmückt ist, hängen die Kameraden einen Stahlhelm.

Am 3. Juni um 11 Uhr meldet Norwegen, daß die Maschine um 8.30 Uhr gestartet ist. Aber die Wetterlage ist inzwischen bedrohlich geworden. Schwere Nebel liegen über dem Eis.

Dr. Schatz erinnert sich: „Nach schwerer Überlegung entschied ich, daß wir es wagen wollen und keine Warnung für die Maschine geben. Für uns gab es ja kein Zurück mehr. Es war ein aufregendes Warten, ob die Maschine durchkommen würde.

Kurz vor 15 Uhr sahen wir sie ganz niedrig über das Schiff herkommen. Es war eine riesige Ju 290 mit fünf Rädern, vier Motoren und über 40 Meter Spannweite. Sie landet. Die Flieger steigen aus, und es gibt eine überaus herzliche Begrüßung. Wir müssen einen recht abenteuerlichen Eindruck machen. Die Flieger sehen recht vornehm aus. Ein PK-Mann filmt die Begrüßung.“

Der Tod flog mit

Über die dramatische Rettung der Männer des Unternehmens ,,Baßgeiger“ gibt es einen Bericht, der 1974 in Koehlers Flottenkalender erschienen ist. Er stammt von Werner Stuhr, Kapitän der Handelsschiffahrt, im Krieg aber als Fliegerhauptnavigator der Luftwaffe zugeteilt. Er war damals im Mai 1944 für die navigatorische Durchführung des dramatischen Fluges verantwortlich. Mit anderen Worten: Er hatte in der nebligen, unendlichen Eiswüste eine Stecknadel aufzufinden. Eine riesige viermotorige Ju 290 der Fernaufklärungsgruppe FAG 5 sollte dann auf einer unbekannten Eisfläche landen und starten.

Ein fliegerisches Himmelfahrtskommando war das. Es mißglückte nur deshalb nicht, weil neben der fliegerischen und nautischen Tüchtigkeit der Besatzung der Faktor ,,Glück“ in unwahrscheinlicher Weise mit im Spiel war. Mit den 26 Männern des Unternehmens ,,Baßgeiger“ wurde unersetzliches wissenschaftliches Material vor dem Zugriff des Gegners gerettet. Kapitän Werner Stuhr berichtet:

,,Während die Ju 290 für das Unternehmen vorbereitet und überdies zur Sicherung über See ein U-Boot auf Position gebracht wird, gehen der Flugzeugführer, Hauptmann Emil Sachtleben und ich, der Navigator, auf einen Erkundungsflug mit einer viermotorigen FW 200 ‚Kondor‘ des Kampfgeschwaders KG 40, deren Stammbesatzung wir für diesen Flug zugeteilt werden. Kurz nach Sonnenaufgang starten wir am 2. Juni 1944 bei schönem Flugwetter und nehmen Kurs auf Jan Mayen, um einen sicheren Anlaufpunkt zu haben, ehe es in die Eiszone der Arktis geht. Als Navigationshilfen stehen neben einigen Funkfeuern an der norwegischen Küste zwei ‚Funksonnen‘ (heute Consolfunkfeuer genannt) zur Verfügung. Da Sonne und Mond in günstigem Azimut zueinander stehen, kann auch die astronomische Navigation herangezogen werden. Aber wegen der möglichen Radarüberwachung des Raumes durch Gegnerschiffe wird der Flug im Tiefflug von nur 20 Meter Höhe über der Wasseroberfläche durchgeführt."

Die Erkundung gelingt.

Plötzlich liegt die Küste von Grönland in aller Pracht vor uns. Am liebsten würden wir einen Erkundungsflug über diesen Küstenstrich unternehmen. Aber das wäre zu riskant. Schon kurz hinter Jan Mayen sind wir wieder in den Tiefflug übergegangen, sobald es die Wetterlage erlaubte. Wir jagen über die weiße Wüste des vorgelagerten Eises. Da – genau nach sechs Stunden und 49 Minuten Flugzeit – kommt rechts voraus ein schwarzer Punkt in Sicht: Das kann nur das Wrack der „Coburg" sein. Unsere Spannung steigt, denn jetzt muß das Landefeld gefunden werden.

Ein der Küste vorgelagerter erhöhter Punkt und einige Bodenwellen lassen uns die Bucht vermuten. Tatsächlich nehmen wir bereits gestikulierende Menschen am Rande eines großen Eisfeldes wahr. Diese Fläche scheint wirklich glatt und hindernisfrei zu sein. Sie ist durch ausgelegte Zeichen als vorgesehener Landeplatz gekennzeichnet.

Der Flugzeugführer der Ju 290 sitzt jetzt am Knüppel. Er fliegt einige Male um das Feld herum und setzt mehrfach zu einem Landeversuch an. Er macht aber nur das, was man in der englischen Fliegersprache „touch and go" nennt – er berührt mit den Rädern die Eisfläche und startet wieder durch. Doch diese Experimente genügen ihm. Er entscheidet sich endgültig, die Landung mit der „Junkers" zu wagen.

Ich sehe mir das Gelände genau an. Ich merke mir die Kurse vom Wrack zum Eisfeld und zeichne einige markante Punkte auf, damit wir auch bei Schlechtwetter das Feld wiederfinden.

Ohne Verzug fliegen wir auf kürzestem Weg nach Värnes/Norwegen zurück. Dort treffen wir die letzten Vorbereitungen für unser Abenteuer und nehmen noch ein kleines Auge voll Schlaf bis zum nächsten Morgen.

Wieder sausen wir im Tiefflug über die See, Kurs Jan Mayen. Das Wetter hat sich zu unseren Ungunsten verschlechtert. Mit astronomischen Beobachtungen ist es vorbei. Nur die Funkfeuer und Funksonnen geben noch einen Anhalt. Mein Hauptaugenmerk richtet sich jetzt auf die exakte Bestimmung des Windes, die Abdriftmessung und die Kurskorrektur. Endlich kommen die Umrisse der Insel in Sicht, zumeist durch schwere Regenböen verwischt. Das Nordostkap von Jan Mayen wird in meßbarem Abstand passiert. Und nun geht es ums Ganze.

Um bei diesem Dreckwetter die Position des „Baßgeiger"-Wettertrupps wiederzufinden, kommt es bei der ‚Kurssteuerung mit Verbesserungen auf Anordnung des Navigators' auf einzelne Grade an. Ich liege nur noch überm Abdriftmeßgerät. Die Ermittlung der genauen Werte ist im Tiefflug eine böse Sache. Aber jede Abdriftänderung wird voll ausgesteuert und berichtigt.

Mit Annäherung ans Ziel tritt Nebel auf. Die Wolkenuntergrenze ist kaum noch meßbar, der glückliche Ausgang des Unternehmens immer mehr in Frage gestellt. Alle Augen, die frei dafür sind, halten Ausguck ringsum.

Nach dem Durchstoßen mehrerer Nebelwände scheint die Sicht etwas besser zu werden. Die Wolkenuntergrenze liegt jetzt bei etwa 200 Metern. Voraus aber liegt noch immer alles in weißlichem Grau. Die Spannung steigt von Minute zu Minute. Müssen wir unverrichteter Dinge zurück, weil wir den Wettertrupp einfach nicht finden können?

Plötzlich der erste Aufschrei: „Schwarze Bodenwellen an Steuerbordseite!" Eine sofortige Kursänderung in die Längsrichtung dieser Wellen muß uns in unmittelbare Nähe des Coburg-Wracks bringen, wenn meine Aufzeichnungen vom Vortag stimmen. Und wirklich: nach wenigen Minuten Flugzeit kommt der dunkle Punkt des Wracks wieder in Sicht.

Jetzt gibt es kein Verfehlen mehr. Wir schweben zum vorgesehenen Landeplatz ein, setzen rumpelnd auf, jagen mit klopfendem Herzen über die weiße Fläche des Eisfeldes. Verdammt, das ist gleich zu Ende – und wir haben noch immer eine Affenfahrt drauf, aber endlich kommt der schwere Vogel doch zum Stehen, nur wenige Meter vor aufgetürmten Treibeisschollen am Ende der Bucht!

Von der Küste her kommen nun die Männer der Wetterstation angelaufen mit dem wissenschaftlichen Material und ihrer persönlichen Habe. Ihre Freude kennt keine Grenzen. Noch vor einer Stunde hat pottendicker Nebel über dem gesamten Gebiet gelegen. Die Hoffnung, abgeholt zu werden, war bereits auf den Nullpunkt gesunken. Da zeigten unsere Motorengeräusche, daß wir doch gekommen waren.

Alle Unterkünfte und das zurückbleibende Material waren bereits gesprengt worden. Es wäre tragisch ausgegangen, wenn wir uns hätten zur Umkehr entschließen müssen – wie es angesichts der Wetterlage bei Jan Mayen ernsthaft erwogen werden mußte! Der Kommandant entschloß sich aber doch gegen jede fliegerische Regel weiterzumachen.

Für großes Begrüßungszeremoniell ist jetzt keine Zeit. Wie werden die Amerikaner auf unser Husarenstück reagieren? Werden wir jeden Augenblick Zunder kriegen, beschießt man die Landebahn aus der Luft? Die Gefechtstürme der Ju 290 bleiben während der ganzen Zeit besetzt. Und binnen 30 Minuten ist alles verladen. Die Ungewißheit, zum anderen der Wille, hier herauszukommen, spornt alle an. Die Anweisungen der Besatzung werden streng befolgt. Durch 26 Mann samt Gepäck kommt ein erhebliches Mehrgewicht hinzu. Alles hängt davon ab, daß wir wieder vom Boden können!

Vom äußersten Ende des Eisfeldes beginnt der Start. Und er ist der aufregendste, den ich je miterlebte. Wir beißen die Zähne zusammen, die Nerven sind aufs äußerste angespannt.

Nur gut, daß unsere „Häschen“ (Fluggäste) von alledem

nichts ahnen. Sie fühlen sich an Bord der Maschine bereits weitgehend sicher. Ihre Freude, aus der Polarwüste herauszukommen, überwog jedes andere Gefühl.

Vollgas, auf alle Bremsen „latschen“: Zitternd und bebend, mit brüllenden Motoren, reagiert die „Ju“, die nun wie ein Pfeil nach vorn losschießt. Entsetzlich langer Anlauf, wir kommen und kommen nicht hoch. Dann aber doch ein scharfer Ruck nach oben, Hauptmann S. zieht den Vogel mit Gewalt vom Eis, da die Packeisträmmer bedenklich nähergekommen sind. Alle Wetter! Ja, wir fliegen tatsächlich, wischen mit knapper Not über die Eisbarre hin.

Mir als Navigator wird die Annäherung an die bizarre norwegische Küste immer leichter, da ich sie bei beiden Abflügen so gut wie möglich skizziert habe. Auch werden die navigatorischen Hilfsmittel zahlreicher. Immer mehr Funkfeuer kommen durch. Sogar das Wetter wird immer besser. Unser Funker bricht eine Stunde vor der Landung seine Funkstille. Er meldet uns an. Und nach einem insgesamt vierzehnstündigen Einsatz landen wir wieder in Värnes.

Donnerwetter, unten auf dem Fliegerhorst ist „Großer Bahnhof“! Da steht allen Ernstes eine Musikkapelle, daneben halten sich hübsche Wehrmachthelferinnen mit Blumensträußen zur Begrüßung klar. Nach der Landung kommen wir kaum zum Luftholen: Willkommensschluck, gemeinsames Essen, Ansprachen der höheren Kommandierenden von Luftwaffe und Marine . . .

Schönster Lohn aber ist weniger die „Anerkennung von oben“, sondern das Bewußtsein, 26 Männer herausgeholt zu haben, die ein ganzes Jahr lang im Polareis – von aller Welt abgeschnitten – ihre Pflicht erfüllen mußten.

Daß bei der ganzen Sache „der liebe Gott den Daumen zwischengehalten“ hat, wird uns endgültig am nächsten Tage klar. Unser 1. Flugzeugwart stellt fest, daß durch das gewaltsame Abheben der Maschine vom Eis beide Umlenkbolzen der Quersteuerungsorgane angebrochen waren. Eine rasante oder zu enge Kurve hätte den vollständigen Bruch zur Folge gehabt – mit der Konsequenz des sicheren Absturzes. Und wir wären der Musikkapelle, den Blumenstraußmädchen und den wartenden höheren Chargen mit furchtbarer Wahrscheinlichkeit direkt vor die Füße gefallen, wenn unser Kommandant nicht gegen seine sonstigen Gewohnheiten, in Anbetracht der vielen Zuschauer, auf eine Freudenrunde um den Platz verzichtet hätte. Ausnahmsweise setzte er zu einer sittsamen Landung an – und die hat uns allen das Leben gerettet.

Überfall auf Tito

Während die Deutschen die Erinnerung an Opfer und Heroismus aus dem Bewußtsein zu verbannen suchen, entwickelten die Jugoslawen aus der Erinnerung an die Partisanenzeit einen Kult. Gedenkstätten an Ereignisse des Partisanenkrieges begegnen dem Touristen auf Schritt und Tritt.

Vielbesuchtes Freilichtmuseum ist Drvar, die Stätte, wo Tito nur um Haaresbreite der Gefangennahme durch die Deutschen entging. Eine geheiligte Zone ist die Stelle an der Sutjeska bei Kalinikowik, wo Tito 1943 den deutschen Einschließungsring durchbrach. Ein Offizier der 118. Jägerdivision, Rudolf Greiner, wurde unmittelbar an der Stelle verwundet, wo die Menschenlawine der Partisanen die deutsche Sperrlinie durchbrach.

Obstlt. Rudolf Greiner, Altbürgermeister von St. Paul i. L., der im Durchbruchsraum ein Bein verlor, erinnert sich:

„Diesem 13. Juni 1943, dem Tag des Ausbruchs der eingekesselten Partisanen, waren chaotische Tage vorausgegangen. Ganze Einheiten der zur Einschließung der Partisanen eingesetzten Verbände wurden aufgerieben.

Der Feind war überall und nirgends, es gab nie ein klares Feindbild und dort, wo wir in diesem ewig unübersichtlichen schluchtenreichen zerrissenen Gelände, das weit und breit mit Büschen und Wald bedeckt war, auf Partisanen stießen, dort kämpften sie mit einer todesverachtenden Bravour. Sie hielten und sie schossen sogar von den Bäumen, so lange, bis sie heruntergeschossen wurden. Zu diesem Zeitpunkt waren sie nach dem wochenlangen Ringen schon dezimiert und erschöpft, so wie auch wir physisch am Ende waren. Die Ruhr grassierte auch bei uns, der Nachschub funktionierte nicht mehr, die Verbände waren oft hoffnungslos auseinandergeraten.

In dieser verworrenen Lage erhielt ich in Foča den Befehl

über eine in höchster Not zusammengeraffte Kampfgruppe. Da war alles dabei, nur kein intakter Verband, Reste aufgeriebener Verbände, versprengte Etappenleute aus Sarajevo, Deutsche und Kroaten, alles bunt gemischt. Ich kannte die Männer nicht, und ich war ihnen fremd. Der Einsatz solcher Alarmeinheiten ist immer problematisch, weil ihnen am Anfang der innere Zusammenhang fehlt.

Mit dieser Kampfgruppe hatte ich mich dann über 40 km in den Raum Kalinovik, das etwa 50 km südlich von Sarajevo liegt, durchzukämpfen. Es war in der Nacht zum 13. Juni. Die Kampfgruppe hatte in einem über und über von Buschwerk bedeckten Gelände Stellung bezogen, die Feindlage war völlig unklar. Da zerriß plötzlich rechts von uns Kampflärm die Stille der Nacht. In einer Schlucht lag dort ein Bataillon der für Sonderaufgaben bestimmten Division Brandenburg. Es war das Höllenkonzert eines ununterbrochenen Dauerfeuers zahlloser Maschinenwaffen. Da unten mußte der Teufel los sein.

Es war gegen drei Uhr, da krachte es auch bei uns. Die Partisanen hatten sich ungesehen bis an unsere Linien herangeschoben und brachen, aus dem Hüftanschlag feuernd, zum Sturm vor. Aber sie stießen hier auf eine entschlossene Abwehr, obwohl wir verzweifelt mit Munitionsknappheit zu kämpfen hatten. Jeder geordnete Nachschub hatte ja schon seit Tagen aufgehört. Es kam vor, daß sich die Leute mit Steinen zur Wehr setzten. Im Nahkampf hielten sie sich die Partisanen vom Leib. Ich wollte schon beim ersten Aufleben des Kampflärms nach vorn. Ein harter Schlag auf den linken Unterschenkel ließ mich zusammensinken. Ich band die gräßliche Wunde, die mir das jugoslawische Explosivgeschoß in das Bein gerissen hatte, noch selber ab.«

Trotz seiner schweren Verletzung blieb Greiner bei Bewußtsein. Dabei litt er an Ruhr, und Fieber schüttelte ihn schon seit Tagen. Trotzdem, wenn auch an den Boden gefesselt, führte er seine Kampfgruppe weiter. Bis 9 Uhr vormittags. Zu diesem Zeitpunkt stellten die Partisanen ihr Feuer ein. Es sollte offenbar nur noch der Ablenkung dienen. Denn, in der Nacht schon waren die 20000 Partisanen mit Tito in der Mitte bei den Brandenburgern und ihren rechten Nachbarn durchgebrochen. Sie hatten sie überwalzt, nachdem die Brandenburger im Nahkampf bis zum letzten Mann gefallen waren. Wenige hundert Meter von der Kampfgruppe Greiners entfernt entkam auch der am Arm durch einen Schuß verwundete Tito dem Einschließungsring.

Greiner wurde erst nach 9 Uhr in einer Zeltplane stundenlang bis zu einem deutschen Hilfsplatz getragen. Erst zwei Tage später kam er in dem 50 Kilometer entfernten Lazarett in Sarajevo auf den Operationstisch. Zur Rettung des Beines war es zu spät. Es mußte amputiert werden.

Am Telefonmast hingen Leichen

Als im OKW der Plan für eine Entführung Titos reifte, war die militärische Lage Deutschlands bereits trostlos geworden. Die russische Dampfwalze rollte den deutschen Grenzen zu. Die Wehrmacht stand am Vorabend von Katastrophen. In England liefen die Vorbereitungen zur Invasion auf vollen Touren. In Rumänien zeichneten sich die ersten Signale für den Abfall von der »Achse« an, der vielen Tausenden österreichischen und deutschen Soldaten das Leben kosten sollte.

In Jugoslawien aber standen weite Teile des Landes schon unter der Kontrolle der Partisanen. Rund 200000 Mann, fast 20 deutsche Divisionen, waren nötig, um die wichtigsten Versorgungsstränge nach Griechenland freizuhalten.

Auf den Bahnlinien flogen immer wieder Züge in die Luft. Fast auf allen Strecken wurde der Zugverkehr zu einer bewaffneten Unternehmung. Man hielt damals im Abteil das Gewehr schußbereit bei sich. Die Pistole war geladen. Als

Geleitschutz fuhr bei den meisten Zügen ein 2-cm-Flakgeschütz oder ein schweres Maschinengewehr mit. Die Lokomotive schob leere Waggons vor sich her, die die Minen unter den Schienen vorzeitig zur Explosion bringen sollten. Warf die Explosion dann die Wagen aus den Schienen, überschütteten die Partisanen den zum Stehen gebrachten Zug mit Feuer. Ein Heimaturlaub konnte damals in Jugoslawien leicht zu einer Fahrt ins Verderben werden. Hatte eine Sprengung wieder einmal besonders viele Opfer gefordert, dann hoben Polizeiverbände oder Kosaken in der Nähe der Sprengstelle Geiseln aus. Ihre Leichen baumelten dann an den Telegraphenmasten entlang der Bahnlinie.

Diese harte Maßnahme sollte abschrecken. Aber sie schreckte nicht. Im Gegenteil. Es gehörte zum politischen Ziel des Partisanenkampfes, solche Vergeltungsakte herauszufordern, denn sie erzeugten in der drangsalierten Bevölkerung Haß gegen die Besatzungsmacht. Nicht viel sicherer waren die Straßen. Wo heute die Urlauberautos rollen, fuhr man damals meist nur im Geleitzug. Wer sich mit seinem Fahrzeug allein auf die Straße wagte, hatte nicht viel Chance, heil an sein Ziel zu kommen.

In den ersten Jahren des Partisanenkrieges waren die Kämpfer Titos noch schlecht bewaffnete Einheiten, die sich Waffen, Munition und Uniformen von getöteten Deutschen Ustaschaleuten holten. Jetzt, im Frühjahr 1944, war die Partisanenarmee zu einer regulären Streitmacht geworden. Dazu hatte das riesige Arsenal beigetragen, das ihr im Herbst 1943 durch den Verrat Italiens in die Hände fiel. Aber auch die Hilfe durch die Amerikaner und die Briten hatte eingesetzt. Allnächtlich dröhnten die viermotorigen Versorgungsflugzeuge der Alliierten über Jugoslawien, und dort, wo auf der Erde die verabredeten Lichtsignale aufflammten, schwebten die Fallschirme mit Versorgungsgütern und Waffen zu Boden.

Die westlichen Demokratien legten hier den Grundstein zur kommunistischen Diktatur in Jugoslawien.

Tito hatte sein Hauptquartier in Jajce schon im Dezember 1943 aufgeben müssen.

Auf der Flucht vor den Deutschen entschloß sich Tito, mit seiner Partisanenregierung im Dezember 1943 rund 200 Kilometer nach Westen auszuweichen und sein neues Hauptquartier bei dem großen Dorf Drvar aufzuschlagen.

Auch hier gleicht die Landschaft jener von Jajce. Tief eingeschnittene Täler und unwirtliche, unwegsame Berge mit dichtem Bewuchs. Um Drvar kommen noch schützende Waldzonen dazu.

Hier erweitert sich das enge Tal der Una, die zuerst nur die Größe eines Baches aufweist, zu einem kleinen Becken. Der Ort selbst liegt nahe einer Felswand, in der sich in der Höhe von 15 Metern der Eingang zu einer Felshöhle befindet. Die Höhen rings um Drvar sind dicht bewaldet. Nach Osten dehnen sich die undurchdringlichen bosnischen Wälder bis zu 70 Kilometer aus und bilden einen mächtigen Schutzgürtel.

Aber auch nach Norden riegelt ein Waldgürtel von 20 bis 30 Kilometern Breite das Becken von Drvar ab. Schwer gangbare Wälder sichern gegen Süden. Nach Westen liegt bis an die Straße Knin–Bilhac der Sperrblock der Dinarischen Alpen, ein wildzerrissenes und zum Teil dichtbewaldetes Mittelgebirge. Heute ist Drvar als nationale Gedenkstätte auch verkehrsmäßig aufgeschlossen. 1944 führte aber eine miserable, mit Autos kaum befahrbare Straße nach Norden in das 25 Kilometer entfernte Becken von Petrovac. Von Süden aus konnte man auf einer ebenso schlechten Straße von Grahovo aus nach Drvar gelangen. Diese beiden Straßen hatten die Partisanen natürlich gründlich gesperrt.

Als Tito im Dezember Jajce verlassen hatte, wußten die Deutschen lange nicht, wo er sein neues Hauptquartier aufgeschlagen hatte.

Erst nach Wochen verdichteten sich bei den Deutschen die Nachrichten, daß Titos Hauptquartier sich in Drvar befinde. Auch eine große Funkstelle wurde dort geortet.

Tito lebte oberhalb Drvar in einem Bretterhaus am Eingang der Felshöhle, durch die ein Bach floß, der in dieser Jahreszeit ausgetrocknet war. Dieser Bach bzw. das Wasser, das hier Jahrtausende gearbeitet hatte, sollte Titos Rettung werden.

In Drvar selbst lagen keine Partisaneneinheiten. Die sowjetische und britische Militärmission war in Dörfern der Umgebung untergebracht. Aber eine Dienststelle hockte neben der anderen. Sogar ein Agramer Ballett war wahrscheinlich zur Erheiterung der Militärattachés dort.

Die entscheidende Aufgabe beim Unternehmen „Rösselsprung" hatte ein SS-Fallschirmjägerbataillon durchzuführen. Das war eine ganz besondere Einheit, das einzige Fallschirmjägerbataillon der ganzen Waffen-SS. Es war im Herbst 1943 aufgestellt worden, um der obersten Führung für besondere Einsätze zur Verfügung zu stehen.

Die ausschließliche Verwendung für Sonderaufgaben erforderte eine ganz besondere personelle Auslese. In diesem Bataillon brauchte man nicht nur Männer von todesverachtender Tapferkeit, es mußte jeder Fallschirmspringer auch ein wohlausgebildeter, rücksichtsloser Einzelkämpfer sein. Hier kamen nur Freiwillige in Frage.

So kam man im Führungshauptamt der Waffen-SS auf die Idee, Freiwillige aus den Militärstraflagern von Chlum und Danzig-Matzkau zu holen. In diesen Lagern gab es eine Menge Leute, die darauf brannten, sich wieder bewähren zu können. In den meisten Fällen handelte es sich um ehemalige Offiziere und Unteroffiziere, die wegen irgendeines militärischen Vergehens mit dem Rangverlust bestraft worden waren.

Das brauchten durchaus keine Leute gewesen sein, die Sil-

Vom „Weltuntergang an der Lizza" gibt es kaum Bilder. Nacht und Tag wurde gekämpft und um das Leben marschiert. Hier eine der seltenen Aufnahmen. Nach einem nächtlichen Kampf: Russische Leichen in einer niedergekämpften sowjetischen Stellung.

Der Friedhof in Parkkina, auf dem 10 000 Tote der Eismeerfront bestattet wurden. Er wurde sofort von Sowjetpanzern eingeebnet.

Ritterkreuzträger Hans Trojer aus Kärnten. Mit seinem U-Boot „Lindwurm" ging er am 27. 9. 1943 bei Irland unter.

Auf Feindfahrt 1941. Noch ahnen die Männer nicht, daß durch das Radar das Todesurteil über die deutsche U-Boot-Waffe bereits gesprochen war.

U 382 übernimmt Öl von U 463, dessen Kommandant Korvettenkapitän Leo Wolfbauer aus Leoben war. Er fuhr schon im 1. Weltkrieg ein U-Boot der k. u. k. Kriegsmarine. Wolfbauer sank mit seinem Boot am 15. Mai 1943.

Männer des Sturmbataillons 500 im Anflug auf Dvar.

Der Sprung auf Titos Hauptquartier bei Dvar.

berlöffel gestohlen hatten. Die Disziplin in der Wehrmacht war hart und sie war noch um einen Grad härter in der Waffen-SS. Da wurde beim kleinsten Verstoß gegen Ehrbegriffe, Befehle und Kriegsgesetze drakonisch durchgegriffen.

Es gab da einige bemerkenswerte Unterschiede zwischen den Deutschen und ihren kommunistischen Gegnern. So wurden bei Wehrmacht und Waffen-SS Plünderer auch im Feindesland strengstens bestraft; bei den anderen, den Sowjets, gehörte das Rauben und Plündern geradezu zum Dienst. Es sind bei der Wehrmacht und Waffen-SS eine Menge Leute wegen Vergewaltigung von Frauen in besetzten Gebieten zur Verantwortung gezogen, ja sogar zum Tode verurteilt worden. Bei den Sowjets wurden die deutschen Frauen durch die offizielle Propaganda zum Freiwild erklärt.

Wie gesagt, es gab in den Straflagern genug Leute, die ihren alten Dienstgrad wieder erwerben oder sonst ein Vergehen gutmachen wollten. Und so verfügte das Führungshauptamt, daß die Hälfte der Mannschaft des Fallschirmjägerbataillons 500 aus „Bewährungsschützen" bestehen sollte. Die anderen 50 Prozent und die Offiziere und Unteroffiziere wurden durch „geheime Kommandosache" in allen Verbänden der Waffen-SS angeworben. Nun war die Waffen-SS an sich schon so etwas wie ein latentes Himmelfahrtskommando. Wer sich da noch für geheimnisvolle „Sonderaufgaben" meldete, der mußte mehr als einsatzfreudig sein.

Der Bataillonskommandeur Hauptsturmführer Rybka hatte also einen Haufen versammelt, mit dem man den Teufel aus der Hölle holen konnte. Aber zunächst begann Ende 1943 die Springerausbildung an der Fallschirmschule III der Luftwaffe in Kraljewo.

Der Einsatz im Rahmen der Unternehmung „Rösselsprung" sollte der erste Sprung des jungen Bataillons ins Feuer werden. Um es gleich zu sagen: Von den 700 Mann, die an jenem frühen Morgen des 25. Mai 1944 über dem von dichtbewaldeten Bergen umgebenen Ort Drvar absprangen, sollten nur 120 den Einsatz überleben. Das fürchterlichste Ende fanden die hilflosen Verwundeten.

Die erste ,,Sonderaufgabe" wurde also dem Verband schon zum Verhängnis.

Kärntner verriet ,,Rösselsprung"

Der Generalstab der Partisanen erfuhr durch seine Spionageabteilung, daß eine deutsche Fallschirmjägeraktion gegen das Hauptquartier in Drvar bevorstehe. Aber das Datum wußte man nicht, und als man den Zeitpunkt erfuhr, war es für Gegenmaßnahmen schon zu spät.

Der jugoslawische Geheimdienst verdankt die ersten Informationen über die geplante Aktion einem Kärntner Slowenen.

Es war am Freitag, den 20. Mai 1944, da erhielt der Kommandant der Spionageabteilung der Partisanen in Vatolja in Istrien durch einen Boten einen Zettel mit der Mitteilung in slowenischer Sprache. ,,Deutsche bereiten Fallschirmjägerangriff auf Dvar vor." Unterzeichnet war die Mitteilung mit dem Codenamen ,,Tone".

Ehe der Leiter der Spionagestelle, Tomacic-Stanko, diese sensationelle Meldung weitergab, befahl er seinem Mitarbeiter Josef Markučič, den Agenten Tone unverzüglich aufzusuchen und festzustellen, woher er seine Information bezogen hatte. Die Nachricht müsse sofort nachgeprüft werden.

Markučič, der komplette deutsche Papiere besaß, die ihn als reisenden Kaufmann auswiesen, begab sich sofort nach Sežana bei Triest. Dort lag der Stab der 188. Infanteriedivision, und bei der I c-Abteilung dieses Stabes diente laut ,,Vecernje Novostni" der Unteroffizier Anton Serajnik, geb. 1913 in St. Jakob bei Villach in Kärnten.

Serajnik hatte schon 1942 in Skofka Loka (Bischofslak) während eines Einsatzes seiner Einheit mit den Partisanen Verbindung aufgenommen. Er war ständig als Dolmetscher bei Stäben verwendet worden und benützte seine Stellung dazu, Augen und Ohren offenzuhalten. Vor jeder deutschen Unternehmung warnte er die Partisanen. Er war einer der wichtigsten Agenten in diesem Bereich Sloweniens.

Später wurde er zur 188. Division in den Raum Triest versetzt. Zwei Kameraden Serajniks wurden der Zusammenarbeit mit den Partisanen überführt und erschossen. Auf den Kärntner Slowenen, der sich als diensteifriger Untergebener und einsatzfreudiger Soldat zeigte, fiel nie ein Verdacht.

Markučič suchte nun diesen Unteroffizier in seinem Quartier in Sežana auf und ließ sich von ihm berichten, wie er zu der inhaltsschweren Information gekommen sei. Serajnik gab an, daß ihm Dr. Herzele von der Marineabwehr in Triest mitgeteilt habe, daß er für eine solche Unternehmung der Abwehr zugeteilt werden würde. Auch bisher hatte Serajnik mit Dr. Herzele vor allem als Dolmetscher zusammenzuarbeiten.

Es ist nicht ersichtlich, wie ausgerechnet die Marineabwehr in Triest von der „Unternehmung Rösselsprung" gewußt haben sollte. Einer der grundsätzlichsten Befehle in der Wehrmacht lautete: „Niemand, keine Dienststelle, kein Offizier, darf von einer geheimhaltenden Sache mehr erfahren, als es für die Durchführung seiner Aufgabe unbedingt notwendig ist." Sogar die eingesetzten Divisionskommandeure erfuhren ja erst am 25. früh nach dem Absprung der Fallschirmjäger, daß sie auf Dvar vorzustoßen hatten.

Eine Reihe von Tarnungsmaßnahmen war getroffen worden. So durften zum Beispiel die Fallschirmjäger des SS-Fallschirmjägerbataillons vor dem Einsatz ihre Fallschirmjägeruniform nicht tragen. Um die gegnerische Spionage, die ja überall ihre Fäden zog, irrezuführen, erließ die 2. Panzerarmee, der das Bataillon unterstellt war, zum Schein einen Verlegungsbefehl, der in allen Einzelheiten, aber unter scheinbar größter Geheimhaltung die Verlegung der Fallschirmjäger nach Italien anordnete.

An der „Unternehmung Rösselsprung“ waren auch „Brandenburger“ beteiligt. Die Abwehr hatte dabei ihre besondere Aufgabe. Ein Zug unter dem Befehl des kleinen gedrungenen Hamburgers Josef Dove hatte zusammen mit einer Gruppe ortskundiger Tschetniks mit vier Lastenseglern mitten in der Stadt Dvar zu landen. Die sprachkundigen Leute dieses Trupps hatten sich die nächsten Orstbewohner vorzuknöpfen und von ihnen Angaben über die Unterbringung verschiedener Abteilungen des Hauptquartiers zu erzwingen und diese dann blitzschnell zu besetzen, um alles schriftliche Material sicherzustellen. Eine andere Gruppe hatte die Unterkünfte der alliierten Militärmissionen auszumachen und die alliierten Offiziere gefangenzunehmen. Diese Gruppe kam nicht auf ihre Rechnung, denn die Militärmissionen waren alle in Gehöften außerhalb Dvars untergebracht.

Eine andere Abteilung der Division „Brandenburg“ hatte schon Tage vor der Unternehmung eine schwierige Aufgabe zu lösen. Leutnant Kirchner hatte mit 40 Männern, die durchwegs kroatisch beherrschten, in Partisanenuniform in den Raum Dvar vorzudringen. Die Gruppe startete schon am 20. Mai, sickerte mitten durch die Linien der Partisanen, die den weiten Umkreis von 50 Kilometer Radius um das Hauptquartier sicherten. Sie kämpften sich durch urwaldartiges Gelände bis in die Nähe des geheimen Flugplatzes beim Dorf Potok. Der Flugplatz war vor allem für die Landung von Verbindungsflugzeugen bestimmt. Jugoslawischen Quellen zufolge übermittelte Leutnant Kirchner am 23. Mai 1944, also zwei Tage vor dem Start zum „Unternehmen Rösselsprung“, aus dem Raum Potok in der Nähe von Dvar über Funk dem Hauptquartier von Rendulič seine Aufklärungsergebnisse.

Die Geisterfestung

Aus jugoslawischen Quellen weiß man, daß die Propagandakompanie beim ,,Unternehmen Rösselsprung" auffällig stark vertreten war. Man wußte, was man der Geschichte schuldig war. Schon bei der Mussolinibefreiung war es die Propagandakompanie, der einige wertvolle Dokumentaraufnahmen gelungen waren. Man hatte daraus gelernt und nun für das Unternehmen ,,Rösselsprung" ein ganzes Team bereitgestellt.

Jeder Fotoreporter hatte seine Aufgabe. Hier in Drvar hatte überhaupt jeder der Springer einen klaren Auftrag. Das Bataillon war in Einsatzgruppen geteilt, die bestimmte Punkte mit bestimmten Kampfaufgaben zu besetzen hatten. In den 34 Lastenseglern befanden sich neben den bereits erwähnten ,,Brandenburgern", serbischen Tschetniks, Männer der Abwehr und Leute mit Sonderaufträgen.

So genau alles ausgeklügelt war, die Rechnung ging doch nicht auf. Einer der schwerwiegendsten Fehler war der Trugschluß mit dem Hauptquartier.

Die deutsche Luftaufklärung hatte mit ihren Luftbildern die wesentlichsten Unterlagen für die Planung des Unternehmens geschaffen.

Nun zeigten die Luftbilder aber gerade um die Ruinen einer Zellulosefabrik ein ganzes System von Schützenlöchern, Bunkern, Gräben und Sappen. Eine regelrechte Erdfestung war da unten.

Was sollten diese Stellungen schützen? Doch nur ein wichtiges Objekt. Nirgends gab es in Drvar solche Verteidigungsanlagen wie hier um die Fabriksanlagen. Also, so schloß die deutsche Führung, müßte da das Hauptquartier Titos sein, die Abteilungen seines Stabes, das Nervenzentrum, das Hirn der Partisanenarmee.

Aber diese Annahme war ein großer Irrtum. Er stellte die

gelandeten Einsatzkommandos vor völlig neue Situationen, denn in dieser Fabrik war überhaupt nichts. Diese Fabrik war eine Ruine. Und die Schützenlöcher und die Gräben und die Erdbunker waren unbesetzt. Es war eine Geisterfestung.

Die deutsche Aufklärung hätte das eigentlich wissen müssen, denn diese Gräben gab es schon seit 1941. Die Italiener hatten sie gebaut. Sie hatten diese Teile Bosniens als Okkupationsgebiet vereinnahmt. Angstvoll hatten sie um die Fabrik eine Feldbefestigung gebaut. Das hatte aber dann später die Partisanen keineswegs daran gehindert, die Fabrik doch in die Luft zu sprengen.

Soldaten fielen vom Maihimmel

Den Fallschirmjägern des Bataillons 500 war die Zeit und das Ziel der Unternehmung, für die sie nun wochenlang geübt hatten, bis zur letzten Stunde vor dem Start geheimgehalten worden.

Man hatte für die Übungen einen ähnlichen Talkessel ausgesucht. Erst am 20. Mai war ein deutscher Aufklärer nach Drvar entsandt worden, um Luftbilder für die letzte Einsatzbesprechung vor dem Start zu machen. Auch der Kommandeur der Fallschirmjäger hatte sich den Einsatzraum aus der Luft angesehen. Eine halbe Stunde lang kurvte der deutsche Aufklärer, eine Me 110, über Drvar, hielt sich meist außerhalb der Reichweite der Partisanen-MGs, tobte aber manchmal auch im verwegenen Tiefflug über die Dächer hinweg.

Im Hauptquartier Titos hatte man sich über die Maschine natürlich Gedanken gemacht. Man wußte, daß ein großer deutscher Luftangriff auf Drvar bevorstünde, und traf seine Vorbereitungen. Es galt, rechtzeitig den Anflug der deutschen Verbände zu erkennen. Radar hatten die Angloamerikaner Tito damals noch nicht geliefert, und auch Sirenen gab es damals keine in Titos Hauptquartier. Also wurde auf einer Bergspitze ein Gerüst gebaut und daran eine Kirchenglocke gehängt. Die Glocke hatte Fliegeralarm zu geben. Sie trat nun in Aktion.

Tito war beim Klang der Alarmglocke vor die Hütte getreten. Er sah zwei Focke-Wulf-Aufklärer, die über die Stadt fegten. Dann kamen Bomber. He 111. Die Felsenhöhle lag etwa 20 Meter über den Dächern, und Tito konnte von dort aus den ganzen Talkessel übersehen. Jetzt kamen gar Ju 52, schwerfällige massive Bullen, die alte „Tante Ju“, zuverlässig, stark, aber entsetzlich langsam. Sie kamen in Formation angeflogen, Kette hinter Kette. Tito lauschte. Der ganze Talkessel von Drvar war vom Dröhnen der Ju-52-Staffeln erfüllt. Die Angehörigen der Stäbe, Militärmission und politischen Dienststellen in Drvar waren bei den ersten Bomben in ihre Splitterdeckungen gewetzt. Tito suchte in der Höhle Zuflucht. Hier hatte er viele Meter festen Fels über sich.

Aus den offenen Türen der Ju 52 flogen plötzlich Menschen, und über dem Talkessel von Drvar gingen Dutzende Fallschirme auf. Und immer neue deutsche Transportflugzeuge kamen von Norden her, immer mehr Fallschirme gingen auf, und bald schwebten Hunderte auf die Erde zu.

Und dann sahen Tito und die Tausende von Partisanen, die zum Himmel schauten, etwas gänzlich Unerwartetes. Riesige Lastensegler kamen. Die Ju 52 zogen sie im Schlepp. Die großen weißen Vögel mit den mächtigen Schwingen klinkten sich vor Drvar von ihren Flugzeugen los und schwebten nun lautlos zur Erde. Hinter jedem Segelflugzeugführer saßen in den zerbrechlichen weißen Leinwandkisten 20 Mann und hofften, daß sie der Kamerad von der Luftwaffe heil zur Erde bringen würde. Dieses Gelände um Drvar hatte es in sich. Hier mußten die Segler schon Könner sein, wenn sie mit ihrer Last nicht an Felsen und Berghängen zerschellen wollten.

Aber einem großen Teil der zwanzig Segler glückte die Landung. Ein Segelflugzeug hatte in unmittelbarer Nähe des Einganges zur Felsenhöhle zu landen. Die Besatzung hatte in blitzschnellem Zugriff deren Insassen zu überwältigen.

Aber sie kam nicht mehr dazu. Tito und seine Getreuen sahen den weißen Segelgleiter in großer Geschwindigkeit, unheimlich und lautlos auf den Eingang zur Felsenhöhle schweben. In letzter Minute vor dem Aufsetzen überschlug er sich krachend, und in dem Chaos von Stangen und Menschenleibern rührte sich nichts mehr.

Es wird nicht mehr viele Überlebende des Fallschirmjägerbataillons 500 geben. Aber einer von ihnen ist der Pensionist Richard E. in Wasserburg. Er war über Drvar abgesprungen.

Richard E., ein ehemaliger Volksdeutscher aus Jugoslawien, der nicht genannt werden will, war seinerzeit zum Strafbataillon gekommen, weil er einen Feldwebel, der ihn beleidigte, ins Gesicht geschlagen hatte. Er hatte sich dann freiwillig als „Bewährungsschütze" zum Einsatz als Fallschirmjäger gemeldet. „Wir waren 640 Springer", berichtet er, „nur 180 überlebten. Es war unser Verhängnis, daß wir in den Talkessel springen mußten, während die Höhen ringsum von Partisanen besetzt waren. Ihre Geschütze und ihre Granatwerfer deckten uns fürchterlich ein. Jeder von uns wußte, wie Tito aussah. Jeder von uns hatte ein Bild von ihm mitbekommen."

E., der mit der ersten Welle abgesprungen war, erinnert sich an Einzelheiten: „Die Verbände flogen von verschiedensten Flugplätzen an. Wir sprangen aus 60 m Höhe ab, um am Schirm nicht zu lange dem Abwehrfeuer ausgesetzt zu sein. Wir sahen, wie ein vollbesetztes Segelflugzeug wie ein Stein zu Boden stürzte, weil der Pilot einen Kopfschuß erhalten hatte. Die Lastensegler wurden nicht von JU, sondern von alten Arado-Doppeldeckern gezogen. Jede Maschine zog zwei Lastensegler.

Wir hatten keine Ahnung, daß Tito sich, nicht wie angenommen, im Dorf aufhielt, sondern zwei Kilometer entfernt in der mit Fallschirmseide ausgestatteten schwer zugänglichen Hütte vor der Höhle. Diese aber wäre nur durch einen Blitzangriff von vorne über Dorf und Friedhof und gleichzeitigem Zupacken von rückwärts über die Wälder zu nehmen gewesen.

Die Aufklärung hatte versagt. Aber das wußten wir zunächst nicht.

Wir kamen heil zur Erde und sammelten uns an den Ortsrändern.

Wir hatten Glück. In Drvar selbst waren keine Partisaneneinheiten untergebracht. Es gab hier nur Stäbe, Nachrichtenzentralen, eine Offizierschule und Parteidienststellen. Auch die ausländischen Militärattachés waren außerhalb des Ortes in Bauerngehöften einquartiert.

Trotzdem fanden wir im Ort Drvar vereinzelt erbitterten Widerstand. Aus dem Haus, in dem die ortsfeste Funkstation untergebracht war, ratterten Maschinenpistolen. Fast aus jedem Fenster wurde geschossen.

Ähnlich war es bei einem anderen Gebäude, das der Leitung der jugoslawischen Jungkommunisten als Unterkunft diente. Auch hier knallte es aus allen Löchern. Beide Gebäude mußten schließlich im Handgranatenkampf gestürmt werden. Das Gebäude der Jungkommunisten war von sechs jungen Partisanen verteidigt worden, die sich bis zum Letzten gewehrt hatten. Immer wieder hatten sie unsere Handgranaten tollkühn durch die Fenster zurückgeworfen.

Eine Überraschung erlebten wir, nachdem wir die Funkstation gestürmt hatten. Es waren ausschließlich Frauen, die dieses Gebäude mit fanatischer Entschlossenheit verteidigt hatten.

Mit Ausnahme dieser beiden Widerstandszentren gab es aber zunächst keine ernsthafte Gegenwehr. Viele Schreiber und Etappenleute nahmen vor uns die Hände hoch. Ein Kommando begann mit der Untersuchung der Häuser. Es galt, alle

Papiere sicherzustellen, die im Hauptquartier zu finden waren.

Hauptsturmführer Kurt Rybka war mit seinem Stab in der Nähe des auf einer Anhöhe liegenden Friedhofs gelandet. Die im Plan vorgesehenen Zugriffe auf Viehmarkt und Zitadelle erwiesen sich bald als Stoß ins Leere. Von Tito war dort keine Spur.

Es waren schließlich Gefangene, die Titos wirklichen Aufenthalt verrieten, und Rybka sah sich gezwungen, völlig neue Entschlüsse zu fassen. Er selber führte eine der beiden Kampfgruppen an, die dann unverzüglich zum Angriff gegen die Höhle schritten."

Die falschen Informationen über Titos Aufenthalt hatten den Zeitverlust verursacht, der Titos Flucht ermöglichte. Generaloberst Rendulic behauptet in seinem Buch „Gekämpft, gesiegt, geschlagen", die Leibgarde Titos hätte sich bis zum letzten Mann geopfert und Tito auf diese Weise die Flucht ermöglicht. Diese Darstellung scheint nicht ganz richtig zu sein. Vladimir Dedijer erwähnt eine Leibgarde in seiner Tito-Biographie überhaupt nicht und er sagt auch mit keinem Wort, daß Partisanen sich für Tito aufgeopfert hätten. Er rühmt nur die Tat der Jungkommunisten, die unten im Ort bis zum letzten Mann gehalten hatten. Den deutschen Angriff und die Flucht Titos schildert er so:

„Eine deutsche Abteilung drang gegen die Höhle vor, in der Tito und Kardelj vor dem Bombenangriff Schutz gesucht hatten. Im Näherkommen hielten die Deutschen den Höhlenausgang ständig unter Beschuß, so daß ein Entkommen unmöglich war. Ein Kurier des Obersten Hauptquartiers, der sich zur Beobachtung ein Stück vorgewagt hatte, erhielt einen Kopfschuß und starb an Titos Seite. Langsam arbeiteten sich die Deutschen herauf. Am späten Vormittag gelang es Tito und Kardelj doch noch, zu entfliehen. Am Grunde der Höhle entdeckten sie nämlich eine Stelle, wo das Wasser eine Art

Schacht durch die Decke gewaschen hatte. Mit Hilfe eines Seils vermochten sie mühselig die schmale Öffnung zu erklimmen und gelangten auf ein Plateau oberhalb der Höhle, wo sie Aleksander Rankovic mit einer Gruppe Partisanen beim Abwehrkampf gegen die anrückenden Deutschen fanden. Inzwischen war eine Partisanenbrigade vor der Stadt eingetroffen und hatte begonnen, die Fallschirmjäger abzuriegeln. In der Stadt selbst hatten die Deutschen niedergemacht, was ihnen in die Hände lief."

Den Fallschirmjägern gelang es erst am Abend, im Kampf gegen Titos Begleitbataillon und die in Drvar garnisonierten Offiziersschüler, die Höhle zu nehmen, als Tito schon über alle Berge war.

Ein Verhängnis war auch der Ausfall der Nachrichtenverbindungen zur 2. Panzerarmee. Es fiel nämlich die Funkstation aus, die mit der ersten Welle abgesprungen war. Befehlsgemäß sollte Rybka nach der Landung alle halbe Stunde auf Empfang gehen und den Funkverkehr mit dem Hauptquartier aufnehmen. Das konnte er natürlich nicht, weil seine 100-Watt-Stelle in Trümmern lag.

Als von Drvar keine Nachricht kam, wurde man im Stab in Brncka Banja nervös. Eine schreckliche Entscheidung lastete auf der Führung. Der Angriff auf Drvar erfolgte in zeitlich gestaffelten Wellen. Sollte man die Männer der zweiten und dritten Welle überhaupt noch springen lassen, nachdem aus Drvar keine Nachricht gekommen war. Sollte man sie ins Verderben schicken? Man entschloß sich, weiter anzugreifen, denn die Ju-Besatzungen, die zurückgekehrt waren, um neue Springer zu holen, konnten nichts Beunruhigendes berichten. Die erste Welle war ohne große Verluste zu Boden gekommen.

Mit der dritten Welle, die um 11.50 Uhr absprang, hatte der Chef des Stabes deshalb eine neue Funkstelle mitgeschickt. Und wieder ging es schief. Diese Staffel unter Hauptsturmführer Obermaier sprang in heftiges Abwehrfeuer. Obermaier starb am Schirm, und auch das Funkgerät zerschellte mit dem Funker.

Erst am 26. Mai um 18.30 Uhr, als die Erdtruppe Drvar erreicht hatte, erhielt Rendulic den ersten Funkspruch aus Drvar. Dabei war es schon vom 25. an ununterbrochen vom Führerhauptquartier aus angerufen worden. Warlimont oder Keitel wollten immer wieder wissen, wie es in Drvar steht. Hitler drängte sie und wollte Bericht.

Nun, am 26. Mai abends, war es nach zweitägiger Nervenmühle soweit, aber genaues konnte Rendulic nicht melden. Tito hatte man jedenfalls nicht, aber man klammerte sich zunächst an die Hoffnung, er könnte gar nicht in Drvar gewesen sein, es könne die Beteiligten also kein Verschulden treffen. Rendulic meldete Keitel aber tröstend, daß man Titos Jeep und seine Uniform erbeutet habe. Keitel sagte hierauf bissig ins Telefon: ,,Mit dieser Erfolgsmeldung trau ich mich nicht zum Führer."

Wie schon berichtet, Hitler tobte dann auch und sagte laut Keitel schließlich mit ätzender Ironie: ,,Die Uniform, die hätten wir billiger haben können, wenn wir sie selber gemacht und ausgestellt hätten. Schicken Sie sie nach Wien. Dort kommt Rendulic her."

Partisanen in Hitler-Uniform

Im Ort wurden alle Schriften zusammengerafft, deren man habhaft werden konnte. Es war eine ganze Menge, dazu auch viele amerikanische, russische und britische Filme. Die Funkstation war in der Hand der Deutschen. Die Wetterstationen, die die Briten und Amerikaner aufgebaut hatten, wechselten die Besitzer.

Aber noch war Drvar nicht gewonnen. In den Bergen ringsum saßen rund 6000 Partisanen, die inzwischen wissen mußten, was in Drvar geschehen war. Die paar hundert Fallschirmjäger igelten sich jetzt auf dem Friedhof ein, der auf einer Anhöhe liegt. Ihre Gefangenen nahmen sie mit. Es waren Jugoslawen, aber auch Engländer und Amerikaner, meist Korrespondenten großer angloamerikanischer Zeitungen. Der größte alliierte Fisch war allerdings entkommen: Major Randolph Churchill, der Sohn des britischen Kriegspremiers.

Die Gefangenen mußten sich zwischen die Gräber legen. Die Fallschirmjäger hoben in höchster Eile Gräben aus. Sie wußten, sie mußten jetzt mindestens 24 Stunden aushalten, bis die Erdtruppen den eisernen Ring um den Friedhof aufsprengen würden.

Erst in den Mittagsstunden setzten die ersten Angriffe der Partisaneneinheiten ein, die zum Teil aus zehn Kilometer weit entfernten Stellungen herangehastet kamen. So lange es hell war, konnten sich die Fallschirmjäger die Angreifer leicht vom Hals halten. Dramatisch wurde es erst in der Nacht, in der es wiederholt zu Einbrüchen und mörderischem Handgemenge kam. Angreifende Partisanen hatten sich die Uniformen getöteter Fallschirmjäger angezogen und überrumpelten dadurch die Posten. An anderer Stelle täuschten sie die Fallschirmjäger durch Rufe: ,,Achtung, hier Regiment Brandenburg". Die Brandenburger waren eine Spezialeinheit für Sondereinsätze. Sie bestand aus verwegenen Leuten, die äußerst sprachenkundig waren und meist in ,,Volltarnung", das heißt, in der Uniform des Feindes kämpften.

Aber diesmal waren keine Brandenburger da. Es waren Partisanen, die in wildem, nächtlichem Kampf die Fallschirmjäger auf der Friedhofhöhe vernichten wollten. Sie müssen in dieser Nacht schwere Verluste erlitten haben. Einzelheiten über die Vorgänge dieser Nacht fehlen. Um 5 Uhr früh zogen sich die Partisanen aus dem deckungsarmen Gelände um die Friedhofnähe zurück, und die Eingeschlossenen konnten es wagen, unter starkem Feuerschutz eine Trägergruppe zu einem in der Nähe liegenden Segelgleiter zu schicken, der mit Munition beladen war. Die Munition war in der Nacht verschossen worden. Der Flugzeugführer eines Segelgleiters berichtete später, er habe in der Nacht Steine anstelle von Handgranaten werfen müssen.

Um 7 Uhr früh brachten drei Ju 52 weitere Munition. Stuka griffen den Partisanenring an, der sich um die Reste des Fallschirmjägerbataillons zusammengezogen hatte.

Am 26. Mai um 11 Uhr vormittags hatte eine Schwadron der Aufklärungsabteilung einer deutsch-kroatischen Division nach schweren Waldkämpfen und starken Verlusten als erste die eingeschlossenen Fallschirmjäger erreicht, die zwischen Friedhof und einer Papierfabrik zusammengedrängt waren.

Die überlebenden SS-Leute umarmten die Befreier. „Es hätte nicht viel gefehlt und auch der Rest des Bataillons wäre im Granatwerferfeuer der Partisanen zusammengeschlagen worden.“ Leutnant Hans Börger von der Aufklärungsabteilung berichtete später, daß die Schwadron vor dem Erreichen von Drvar einige englische und auch französische Offiziere gefangengenommen habe. Auch eine englische Kriegskorrespondentin ergab sich den Deutschen. In einem Bauernhaus wurde hochwertiges englisches Funk- und Radiomaterial erbeutet.

Leutnant Böger erinnert sich in dem Buch „Kriegsschauplatz Kroatien“: „Auch beim Angriff auf den Friedhof müssen Frauen eingesetzt gewesen sein. Mir ist noch genau in Erinnerung, daß die Fallschirmjäger eine große Zahl von tödlich verletzten Frauen auf dem Friedhof zusammengetragen hatten. Es waren bestimmt 30–40 Frauen, zum größten Teil sogar junge Mädchen.“

An sich war der Ausfall der Funkstelle für das Gelingen nicht lebenswichtig. Das Bataillon hatte seinen Kampfauftrag, und es wußte, daß es mindestens 24 Stunden auf Tod und Leben kämpfen müsse, bis Ersatz da sein würde.

Nur für einen Fall wäre die Funkverbindung von größter Bedeutung gewesen. Für den Fall nämlich, daß Tito, wie vorgesehen, in die Hände der Deutschen gefallen wäre. Er hätte dann sofort mit dem „Storch" zum Befehlshaber gebracht werden müssen.

Auf einem Landeplatz in Bihac stand der Rotkreuz-Fieseler-Storch bereit. Sein Pilot wußte von nichts. Er wußte nur, daß er auf einen bestimmten Befehl hin nach Brcic, einem Dorf bei Drvar, zu fliegen und dort zu landen hatte.

Der Pilot wartete und langweilte sich. Auch bei der Luftwaffe galt der Spruch: Die halbe Zeit des Lebens wartet der Soldat vergebens.

Er war zusammen mit einem Arzt dazu ausersehen, den gefangenen Tito, von dem man annahm, daß er verwundet sein könnte, sofort nach Agram zu fliegen.

Der Pilot wußte das nicht. Deshalb wunderte er sich auch nicht, als er den Startbefehl erhielt, um in Brcic einen besinnungslosen schwerverletzten SS-Hauptsturmführer an Bord zu nehmen. Der Pilot wußte auch nicht, daß er seinen Einsatzbefehl einem Irrtum verdankte. Und das kam so:

In den Abendstunden des 25. Mai gegen 18 Uhr war der Kommandant des Fallschirmjägerbataillons 500, der tollkühne Hauptsturmführer Rybka, in der Nähe des Friedhofs im Nahkampf durch die Handgranate eines Partisanen schwerstens verwundet worden. Beide Ärzte, der Fallschirmjäger Dr. Helmerson und Dr. Hermann, bemühten sich um ihn. Aber ohne sofortige Operation war sein Leben nach Ansicht beider Ärzte nicht zu retten. Sein Adjutant, Obersturmführer Martelli, übernahm das Kommando über die Reste des Bataillons. Martelli war es auch, der am nächsten Tag, den 26. Mai, die erste Fühlungnahme mit den Spitzen der von allen Seiten vorstoßenden deutsch-kroatischen Infanterie dazu benutzte, um Hilfe für seinen Kommandeur in die Wege zu leiten. Sofort nachdem die Nachrichtenverbindung zum Gefechtsstand eines von Westen her dringenden deutsch-kroatischen Regimentes hergestellt war, bat er dessen Kommandeur Oberst William dringend, er möge die Bitte um einen Fieseler Storch an die Division weiterleiten. In der Regel verfügt nämlich jede Division über einen Fieseler Storch. Das Kommando der deutsch-kroatischen Legionärsdivision hatte jedoch keinen und leitete die Anforderung deshalb zum Befehlshaber weiter. Diese Anforderung war es dann, die dann für kurze Zeit beim Stabe Rendulic zu der irrigen Meinung geführt hatte, es hätte in Drvar alles geklappt. Der Storch erhielt den Startbefehl. Auf diese Weise kam wenigstens der verwundete Fallschirmjägerkommandant rasch ins Lazarett. Es ist unbekannt, ob er überlebt hat.

Verstümmelte Leichen in Drvar

24 Stunden sollten die SS-Fallschirmspringer in Drvar aushalten. Aber es dauerte zwölf Stunden länger, bis die meisten deutschen Infanteriespitzen Drvar erreichten.

Die Infanteriedivision, die von allen Seiten her Drvar anzugreifen hatte, um die Fallschirmjäger zu entsetzen, hatte von ihrem Angriffsziel erst erfahren, als die Fallschirmjäger schon in Drvar gelandet waren. Die Truppen waren noch ohne Kenntnis ihres Auftrags so in Marsch gesetzt worden, daß sie sich am 25. Mai früh in ihrer Ausgangslage befanden. Erst jetzt erhielten sie den Befehl: „Angriff auf Drvar“.

Die auf den Straßen vorrückenden motorisierten Verbände gerieten, wie erwartet, sehr bald in Schwierigkeiten. Minen flogen hoch und mit ihnen die Panzer, die den Vorstoß zu begleiten hatten. Bei einer deutsch-kroatischen Division kam es in den Abendstunden des 25. Mai zu einer regelrechten Panik. Teile eines Regiments flüchteten samt dem Regimentskommandeur. Der Vormarsch stockte.

Erst am 26. Mai erreichten die Spitzen der aus Westen vorstoßenden deutsch-kroatischen Truppen die Höhen vor Drvar. Ein Angehöriger der Aufklärungsabteilung 373, Wachtmeister Ortner, berichtet im Buch „Kriegsschauplatz Kroatien" ausführlich über den Angriff am 26. Mai, in den auch Stuka eingegriffen hatten. „Am späten Nachmittag dieses Tages", berichtet Ortner, „erreichten wir einen Steilhang vor Drvar. Ringsherum gelandete Segelflugzeuge, brennende Häuser, Explosionen und stellenweise Feuergefecht.

Die Verbindung mit unserem Stab war abgebrochen; er hatte sich verirrt. Was tun? Um 16 Uhr erschienen drei deutsche Bomber, die Partisanennester um Drvar angriffen, aber auch uns einen Verlust von einem Toten und einem Schwerverwundeten verursachten. Um 18 Uhr ging Befehl ein, die Höhe unbedingt zu halten, um einen Ausbruch des Feindes zu verhindern. Erst wenn auch die gegenüberliegenden Höhen von der Eichenblattdivision und den Domobranen besetzt seien, sollte der gemeinsame Vorstoß ins Tal erfolgen.

Am nächsten Tag, es war der 27. Mai, wurde es in Drvar ruhiger. Der 3. Zug erhielt Befehl, in den Ort hinabzusteigen, um zu erkunden. Mittags folgten der Rest der 1. und die inzwischen eingetroffene 2. Schwadron ausgeschwärmt nach. Im Ort fand ich das verlassene Hauptquartier Titos. Unzählige Papiere, Akten, Befehle usw. Schreibmaschinen und Bonbonschachteln lagen herum und zeugten von der plötzlichen Flucht. Das Fallschirmjägerbataillon lag noch am Friedhof in Stellung. Hier wurde ich Zeuge eines grauenvollen Geschehens. Unter den zusammengetragenen Leichen sah man SS-Kameraden mit abgeschnittenen Ohren und Nasen, mit auf der Stirn eingebranntem Sowjetstern, mit um Arme und Beine gebundenen Zündschnüren u. a. Etwa 80 teils verstümmelte Leichen wurden im Rahmen einer kurzen, stillen Feier auf dem besagten Friedhof in einem Massengrab beigesetzt.

Am folgenden Tag wurde unsere Aufklärungsabteilung zu

einem Vorstoß in das Unac-Tal abwärts in Richtung Vrtoce befohlen. Der 3. Zug der 1. Schwadron, der ohne jede Sicherung zu weit in die Schlucht vorgegangen war, wurde von Partisanen in einen Hinterhalt gelockt und aufgerieben. Lediglich der Zugführer und vier Mann konnten ihrem Schicksal entgehen. Augenzeugen berichteten, daß sich, angesichts des tags zuvor Gesehenen, zwei Kameraden durch Abziehen einer Eierhandgranate unterm Bauch selbst das Leben nahmen, um dadurch den Grausamkeiten durch die Partisanen zu entgehen. Im übrigen war es eine ungeschriebene Abmachung, stets zwei Eierhandgranaten für den eigenen Bedarf am Koppel zu tragen, da die Brutalität der Partisanen bekannt war."

Soweit die Schilderung des Wachtmeisters. Die Gefangennahme Titos war aber nur ein Teil der Operation „Rösselsprung". Die Unternehmung wurde mit dem Versuch fortgesetzt, die weitgehend führerlosen Partisanenverbände einzukesseln. Dabei wurden sowohl kleine Einheiten der SS wie auch der Division Brandenburg in „Volltarnung" eingesetzt. Das heißt, sie trugen zur Täuschung des Gegners die Kappen und die Abzeichen der Partisanen. Die meisten von ihnen sprachen perfekt kroatisch oder slowenisch . . .

Wenn beim Überfall der Fallschirmjäger auch viel Schriftmaterial erbeutet wurde, sensationelle Funde wurden nicht gemacht. Aber die Eroberung des Hauptquartiers und die Ausschaltung der Nachrichtenverbindungen legten die Partisanenarmee für einige Wochen führungsmäßig lahm.

Der britische Verbindungsoffizier bei Tito, Generalmajor Fitzroy MacLean, der Chef der britischen Mission, enthüllte nach dem Krieg in seinem Buch „Eastern Approache", daß Tito die Affäre in Drvar schwer geschockt habe. Er habe erkannt, daß es so nicht weitergehen könne.

Eines Tages, als sie nach einem langen Marsch erschöpft rasteten, habe Tito nach Oberstleutnant Vivian, Vertreter der abwesenden britischen Missionschefs, gerufen. Vivian fand den Marschall müde und niedergeschlagen. Er sei, sagte er, zum Schluß gelangt, daß es für ihn unmöglich sei, die Operationen seiner Kräfte in Jugoslawien zu führen, während er durch die Wälder gejagt und dauernd in Bewegung gehalten werde. Seine verwickelte Aufgabe mache es für ihn wesentlich, eine verhältnismäßig feste Basis für sein Hauptquartier zu haben. Er habe bereits die Verbindung mit fast allen unter seinem Befehl stehenden Formationen verloren. Er müsse deshalb Vivian ersuchen, seine und seines Stabes Evakuierung auf dem Luftweg nach Italien in die Wege zu leiten.

Die Evakuierung nach Viš wurde sofort in die Wege geleitet.

Aus seiner neuen Unterkunft am Hang des Berges Hum konnte Tito die englischen Jäger und Bomber starten sehen. Sie flogen für den Sieg des kommunistischen Jugoslawiens.

Jugoslawischen Quellen zufolge soll Hitler nach dem mißglückten Unternehmen „Rösselsprung" Rendulic abgelöst haben. Das stimmt. Aber es war keine Verdammnis. Im Gegenteil. Er brauchte den fähigen Feldherrn, den Sieger von Orel, um die bedrohte Armee am Eismeer zu retten.

Tito forderte nach dem Krieg die Auslieferung Rybkas, obwohl die Waffen-SS in Dvar sich dem bestialischen Feind gegenüber unerhört korrekt verhalten hat. Walter Redecke aus Nürnberg, damals 17jähriger SS-Fallschirmjäger, sprang als Melder in der ersten Welle mit Rybka ab. Er berichtet: „Obwohl die Partisanen unsere Kameraden grausam abgeschlachtet haben, krümmten wir unseren Gefangenen kein Haar. Sie wurden unter Lebensgefahr der Bewacher, durch Partisanengebiet nach Petrovac gebracht. Gefangene starben allerdings durch alliierte Bomber. Ein Volltreffer zerriß eine Scheune, die voll gefangener Partisanen war."

Arnheim

Einer der Österreicher, die die Schlacht bei Arnheim erlebten, ist der Klagenfurter Werksleiter Sepp Munterl.

„Der erste Tag der Schlacht von Arnheim", erzählte der ehemalige KFZ-Staffelführer in einem Ersatzbataillon der SS-Division „Wiking", „war einer der aufregendsten, die ich im Krieg erlebt habe.

Unser E-Bataillon lag westlich Arnheim. Es war mit Luftlandungen gerechnet worden. Unser Bataillon hatte deshalb längst Stellungen in einem Villenviertel westlich der Stadt erkundet.

Der 17. September war ein Sonntag. Wer dienstfrei hatte, rüstete sich zum Ausgang in die Stadt. Schon vorher waren Geschwader über Arnheim geflogen, so viele Flugzeuge sah ich noch nie. Aber wir glaubten, das Ziel der Bomberströme wäre Deutschland.

Es wurde im Hof des Hauses, in dem ein Teil des Bataillonstabes untergebracht war, gerade Essen ausgegeben, als ein Melder gellend schrie:

„Fallschirmjäger!" In der Tat, soweit das Auge schauen konnte, hingen weiße Fallschirme am Himmel. Wir ließen unsere Eßschalen im Stich und stürzten zu unseren Waffen.

Der Bataillons-Kommandant sprang in mein B-Krad und befahl mir: „Zur 1. Kompanie". Sie lag in einem Villenviertel in der Arnheimer Heide. Unterwegs sahen wir schon die ersten Briten in den Bäumen hängen. An einer Straßenkreuzung in der Nähe der KP-Befehlsstelle stieg der Kommandeur aus. Da sahen wir 200 m vor uns auf der Straße im Kieferwald Männer in Tarnanzügen. Waren das unsere?

Ich fuhr 100 Meter weiter. Dann sah ich sie deutlich vor mir. Sie saßen auf ihren Jeeps am Waldrand neben der Straße.

Sie trugen Tarnanzüge, die den unseren zum Verwechseln ähnlich sahen, und sie waren genauso erschrocken wie ich. Es waren Briten. Ich sah in ihre MP-Mündungen. Ich schaltete blitzschnell, riß die Maschine nach rechts. Ein Baum, dessen Zweige tief bis zum Straßenrand überhingen, rettete mich, denn er verdeckte mich ihrer Sicht, als sie loszuknallen begannen. Hinter der Sichtblende dieses Baumes jagte ich über Stock und Stein neben der Straße zur KP-Befehlsstelle.

Dort herrschte tolle Verwirrung. Mit dem Adjutanten des Bataillons-Kommandeurs fuhr ich zur nächsten Kompanie. Diese lag rund 8 km westlich von Arnheim an einem Waldrand. Der Adjutant sprach mit dem Kompaniechef. Da sahen wir zwischen den Baumstämmen hindurch den riesigen Lastensegler. Er schwebte genau auf uns zu. Kaum 100 Meter vor uns kam er zu Boden. Die Männer der ,,Wiking" lagen rundum hinter ihrem MG. Die Briten, die da mitten unter ihnen gelandet waren, waren Todeskandidaten. Sie hatten überhaupt keine Chance. Jeden Augenblick mußte der Waldrand Feuer speien.

Aber die Kompanie schoß nicht. Die Briten stürzten aus dem Flugzeug und warfen sich hin. Ein Jeep rollte aus dem Lastensegler. Aber unsere Kompanie schoß noch immer nicht. Der Kompaniechef stand beim Adjutanten. Sie schienen sich einig zu sein, daß die Briten da vorne in aussichtsloser Lage waren. Der KP-Kommandant ging plötzlich allein über die freie Fläche auf die britische Maschine zu. Ein Brite im Tarnanzug, wohl der Kommandant, kam ihm entgegen. Die beiden hielten und salutierten. Dann sprachen sie miteinander. Die rätselhafte Begegnung war kurz. Der SS-Offizier machte kehrt und kam zu uns zurück. Er winkte unserem Adjutanten, der schon wieder im Krad saß, mit einer bedauernden Geste zu.

Wir preschten los. Wie ich später hörte, hatte der Kompanie-Chef den Gegner zur Übergabe aufgefordert. Der Brite habe aber abgelehnt. Ich hörte nicht mehr, was aus der Besatzung des Segelflugzeuges wurde.

Kurze Zeit später sollte ich mit dem Adjutanten eine Brükke östlich von Arnheim sprengen. Aber auf dem Weg nach Arnheim fuhren wir mitten in eine britische Stellung und eine MG-Garbe knallte ins Krad. Die schwere Maschine überschlug sich. Ich kam unter ihr zu liegen. Der Adjutant flog in den Straßengraben; er konnte verschwinden. Mich holten die Tommies unter der Maschine heraus und brachten mich in ein naheliegendes Haus. Sie gaben mir Schokolade und Zigaretten und unterließen es, mich zu durchsuchen. So behielt ich die Eierhandgranaten, die ich in der Hosentasche trug. Abends brachten die Briten weitere Gefangene, es war eine Verbindungspatrouille unseres Bataillons, die den Fallschirmjägern in die Hände gelaufen war.

Es muß um 21 Uhr gewesen sein, als die Briten offenbar Befehl erhalten hatten, ihren Stützpunkt zu räumen. Sie nahmen uns mit. Wir wurden von zwei Posten eskortiert. Es ging in Richtung Westen. Genau dorthin, wohin auch wir wollten. Flüsternde Verständigung mit den Kameraden, dann entsicherte ich die Handgranate, warf sie nach rechts in die Dunkelheit. Als die detonierte, warfen sich die zwei Briten zu Boden. Wir stürzten nach vorne in die Dunkelheit und entkamen. Um 3 Uhr früh waren wir bei unserem Bataillon.

Dort trafen auch noch andere Kameraden ein, die aus der Gefangenschaft ausgerissen waren. Nicht allen war es gut gegangen, einige waren halb zu Tode geprügelt worden. Beim Stab sahen wir die ersten britischen Gefangenen, es waren harte Burschen mit vorbildlicher Haltung. Sie verweigerten jede Aussage über militärische Fragen. Sie schoben den Kaugummi im Mund hin und her und schüttelten den Kopf. Die vernehmenden Offiziere brachten kein Wort aus ihnen heraus. Ihre Haltung wurde respektiert. Wir hatten ausdrücklichen Befehl, Gefangene korrekt zu behandeln.

S. Munterl konnte nicht angeben, warum die Leute der Wiking auf den Lastensegler nicht geschossen haben. Aber er hat mit eigenen Augen gesehen, daß ein britischer Offizier und der Kompanieführer der Wiking aufeinander zugingen, wie sie salutierten und miteinander sprachen. Und wie sie „Kehrt" machten.

Im Jahre 1968 als Ryan sein Buch über die Invasion schrieb, forderte er über die Presse Teilnehmer der Schlacht um Arnheim auf, ihm Erlebnisse aus diesen Tagen zu berichten.

Munterl schrieb Ryan den hier geschilderten Sachverhalt. Ryan nahm davon keine Notiz.

Die Begebenheit hat wohl nicht in das Bild vom „bösen Deutschen" und vom „barbarischen SS-Mann" gepaßt.

Bekannt wurde aber nach dem Krieg ein anderes Ereignis aus den Tagen von Arnheim. Es war die humane Aktion des Österreichers Dr. Skalka in der SS-Division Hohenstaufen.

Diese Division war in der Normandie fast aufgerieben worden. Ihre Reste lagen jetzt bei Arnheim! Ein Obersturmbannführer führte die Division, Divisionsarzt war der Kärntner Arzt, Hauptsturmbannführer Egon Skalka.

In der Nacht zum 20. September 1944 hörte die Funkstelle der Division einen unverschlüsselten britischen Funkspruch, in dem über die verzweifelte Lage der britischen Verwundeten berichtet wurde, die sich in dem inzwischen gebildeten britischen Kessel befanden.

Bei einer Offiziersbesprechung um Mitternacht erwähnte der SS-Divisionsführer Harzer diesen Funkspruch und sagte zu Skalka: „Das ist eine Sache für Sie".

Der als Draufgänger bekannte Arzt mit dem Deutschen Kreuz in Gold erkannte ohne Zögern, daß die Lage beim Feind „eine Sache für ihn" war. Ein Abenteuer.

Beim Morgengrauen schnappte er sich einen britischen Gefangenen, drückte ihm eine „Rot Kreuzflagge" in die Hand und fuhr mit dem aufrecht stehenden fahnenschwingenden Parlamentär in britischer Uniform auf eine britische Pakstellung zu.

Dort gab es ein kurzes Palaver und dann ging es zum englischen Divisionsarzt Colonel Warack. Skalka bot Hilfe an, Warack nahm an. Man kam überein, daß die dringendsten Fälle den Deutschen zur Versorgung übergeben werden sollten. Die Auswahl trafen die Briten selbst.

Drei Tage lang fuhren dann SS-Sanitäter in britischen Jeeps britische Verwundete aus dem Kessel. Auf der Leerfahrt in den Kessel nahmen sie Verbandsmaterial für die britischen Verwundeten mit, die nicht in deutsche Gefangenschaft wollten.

Die SS-Division hatte insgesamt 2200 britische Verwundete übernommen und versorgt. Hunderten wurde damit das Leben gerettet, weil sie dem deutschen Trommelfeuer entgingen, mit dem der Kessel am 23. September zusammengeschossen wurde und kapitulierte. Der letzte britische Funkspruch lautete: „Es lebe der König".

In den Tagen vorher hatte Dr. Skalka Funksprüche mit der britischen Armee gewechselt. Die hatte sich für die Übernahme bedankt und Medikamentenhilfe aus der Luft angeboten.

Skalka funkte zurück: „Brauchen keine Hilfe. Aber wir bitten, daß sie ihre Angriffe auf deutsche Sanitätsfahrzeuge einstellen." Die Briten funkten zurück: „Übergriffe gibt es auf beiden Seiten". Dr. Skalka schloß den Funkverkehr mit dem bitteren Hinweis auf die totale britische Luftüberlegenheit. Von Übergriffen auf beiden Seiten könne da wohl keine Rede sein.

Nach dem Krieg gab es zwar britische Anerkennung für die humane Aktion von Arnheim. Aber vielen Journalisten paßte sie nicht in das Bild des bösen Deutschen. Britische Zeitungen unterstellten der Waffen-SS, sie habe, die unabwendbare Niederlage vor Augen, lediglich einen Akt der Rückversicherung gesetzt.

Es gab zahllose Beispiele von Menschlichkeit, die meisten blieben natürlich unbedankt. Eine Ausnahme erlebte der Hofrat i. R. Franz Strafner, der heute in Klagenfurt lebt.

Im Mai 1944 schlug sein Gebirgsjägerbataillon bei Pontecorvo südlich von Monte Cassino einen britischen Panzerangriff ab. Aus zerstörten britischen Panzern bargen die Gebirgsjäger 16 britische Verwundete. Sie wurden gut versorgt und in einer Scheune untergebracht. Als das Bataillon Befehl zum Absetzen erhielt, ergab sich die Frage: „Was tun mit den Verwundeten?“

Bei den Sowjets und bei den Titopartisanen wäre das Problem selbstverständlich mit ein paar Feuerstößen oder mit brennendem Benzin gelöst worden.

Major Strafner entschloß sich, die verwundeten Gefangenen in der Obhut eines britischen Sanitäters zurückzulassen.

Der britische Kompaniechef ruhte nach dem Krieg nicht, bis er den Kommandeur der Gebirgsjäger 1946 in Klagenfurt ausfindig gemacht hatte. Als Angehöriger der Militärregierung für Kärnten konnte der Brite einiges für den abgerüsteten Gegner von gestern tun.

„Weltuntergang“ an der Liza

Im Herbst 1944 brach mit dem Abfall Finnlands das Unheil über die ganze Lapplandarmee herein. 200 000 Mann saßen scheinbar hoffnungslos in der Falle.

In einer Großoffensive stießen die Sowjets auf Petsamo und auf die Eismeerstraße zu, um die Gebirgsarmee in der Tundra und die aus Karelien zurückströmenden Truppen einzukesseln.

Am 7. Oktober um 6 Uhr früh brach an der Lizafront mit einem alles vernichtenden Feuerschlag Tausender russischer Geschütze und Stalinorgeln die Hölle los. Der Stoß traf am furchtbarsten die Stützpunkte der Salzburger und Tiroler von der 2. Gebirgsdivision.

Die wenigen, die am Leben geblieben waren, sahen ein erschreckendes Bild. Soweit das Auge reichte, quollen die Massen sowjetischer Sturmwellen über die Tundra. Sie wogten, jeden Widerstand niederwalzend, über die Stützpunkte hinweg bis zu den Artilleriestellungen. Einige Kolonnen kamen in geschlossener Formation, Mann an Mann eingehakt und sinnlos betrunken.

Schon wenige Stunden nach dem Durchbruch war auch die im Norden stehende 6. Gebirgsdivision von der Einkesselung bedroht. Ein Stalingrad am Nordmeer zeichnete sich ab.

Daß es dazu nicht kam, ist bei den Gebirgsdivisionen der geradezu sagenhaften Tapferkeit entschlossen geführter Einheiten und dem Heldentum tollkühner Einzelkämpfer zu danken. Die Batterien des Hauptmanns Otto Burger-Scheidlin z. B. verteidigten sich fast fünf Stunden lang im Nahkampf gegen die anstürmenden Russen bis zur letzten Granate, dann sprengten sie die Geschütze und kämpften als Infanteristen weiter. Das Ritterkreuz war bei der 6. Gebirgsdivision der

Lohn für den Oberfeldwebel Max Ropp aus Klagenfurt, der bis zur letzten Patrone eine wichtige Brücke hielt.

Der verwundete Major Ruef verteidigte sich mit dem Rest seines Bataillons auf einer Landzunge, bis kein Mann mehr kampffähig war. Als die Sowjets kamen, stellte er sich tot. Die Sowjets drehten ihn um und durchsuchten seine Taschen. Sein blutbesudeltes Gesicht rettete ihn. Nachts glitt er in das Wasser und schwamm mit seiner Kopfwunde in voller Uniform mit Nagelschuhen 600 m weit über den eiskalten Petsamofjord. Auch er erhielt das Ritterkreuz.

Viele versuchten sich damals aus den überrollten Stützpunkten zu den Kameraden durchzuschlagen. Einige Salzburger entkamen in russischen Mänteln.

Auf dem überrollten, von Leichen übersäten Stützpunkt „Katschberg" verteidigte sich Hauptmann Kohlert, heute BAWAG-Direktor, mit einigen Überlebenden in der betonierten B-Stelle. SS-Leute und Pioniere verloren die Nerven und brachen aus. Keiner kam wieder. Kohlert führte den Rest in der Nacht durch das eigene Minenfeld. Sie schleppten ihre Verwundeten drei Tage durch die sowjetischen Nachschublinien, überschwammen die Titowa und entkamen.

Auf dem „Tatarenkopf" blieb nur der Funktrupp am Leben, verteidigte sich und brach durch die eigene Minensperre aus. Durch das russische Hinterland schlug sich Obergefreiter Karl Kogler aus Oberwieting bis zur Titowa durch und durchschwamm sie mit dem vollzähligen Gerät. Ein erschütterndes Beispiel von Pflichttreue und Verläßlichkeit.

Aber nur ganz wenige hatten so viel Kaltblütigkeit und so viel Glück. Zahllose verwundete Offiziere, aber auch Unteroffiziere und Soldaten erschossen sich, um nicht in russische Gefangenschaft zu geraten.

Einer von vielen war der Tiroler Leutnant Antholzer, dessen Zug auf dem zerbombten Flugplatz in Luostari von allen Seiten von den Sowjets eingeschlossen und dann aufgerieben wurde. Die letzten Patronen behielten die Überlebenden für sich. Sie erschossen sich, um nicht in die Hände der Sowjets zu fallen. Zahllose Tragödien haben sich damals abgespielt.

Angesichts der Ereignisse dieser Oktobertage 1944 ist es geradezu ein Wunder, daß es am Nordmeer nicht zu einem zweiten Stalingrad kam, so wie es der Plan der Sowjets vorsah.

Im Norden landeten die Sowjets in Massen am Fischerhals. Von Südosten herauf stießen die Rentierverbände auf die Eismeerstraße zu. Der furchtbarste Stoß aber traf die Nahtstelle zwischen der 2. und der 6. Gebirgsdivision.

In diesem Raum lagen die Stützpunkte Tatarenkopf, Katschberg, Großvenediger, Ortler. Felsdurchsetzte Hügel in der Tundra. Von Stützpunkt zu Stützpunkt drei bis vier Kilometer unbesetzter Raum.

Auf diesem, von wenigen Kompanien gehaltenen Abschnitt mit seinen großen klaffenden Lücken setzten die Sowjets zwei ganze Divisionen, rund 25 000 bis 30 000 Mann, ein. Eine Menschenwoge gegen ein paar hundert Mann. Sie wurden verschlungen.

Einer von den wenigen, die vom Tatarenkopf zurückkamen, ist der Polizeirevierinspektor Franz Stich in Villach: „Das Artilleriefeuer, das den Angriff einleitete, war furchtbar“, erinnerte er sich. „Das war wie das Jüngste Gericht, es war, als stürzte der Himmel ein. Schlagartig hörte das Feuer nach einer Stunde auf. Dann platzten dumpf Nebelgranaten, und jetzt wußten wir: ‚Sie kommen.‘ Als der Nebel sich verzog, erstarrte uns das Blut in den Adern. Russen, wohin das Auge sah, Russenmassen stürmten auf uns zu, und das Schreckliche war, daß sie auf das Feuer der paar noch lebenden Maschinengewehrschützen, die todesverachtend ihre Garben hinausratterten, überhaupt nicht reagierten. Sie nahmen keine Dekkung, sie fielen rudelweise, aber hinter ihnen quollen schon wieder neue Rudel vor. Und keiner warf sich hin. Der Hydra wuchsen immer neue Köpfe. Das MG-Feuer konnte ihr nichts anhaben. Da sah ich von meinem Schützenloch aus schon, wie die Russen mit markerschütterndem Urrä-Geschrei den 100 Meter vor uns liegenden Tatarenkopf überschwemmten. Einzelne Gebirgsjäger suchten zu entkommen, und noch immer schossen MG des 1. und 2. Zuges, die hinter dem Tatarenkopf lagen. Aus der Hüfte feuerte Unteroffizier Kogler sein MG gegen die eindringenden Sowjets. In unserer Granatwerferstellung hörten wir die Rufe des Melders Grünhut aus Innsbruck: Er schrie: ‚Der Chef ist gefallen.' Später hörte ich, daß unser Oberleutnant Wolf noch sterbend zu den Leuten, die sich um ihn bemühen wollten, sagte: ‚Laßt mich, schaut nur, daß ihr zurückkommt.'

Ich sah noch, wie die Russen in die Stellungen der Züge einbrachen und einzelne überlebende Gebirgsjäger zu entkommen suchten. Auch unsere Granatwerfergruppe setzte sich ab. Statt sich zu retten, stürzte unser Werferführer, ein Salzburger namens Forsthuber, noch einmal in seinen Unterstand, um sein Fernglas zu holen. Als er wieder heraus wollte, stand schon ein ganzes Rudel Russen vor dem Loch. Ich sah noch, wie Forsthuber die Arme hochriß. Dann hetzte ich sprungweise im Feuer der Russen zurück. Von den 200 Mann der Kompanie konnten sich nur etwa 30 retten, viele von ihnen fielen dann Stunden und Tage später am Lanweg. Wir mußten alle Verwundeten zurücklassen. In uns war Panik. Wir hatten angesichts der erschreckenden Übermacht, die uns überrollt hatte, jedes Selbstvertrauen verloren. Die Angst vor Gefangennahme jagte uns. Lieber tot als Sibirien. Aber vor allem wollten wir leben und deshalb zog uns die rettende Titowa, die eisige Titowa an. Wir wußten nicht, daß die Russen rechts vor uns schon zu Tausenden über den Fluß setzten und nach Norden in den Rücken der 6. Gebirgsdivision stießen. Wir kamen an feuernden eigenen Batterien vorbei, die schon Nahfeuer auf die Russen schossen.

Vor der Titowabrücke beim Isarlager hielt uns ein Hauptmann Junker auf und zwang die völlig demoralisierten Versprengten mit der Pistole in der Hand in eine Feuerstellung. Offiziere waren dabei, mit Trossen, Schreibern, Köchen und Versprengten einen Brückenkopf zu bilden. Hier hielten wir dann unter dem Befehl von Hauptmann Strachwitz die Russen einige Stunden lang auf. Ich sah noch die Vierlingsflak vor mir, die in der Nähe unserer Löcher Tod und Verderben in die angreifenden Russen spie. Dann wichen wir über die Titowa zurück."

Der Obergefreite Wilhelm Maier aus Arnoldstein berichtet:

„Wir waren erst wenige Tage vor dem 7. Oktober auf den Tatarenkopf gekommen. Es waren hier wohl Gräben ausgesprengt, aber es gab keine Kavernen. Nur die Beobachtungsstelle der Artillerie war betoniert.

Wir waren 70 Mann eines Jagdzuges auf dem Tatarenkopf, als die Hölle des russischen Artilleriefeuers und der Stalinorgel auf uns niederging. Hageldicht schossen die Granaten nieder. Wir waren, glaube ich, sieben Mann, die in einem Bunker der Artilleristen Schutz gefunden hatten. Die beiden Artilleristen waren Tiroler, einer hieß Ramersdorfer, den Namen des zweiten habe ich vergessen. Wir waren, meiner Meinung nach, die einzigen, die die russische Feuervorbereitung heil überstanden hatten.

Als das Bersten der Granaten plötzlich aufhörte, hörten wir von überall das grauenhafte Schreien unserer Verwundeten. ‚Sani, Sani, Hilfe, helft's mir.' Und schon sah ich vom Bunkereingang aus die Sowjets mitten in der Stellung. Etwas überhöht standen einige Rotarmisten und jagten ihre Garben auf die Schützennester. Überall hörten wir die geballten Ladungen, die die Russen in die Gräben warfen. Alles Leben schien auf dem Tatarenkopf ausgelöscht zu sein. Wir hatten keine Chance mehr. Da schwenkte ich ein weißes Taschentuch aus der Deckung, und ich sah, wie die Russen winkten: ‚Heraus'.

Ich weiß noch, daß mein Kamerad Ramersdorfer im Schock

vergaß, seinen Mantel anzuziehen. Er ging mit seiner Bluse in die Gefangenschaft und in den russischen Winter. Ich weiß nicht, was aus ihm geworden ist.

Als wir den Russen entgegentaumelten, sahen wir, daß die Stellung ein einziges Chaos war. Die Verwundeten schrien jetzt nicht mehr. Sie hatten wohl die Russen gesehen und warteten in grauenvoller stummer Angst auf ihr Ende.

Zu uns aber brüllten die Russen ‚Rucki werch'. Wir nahmen die Arme hoch, und die Rotarmisten durchsuchten unsere Taschen. Bei einigen von uns fanden sie die Taschen voll Handgranaten. Diese Kameraden schlugen sie dann mit Gewehrkolben. Aber sie ließen uns leben. Wir merkten auch bald, warum. Man brauchte uns zum Verwundetentransport.

Ich selber mußte einen sowjetischen Hauptmann nach rückwärts tragen. Ihm hatte ein Splitter den ganzen Oberschenkel zerfetzt, und es war der Splitter einer russischen Granate. Alle die vielen russischen Toten und Verwundeten, die vor dem Tatarenkopf lagen, waren die Opfer des eigenen Artilleriefeuers, denn von deutscher Seite war ja bei ihrem Angriff kein Schuß gefallen. Um die überlebenden ‚Germanski' noch in der Deckung zu überraschen, waren die sowjetischen Sturmwellen auf dem Tatarenkopf eingedrungen, während noch das eigene Feuer auf ihm lag.

Schaudernd sahen wir auf unserem Weg nach Murmansk die Massen sowjetischer Infanterie, die nach vorne strömten, Batterien, Stalinorgeln, Panzer, eine ungeheure Übermacht.

Eine Katastrophe war im Gange. Begann da hinter uns ein zweites Stalingrad? Daß der russische Durchbruch damals vereitelt wurde, erfuhr ich erst drei Jahre später: 1947, als ich aus der Gefangenschaft wieder in die Heimat kam.

In Murmansk trafen wir Soldaten vom deutschen Küstenschutz, Kanoniere und Matrosen, aber kaum Gebirgsjäger. Die Russen hatten damals in der überrollten Stützpunktkette nur wenige Gefangene gemacht. Der Großteil war damals verwundet oder tot."

So sah Wilhelm Maier die Ereignisse an diesem Schreckensmorgen. Erst nach dem Krieg erfuhr er, daß auch ein Funktrupp der Artillerie überlebt hatte. Jener Unteroffizier Kogler, der sich mit allem Gerät wieder zum Isarlager durchschlug. Revierinspektor F. Stich, Villach, erinnert sich auch, daß am 7. Oktober abends ein Gebirgsjäger namens Rauch, ein Steirer, vom Tatarenkopf zurückkam und sich am Isarlager meldete. Sein Auge hing aus einer furchtbaren Wunde aus dem Gesicht.

Ausbruch in das Verderben

Die Stützpunkte Tatarenkopf, Katschberg und Zuckerhütl wurden zermalmt.

Aber der stark ausgebaute, mit Kavernen versehene Stützpunkt Ortler, mit seiner zusammengewürftelten etwa 300 Mann starken Besatzung widerstand dem furchtbaren Feuerschlag der Stalinorgeln und der Granaten.

Der Klagenfurter Gastwirt Leo Santner war damals Leutnant im Gebirgsjägerregiment 137: „Die Russen brachen in die Stellung ein, aber wir warfen sie im ersten Gegenschlag wieder hinaus. Hauptmann Binder, ein Salzburger, fiel. Wir hatten uns die Russen vom Hals gehalten. Aber beiderseits des Ortlers sahen wir die braunen Massen der Sowjets nach hinten fluten. Sie reagierten auf unser Feuer überhaupt nicht.

Die hinter dem Stützpunkt erst kurz vorher in Stellung gegangene Batterie unserer Art.-Abt. 111 schoß in selbstaufopfernder Pflichttreue Nahfeuer. Sie schoß auf die Panzer, die am drei Kilometer entfernten schon überrannten Stützpunkt

Großvenediger vorbei nach hinten stießen, obwohl ihr Feuer nutzlos war.

Es war alles sinnlos. Die Massen wogten in die Tiefe der aufgerissenen Front. Gegen Mittag griffen die Russen den Ortler wieder an. Wieder wurden sie abgewiesen. Da ließen sie unseren feuerspeienden Wellenbrecher einfach links und rechts liegen.

Der Nachfolger von Hauptmann Binder, ein Oberleutnant Jahn, funkte immer eindringlicher an den Divisionsgefechtsstand: ‚Erbitten Erlaubnis zum Absetzen.' Aber stur funkte die Division die zwei aufreizenden Worte zurück: ‚Halten, Degen.' Das war General Degen, stur wie ein Panzer."

„Die Worte ‚Halten, Degen' in dieser ausweglosen Situation", sagte Santner, „brachten uns alle in ohnmächtigen Zorn. So blieben wir am 7. Oktober und sahen die Russen in Kolonnen zur Titowa marschieren. Wir blieben auch noch am 8. Oktober. Dann entschloß sich Jahn endlich, auf eigene Faust den Stützpunkt aufzugeben und den Ausbruch zu versuchen. Wir sprengten alle Kampfanlagen, beluden uns mit Munition. Die Verwundeten trugen wir mit. Dazu brauchten wir schon 80 Mann, um sie ins Ungewisse zu schleppen. Es begann ein nächtlicher Schreckensmarsch durch Sumpf und Gestrüpp mitten durch die Russen. Wie durch ein Wunder erreichten wir unbemerkt die Titowa. Wir brachten auch die Verwundeten unter unsäglichen Mühen über den eiskalten Fluß und stießen weiter zur Lanhöhe vor. Dabei gerieten wir in die Garben sowjetischer MG, die uns von links und rechts niedermähten. Jetzt war auch das Schicksal unserer Verwundeten besiegelt. Jetzt konnte keiner dem anderen mehr helfen. Ich selbst schleppte mich mit einem Schuß im Unterschenkel und einem zweiten Schuß in der Schaufel des Fußes weiter und sah den Oberleutnant der Pioniere und den Chef der Batterie, die mit uns ausgebrochen waren. Beide hatten sich neben mir erschossen. Sie waren schwer verwundet und gehunfähig. Sie wollten nicht lebend in die Hand der Sowjets fallen. Ihre Namen? Ich weiß sie nicht mehr.

In diesen Tagen und Nächten ging es drunter und drüber am Lanweg. Da beschossen abgesessen kämpfende Artilleristen die eigene Flak, da rissen die Radfahrer der Radfahrbrigade Norwegen aus. Der Kommandeur der 137er jagte die Reste der Radfahrer persönlich in die Stellung zurück. Da führten zusammengeraffte Tragtierführer und Troßfahrer einen Gegenstoß durch, der bei Schnee und Nacht schon für ausgebildete Infanteristen ein Paradestück von Schneid gewesen wäre. Die 60 Mann starke Kompagnie stürmte mit Hurra und hatte nur mehr zum Teil Munition im Karabiner. Da kam es vor, daß Hauptmann Burger seinen Abschnitt von Kämpfern fast entblößte, um etwa 80 Verwundete vier Kilometer nach rückwärts zu schaffen. Die versprengten Jäger führten den Transport im Laufschritt durch und kehrten alle wieder in die, allem Anschein nach verlorene Stellung zurück, um sich im Nahkampf wieder den Sowjets entgegenzuwerfen. „In fünf Gefechtstagen", erklärte der heutige Oberstleutnant Burger-Scheidlin, „verlor meine Abteilung 134 Tote, 86 Verwundete. Zwei Männer, darunter Leutnant Brandauer, blieben verwundet auf einem Verbandsplatz zurück."

Nicht nur die Besatzungen der mehr oder weniger ausgebauten Stützpunkte löschte der furchtbare Feuerschlag der Sowjets am 7. Oktober 1944 aus, der über eine Stunde lang mit Raketen und Granaten im wahrsten Sinne des Wortes auf die Verteidiger niederhagelte.

Noch schlimmer traf es die armen Hunde der Gefechtsvorposten, die erst in der Nacht vor dem Angriff als armseliger Sicherungsschleier in die riesigen, kilometerbreiten Lücken zwischen den Stützpunkten vorgeschoben worden waren. Das grauenhafte Inferno der Stalinorgeln traf sie völlig deckungslos und unvorbereitet, wie ein Blitz aus heiterem Himmel. Superintendent Paul Pellar, heute Leiter der evangelischen

Kirche Kärntens, ist einer der wenigen, die überlebten. ,,Als ich damals, einen Tag vor dem Angriff der Sowjets, den Befehl erhielt, mit einem Zug meiner Kompanie zwischen Katschberg und Venediger in Stellung zu gehen, haben wir uns gar nichts Böses gedacht", erinnert sich der damalige Gebirgsjägeroberleutnant. ,,Keiner von uns ahnte, was uns schon in den nächsten Stunden bevorstehen sollte."

In der Tat zerfetzte der Feuertornado die im freien Feld schutzlos daliegenden Gruppen sofort. Was nach dem Orkan am Leben blieb, das war eine Handvoll Menschen, die das Grauen lähmte und die überall drüben am Katschberg und am Venediger die Russen sahen, die in hellen Scharen schon in ihrem Rücken zur Titowa wogten.

Superintendent Pellar weiß heute nicht mehr, wie viele seiner Männer mit ihm zurückkamen. ,,Im Isarlager meldete ich mich bei Hauptmann Strachwitz, der inmitten des schrecklichen Chaos den Kopf oben behalten hatte und die Verteidigung eines Brückenkopfes am Isarlager organisierte. Er war völlig ruhig und traf seine Anordnungen mit harter Entschlossenheit."

Es gab keine intakten Einheiten mehr. Mit einer zusammengewürfelten Kampfgruppe gehörte der Theologiestudent Oberleutnant Paul Pellar zu den verlorenen Haufen, die am Lanweg und auf den Lanhöhen sich immer wieder den Sowjets entgegenwarfen. Es war ein Hexenkessel von Einbrüchen und Gegenstößen. Hier übertrafen sich die Gebirgsjäger selbst. Kaum einer der Überlebenden vermag heute Einzelheiten des Geschehens wiederzugeben, in dem sich in jedem Gesichtsfeld die Ereignisse damals überstürzten. Die todmüden, gehetzten Hirne registrierten keine Gedanken mehr.

Paul Pellar weiß den Tag nicht mehr, an dem er verwundet wurde. War es der 8. Oktober, der 9. Oktober, der 10. Oktober, er weiß es nicht: ,,Es war eine Nacht vorbei", erinnert er sich, ,,eine Nacht blutiger Nahkämpfe, die Russen brachen ein, wir jagten sie im Gegenstoß zurück. Immer wieder.

Es war am Morgen oder am Vormittag. Da waren die Sowjets plötzlich wieder mitten unter uns. Ich sprang auf, wollte wohl Befehle schreien, da sah ich ihn noch. Sechs oder sieben Schritte vor mir. Er schoß mit seiner Maschinenpistole aus der Hüfte. Ich spürte einen harten Schlag am Kopf und am Ellenbogen und dann drehte ich mich wie ein Kreisel und fiel. Aus der Schlagader schoß das Blut. Ich hatte Angst zu verbluten. Ich drückte die gesunde Hand darauf.

Was sich dann abgespielt hat, kann ich nicht mehr sagen. Meine Männer müssen wohl noch einen Gegenstoß gemacht haben. Über mir tauchte plötzlich die Gestalt eines Gebirgsjägers auf. Ich weiß seinen Namen nicht mehr, ich weiß nur, daß er ein Vorarlberger war. Er packte mich in höchster Hast bei den Füßen und zerrte mich wie einen Sack im wilden Feuer der Russen wohl an die 150 Meter einen Hang abwärts. Ich erinnere mich noch, wie der Bataillonsführer, ein Hauptmann aus Westfalen, sich niederbeugend mir auf die Schulter klopfte. Dann wurde es Nacht um mich. Ich erwachte erst Tage später im Lazarett in Ivalo. Von meinem Retter hörte ich später, daß er in Frankreich 1945 durch einen Kopfschuß schwer verwundet worden sei."

Jäger fallen im eigenen Feuer

Kommandant des Gebirgsjägerregiments 137, das vom vernichtenden Stoß der Sowjets zerschlagen wurde, war der beliebte Major Grumm aus Innsbruck:

„Es war eine verzweifelte Situation. Die Überlebenden der Stützpunktbesatzungen waren nach dem Zusammenbruch der Stützpunktlinie von Panik erfaßt. Es gab keine Nachrichtenverbindungen mehr, Funk und Draht fielen aus. Inmitten des Chaos hielt ein Bataillon, von der Einkesselung bedroht, im Rainerlager unerschütterlich stand. Mit einem Flugzeug ließ ich dem Kommandanten den Befehl zum Rückzug abwerfen. Er selbst hätte seine Stellungen nicht verlassen, sondern dem Befehl getreu ausgeharrt, bis es zu spät gewesen wäre. Der Rückzugsbefehl, in einer Rauchpatrone abgeworfen, erreichte das Bataillon, das seine Funkgeräte bereits selbst vernichtet hatte, in letzter Minute."

Das Fehlen jeder Nachrichtenverbindungen wirkte sich in diesen Tagen verheerend aus. In Unkenntnis der Lage geriet z. B. das Kufsteiner Bataillon, das sich an der Titowa verbissen verteidigt hatte, beim Zurückgehen auf die Lanhöhen in der Dunkelheit mitten zwischen die Russen, die schon weit in ihrem Rücken gegen die Lanhöhe fluteten. Im Feuer der Sowjets, aber auch im Feuer der nichtsahnenden Kameraden auf der Lanhöhe wurde das Bataillon fast völlig aufgerieben.

Das befestigte Isarlager war in den ersten Tagen nach dem Durchbruch der Wall, an dem sich die Flut der Sowjets brach. Inmitten der Kopflosigkeit der chaotischen Stunden, die dem Durchbruch folgten, hatte Hauptmann Graf Strachwitz den Kopf oben behalten. Man muß sich die Lage vorstellen: Die Stützpunkte vorne alle verloren, die Russen strömten links vom Isarlager schon in Massen über die Titowa. Kein intakter Verband mehr, alles zerschlagen, versprengt, vernichtet. Keine Nachrichtenverbindung. Als einzige Information von vorne nur noch verstörte, von Panik gejagte Versprengte, die, die Sowjets im Nacken, sonst nichts mehr im Sinn hatten, als sich über die Titowa zu retten.

In dieser scheinbar aussichtslosen Lage raffte Strachwitz Schreiber, Köche, Tragtierführer, Troßleute zusammen und organisierte den Widerstand.

Was von den verlorenen Stützpunkten demoralisiert zurückkommt, wird an der Titowabrücke aufgehalten. Die Offiziere müssen dies vielfach mit gezogenen Pistolen tun. Die Panik ist ein Phänomen, mit dem sich die Wehrpsychologen aller Heere beschäftigen. Sie kann bei bestimmten Umständen auch eine Elitetruppe befallen. Aber eine Truppe gab es hier in diesen Stunden nicht mehr. Was da, vom Schock gelähmt, zurückkam, das waren nur noch Reste vernichteter Einheiten, alle Offiziere von den überrollten Stützpunkten waren gefallen. Um nur einige zu nennen: Auf dem Katschberg fiel Oblt. Ogris, der mit Bauchschuß verwundete Lt. Krumey erschoß sich, um nicht in die Hände der Russen zu fallen.

Unter den Offizieren, die an der Titowabrücke die Versprengten aufhielten, war auch Hptm. Junker. Er galt als entschlossener Mann. Es ist nicht genau festzustellen, wie es zuging. Junker schoß jedenfalls einen Gebirgsjäger, einen bekannten steirischen Skispringer, den Obergefreiten Angerer, nieder, als dieser dem Befehl, in Feuerstellung zu gehen, nicht nachkommen wollte. Das war am Nachmittag nach dem Durchbruch. Hauptmann Junker fiel noch am selben Tag. Er soll durch eine Kugel, die von hinten kam, gestorben sein. Es gab gegen einen Gebirgsjäger, der aus Salzburg kam, in der Nachkriegszeit ein langwieriges Verfahren, das aber im Sand verlief.

Strachwitz, heute Rechtsanwalt und Nationalratsabgeordneter a. D., erhielt für seine überragende Führungsleistung und sein stählernes Ausharren an der Titowabrücke das Ritterkreuz.

Ihm ist es an jenem 7. Oktober 1944 zu danken, daß der Hauptverbandsplatz des Isarlagers gerettet werden konnte.

„Nach dem stundenlangen, furchtbaren Trommelfeuer der Stalinorgeln“, berichtet Dr. Ferdinand Goriup aus Graz, „stürzte mittags jemand mit dem Schreckensruf in den Operationsbunker: „Die Russen sind da!“

„Im Dauerfeuer unserer Vierlingsflak“, erinnert sich der damalige Sanitäter, „verluden wir die Schwer- und Schwerstverletzten und die in Narkose liegenden Verwundeten in Sankas und Lastwagen und flüchteten 7 km zurück in eine Kirche. Die Russen lagen schon 100 m vor der Brücke, die Vierlingsflak hielt sie nieder.

Bis 17 Uhr hielt Strachwitz mit seinen Gebirgsjägern die Brücke. Am Abend wurde er schwerverwundet auf unseren Verbandsplatz gebracht. Ihm danken Hunderte ihr Leben."

Degen hatte uns abgeschrieben

„Die letzten am blutig umkämpften Lanweg waren die Schwadronen der Aufklärungsabteilung 67", erzählt Obstlt. Emil Pitter.

„Die Nacht auf den 12. Oktober 1944 war fürchterlich. Unsere Stellung war am Morgen nach mörderischen Nahkämpfen Mann gegen Mann von Toten und Verwundeten übersät.

Entsetzt sahen wir bei Hellerwerden die Russen in Massen nach Westen wogen. Panzer und Sturmwellen, soweit das Auge reichte. Etwa einen Kilometer hinter uns sahen wir den Flakkampftrupp der Luftwaffe schon im Nahkampf mit den Sowjets. Die Drahtverbindung zur Division war schon seit Stunden unterbrochen."

Pitter, damals Abteilungsadjutant, drängte den Kommandeur, einen rheinländischen Rittmeister, von der Division über Funk den Rückzugsbefehl zu erwirken, ehe es zu spät sein würde. Aber der Rittmeister, ein älterer Mann, schien nicht mehr in der Lage zu sein, Entschlüsse zu fassen.

„Als er sich vom Funkgerät entfernte, faßte ich eigenmächtig den Entschluß zum rettenden Funkspruch: ‚Wir sind eingeschlossen, Munitionsmangel. Erbitten Erlaubnis zum Absetzen.'"

Sofort kam der erlösende Funkspruch: „Ausbruch nach Südwesten." Aber dort wimmelte es schon von Russen. Der Flakkampftrupp war niedergewalzt. Mit Hauptmann Rüf, dem Chef der nächstliegenden Schwadron, besprach ich in Hast das Loslösen vom Feind. Wir brachen in Richtung Westen aus. Leutnant Lettmann, ein Düsseldorfer, deckte aus allen Rohren feuernd mit seinem Zug unser Absetzen. Er sah die Russen. Sie trugen bei ihrem Anrennen eine wehende rote Fahne mit.

Eine ganze Nacht schlug sich die Abteilung zur Speerbrükke durch. Dort stieß sie auf eine Sicherung vom Regiment 137. Sie wollte auf unsere Spitze schießen, weil wir die Parole dieser Nacht nicht wußten. Hauptmann Rüf ging, ein weißes Tuch schwenkend, vor und hatte Mühe, die Gebirgsjäger davon zu überzeugen, daß wir wirklich Eigene waren.

Am Divisionsgefechtsstand trafen wir dann unseren verschollenen Kommandeur. Er hatte General Degen schon gemeldet, daß die Abteilung aufgerieben worden sei.

Die Eismeerfront war eine Domäne der Gebirgsjäger. Aber todesmutig ihnen zur Seite standen die Pioniere der beiden Gebirgspionierbataillone. Der technisch so großartige österreichische Pionier hat da oben in der weglosen Tundra seine ganze Fähigkeit in der Kunst der Improvisation und des Brükkenbaues gezeigt. Schwieriger hat wohl noch nie eine Pioniertruppe ihre Aufgabe zu erfüllen gehabt wie die Gebirgspioniere in der Tundra, in der es keinen Zuschub aus der Heimat gab.

Sie schweißten aus russischen Panzerplatten Ofentüren, klopften aus Benzinfässern Öfen, bauten aus verbrannten Trümmerhaufen alter Russenmaschinen eine genau arbeitende Drehbank. Diese Pioniere konnten alles: Minen legen, stürmen und sich bis zur letzten Patrone verteidigen. Sie räumten mit ihren Flammenwerfern russische Bunker aus und sie bargen mit ihren Sturmbooten Verwundete, so wie bei dem abenteuerlichen Unternehmen am Petsamofjord, als die Sturmboote der Pioniere im rasenden Feuer der Sowjets die Verwundeten des Gebirgsregimentes 136 vom Fischerhals holten und sie mit hoher Fahrt in die schützende Petsamobucht brachten.

Ein Detail am Rande: Viele Jahre später entdeckte der Villacher Rechtsanwalt Dr. Gerhard Kasper in dem Lederkaufmann Wernesch den Fahrer des Sturmbootes, der ihn damals gerettet hatte.

Viele Pioniere blieben am Feind. Oberst a. D. Drück erinnerte bei einem Treffen des einst in Schwaz in Tirol gebildeten Bataillons im Jahre 1967 in Degerndorf an die vielen Opfer. Er erwähnte unter den vielen Namen der Gefallenen Leutnant Graf, Hauptmann Fuchs von Bimbach, den Veldener Arzt Dr. Kaufmann und UO. Schneeweiß.

„Ich schätze", sagte er, „daß bis Kriegsende etwa 500 Pioniere gefallen sind, darunter auch mein eigener Sohn, der Fahnenjunker.

In der letzten Phase des Krieges blutete das Bataillon 82 mit seinem Kommandanten Hans Buraner in Frankreich. Bis zum heutigen Tag verbindet ein Band der Kameradschaft die Pioniere von der Eismeerfront miteinander.

Russe im Nacken

Mitte Oktober 1944 war der Sack um die eingeschlossene 6. Geb.-Division schon fast zu. Von Norden stießen die Sowjets vom Fischerhals herunter. Nur ein schmaler Flaschenhals bei Pakkina schien noch offen zu sein.

Beide Regimenter der 6. Division kämpften sich gegen Westen. Typisch für die Lage jener Tage war das Schicksal der III/143, bis zum Ende ruhig, entschlossen und klug geführt von dem Tiroler Major Ruef. Bei diesem Bataillon gab es an diesem 13. Oktober 1944 zwei Ritterkreuze. Und das kam so:

„Am Morgen des 13. Oktober lagen wir auf einer Höhe ostwärts des Petsamofjordes", berichtet Max Ropp, damals Oberfeldwebel bei der 11. Komp. „Unsere linke Flanke bis zum Fjord sicherte ein Bataillon vom Luftwaffenfeldregiment

503. Auch an der rechten Flanke lag ein Bataillon der Luftwaffe.

Wir sahen von unserer Höhe aus schon die Russen in Massen anrücken. Sie überrollten nach schwacher Gegenwehr links die Luftwaffenleute. Wir sahen sie in Scharen zurücklaufen und ins Wasser des 400 m breiten Fjords nach Westen waten. Russische Panzer rollten auf eine deutsche Nebelwerfer-Batterie zu. Sie gab keinen Schuß ab. Die Bedienung flüchtete zum Fjord, und die Panzer schossen die Raketenwerfer kurz und klein.

Nicht lange danach wichen auch die Luftwaffenkompanien an unserer rechten Flanke. Wir sahen die Männer einzeln und in Gruppen in das weite von Zwergbirken bedeckte Gelände zum Fjord laufen, und die Russen stießen nach. Es wimmelte von ihnen.

Jetzt waren wir Gebirgsjäger wieder einmal dran. Unsere Chance für den Ausbruch war nur das unübersichtliche, von Birken und Gestrüpp bedeckte Terrain. Ruef gab den Befehl: Durchbruch zum Fjord. An seinem Ufer entlang sollten sich die Kompanien dann nach Süden zur Glockenturmbrücke durchkämpfen, die uns den Übergang nach Pakkina ermöglichen sollte.

Die 11. Kompanie erhielt Befehl, an der linken Flanke des Bataillons vorzugehen. In Reihe, die Maschinengewehre im Hüftanschlag, tauchten wir in den Birkendschungel. Plötzlich hinter uns Feuerstöße. Ein ganzer Zug, meist Tiroler und Salzburger, fiel offenbar in die Hände der Sowjets. Kein einziger kam zurück. Auch der Kompanietrupp mit dem Chef kam ins Feuer der Russen. Ein Ruf pflanzte sich nach vorne fort: „Der Chef ist verwundet, OFW. Ropp soll das Kommando der Kompanie übernehmen." Ich befahl: „Dicht aufschließen, Oberleutnant in Zeltblatt mitnehmen. Er darf auf keinen Fall zurückbleiben."

Links war gangbares Gebiet, nach rechts aber tat sich sumpfiges Gelände auf. Da waren die Russen sicher nicht.

Also wateten wir bis zu den Hüften im sumpfigen Wasser. Wir bekamen Feuer von links, aber die Garben zwitscherten über unsere Köpfe hinweg. Unsere MG-Schützen feuerten aus der Hüfte.

Wir erreichten den Schwabenweg. Ich spähte aus dem Gebüsch auf den Weg. Rechts war alles frei. Aber links, keine 150 m entfernt, standen die Russen in Scharen herum. Sie hatten die MP umgehängt und rauchten.

Flüsternd befahl ich, ,,aufschließen entlang der Straße, dann auf Zeichen: ,,Geschlossener Sprung." Die ganze Kompanie hetzte ins Dickicht auf der anderen Seite, und jetzt sahen uns die Russen. Wir hörten im Rücken ihr markerschütterndes Urrä-Geschrei. Sie schossen Dauerfeuer hinter uns.

Wir rannten um unser Leben. Mit keuchenden Lungen schleppten die Jäger in der Zeltplane immer noch den schwerverwundeten sudetendeutschen Oblt. Kliem. Atemlos, das Schreien und Schießen der Russen im Nacken, hasteten wir in das Birkengestrüpp.

Plötzlich standen wir am Fjord. Aber nun saßen wir in der Falle. Denn wir hatten ihn nämlich genau an der Stelle erreicht, wo ein 40 m breiter Seitenarm nach Südosten abzweigte. Wenn wir zur Glockenturmbrücke wollten, dann mußten wir diesen Seitenarm durchschwimmen. Aber was sollten wir mit den Nichtschwimmern und mit dem verwundeten Oberleutnant tun? In wenigen Minuten würden uns die Russen überrennen."

Verletzte flehten: ,,Nehmt uns mit!"

,,Max Ropp: Die Garben der Russen pfiffen über unsere Köpfe. Ich ließ vier MG in einem Halbkreis aufstellen. Die Schützen feuerten stehend, das MG auf der Schulter, um in Brusthöhe über das niedere Gestrüpp schießen zu können.

Die vier MGs schleuderten eine wahre Feuerwand von Eisen in den Zwergbirkenwald, und unter ihrem Schutz ging Feldwebel Ferd. Kramer (er lebt heute in Klagenfurt) mit der Kompanie über den Fjordarm. Ich sah, wie ein Jäger mit seinem MG fast unterging. Aber keiner ließ die Waffe im Stich."

Ing. Ferd. Kramer glaubt zu wissen, warum die Sowjets andauernd zu hoch schossen: „Sie hatten von den Luftwaffenleuten die MG 42 erbeutet, deren schnelle Schußfolge den Russen neu war. Es riß ihnen deshalb bei Dauerfeuer die Mündung hoch. Das rettete uns."

Max Ropp berichtet weiter:

„Inzwischen hatte ich am Fjordufer ein kleines Boot entdeckt. Der Tiroler Oberjäger Scharf holte es. Die Garben der russischen MGs peitschten dabei das Wasser. Mit dem Boot brachten wir den Oberleutnant und die anderen Verwundeten über den Fjordarm.

Wir stießen nun das Fjordufer entlang nach Süden, und da machten wir eine schreckliche Entdeckung. An der Böschung lagen wohl an die hundert schwerverletzte junge Soldaten des Luftwaffenfeldregiments, zum Teil schon im Wasser. Und das war das Schrecklichste, das ich erlebte", sagt Max Ropp. „Die Verwundeten hoben die Hände, die Verzweifelten schöpften bei unserem Anblick sinnlose Hoffnung, sie flehten, sie riefen, sie bettelten: „Nehmt uns mit. Die Russen erschlagen uns." Ihre Rufe, ihre verzweifelten Schreie in Todesangst schnitten uns ins Herz. Es war grauenhaft. Alle, die wir da liegenlassen mußten, erlitten hundertfache Todespein. Die Russen lasen keine Verwundeten auf, sie erschlugen alle.

Dicht aufgeschlossen strebten wir nach Süden. Da wimmelte es plötzlich wieder vor uns: eigene. Wieder Soldaten des Luftwaffenregiments. Sie hatten die Gewehre weggeworfen, auch ihre Offiziere trugen keine Koppel mehr. Es waren an die 200 Mann, die wie verlorene Schafe beisammenstanden. Wie zum Hohn hatten zwei Mann noch ihre MG bei sich.

Vielleicht waren es die zwei einzigen, die den Kopf oben behalten hatten.

Ich fragte: ,,Wer ist hier der Führer?" Keiner meldete sich. Sie starrten mich an. Keiner der Offiziere trat vor. Aber aus dem Haufen ertönten Warnungen: ,,Wir können nicht weiter. Die Russen sitzen vorne am Fjord bei den drei Hütten."

Das stimmte, aber mit ein paar Feuerstößen hatten wir die Sowjets vertrieben. Der Weg war frei. Und da geschah das, was ich befürchtet hatte. Die Luftwaffenleute sahen, daß der Weg frei war, und stürmten plötzlich wie eine wildgewordene Herde los. Sie rannten in Panik nach Süden auf die Brücke zu und sie rissen einige Gebirgsjäger mit. Die Herde konnte blind und taub in die nächste russische MG-Garbe rennen. Ich hetzte ihnen in langen Sprüngen wohl an die 700 Meter nach, bis ich an die Spitze des langsamer gewordenen Haufens kam. Ich riß die MP in Anschlag und schrie die ersten an: ,,Wer noch einen Schritt weiter macht, den schieß ich nieder."

Sie kamen zur Besinnung und standen.

,,Damals", so bekennt Max Ropp, ,,erkannte ich die Wahrheit, daß kämpfen leichter als führen ist. Der Führer aller Grade trägt zur psychischen und physischen Last des Kampfes auch noch die Bürde der Entscheidung und der Verantwortung.

Wir erreichten die Glockenturmbrücke, die unter sporadischem Feuer der Sowjets lag. Der Sanitäter kam: ,Der Chef ist schon ganz gelb, werfen wir ihn doch ins Wasser.' ,Nein', sagte ich, ,solang er lebt, wird er mitgetragen.' Wir schleppten ihn so lange mit, bis wir ihn später in Pakkina auf ein Fahrzeug der Pak aufladen konnten. Er wurde dann tot in einem Straßengraben gesehen.

Wir erreichten die Brücke und gingen in Stellung. Immer noch kamen einzeln Versprengte unseres Bataillons."

Ropp hielt mit seinen Leuten die Glockenturmbrücke. Immer noch kamen Versprengte. Den waffenlosen Haufen der Luftwaffe schickte er nach Pakkina weiter.

„Es gab bei dem Luftwaffenregiment auch einzelne beherzte Leute", berichtet Max Ropp. „Ich sah, wie ein Offizier mit einigen Leuten ein russisches MG angriff.

Um 16 Uhr kam ein Offizier und zeigte mir einen Armeebefehl zur Sprengung der Brücke. Ich sagte: „Das dürfen wir nicht. Es kommen immer noch Versprengte. Wir müssen die Brücke halten." Der Leutnant hielt mir entgegen: „Wenn die Brücke in die Hand der Russen fällt, werden Sie erschossen. Sie wird nicht, sagte ich, wir zünden sie selber."

Ing. Ferdinand Kramer erinnert sich, daß ein Pionierunteroffizier namens Brandstätter schon sprengen wollte. Er wurde mit der ernsten Warnung daran gehindert, daß man auf ihn schießen würde.

Erst am Abend flog die Brücke in die Luft. „Uns alle hob der Luftdruck einen halben Meter hoch."

Max Ropp hatte mit seinem Ausharren an der Brücke zahlreiche Versprengte vor Gefangenschaft und Tod bewahrt. Er war einer von den unvergleichlichen Unterführern, die an Furchtlosigkeit und Entschlossenheit den Teufel im Leib haben und sich als geborene Führer erwiesen. Ropp wurde wegen Tapferkeit zum Offizier befördert und mit dem Ritterkreuz ausgezeichnet. Heute noch spricht man von ihm mit uneingeschränktem Respekt.

An der Glockenturmbrücke hatte Ropp ein seltsames Erlebnis gehabt. Ein Zug in deutscher Uniform marschierte auf die Brücke zu, voran ein Leutnant. „100 Meter waren sie schon heran, da wurde mir unheimlich", sagte Ropp. „Ich schrie: ‚Welche Kompanie?'

Keine Antwort. Sie marschierten eilig weiter, immer näher kamen sie. Welche Kompanie? Keine Antwort. Da befahl ich: ‚Feuer', und in diesem Augenblick waren sie hinter einer Bodenwelle verschwunden. Und wieder schrie eine Stimme drüben: ‚Nicht schießen. Eigene.' Einen Augenblick war wieder Stille. Dann setzte ein Feuerhagel auf die Brücke ein."

Bei den Russen war diese List gang und gäbe, wenn sie den Deutschen auf kurze Entfernung gegenüberlagen. Sie riefen zum Beispiel ,,Pardon", und wenn einer sich aus der Deckung hob, knallte es. Einen solchen Täuschungsversuch erlebten unter anderem auch die Männer der 5. Batterie des Gebirgsartillerieregimentes 118 bei der Speerbrücke. Hans Mitsche aus Stoßau bei Arnoldstein machte dabei eine unangenehme Erfahrung: ,,Im Morgengrauen hatten die Russen eine Sicherung des Küstenschutzes überrannt und unsere Batterie mußte sich den Weg nach Pakkina infanteristisch freikämpfen. Die Batterie führte Oberleutnant Tichy, ein Salzburger. Die Russen waren schon auf 50 Meter heran. Der blutjunge Leutnant Werle riß etwa 30 Mann unter dem Feuerschutz meines MG zum Gegenstoß vor. Da erhebt sich auf der Kuppe über uns eine Gestalt und winkt und winkt: ,,Nicht schießen, nicht schießen. Eigene." Ich feuere trotzdem weiter, da schreit der junge Leutnant zu mir herüber: ,,Sind Sie denn wahnsinnig geworden? Gurte raus." Zu allem Überfluß schossen sie oben auch noch grüne Leuchtkugeln, das eigene Zeichen für diesen Tag: ,,Hier sind wir."

Also hat der Leutnant doch recht gehabt. Ich erhebe mich arglos, werfe die Patronengurte des LMG über die Schulter und will den angeblichen Kameraden entgegenstapfen. Da ging oben plötzlich ein Feuerzauber los. Sie schossen aus allen Knopflöchern auf uns und mähten die Angreifer, die sich erhoben hatten, nieder. Unser Leutnant war tot. Ich selbst spürte einen harten Schlag auf der Brust, und erst später sah ich, was geschehen war. Eine Kugel war an den Gurten abgeprallt und hatte in Brust und Schulter die Haut gestreift. Und plötzlich sah ich die Mongolen vor mir. Ich stieß das MG mit dem Lauf in die Erde, um es unbrauchbar zu machen, machte blitzschnell kehrt und rannte einen entgegenkommenden Mongolen um, ehe er noch abdrücken konnte."

Unter denen, die diesen Gegenstoß überlebten, war übrigens ein Unteroffizier Kindler. Der baumlange Stabsgefreite Mitsche hatte ihn auf seinen Schultern aus der Feuerzone zu den Fahrzeugen der Batterie getragen. Andreas Kirchberger aus Salzburg eroberte später auch Mitsches MG zurück.

Rendulic rügte General Degen

An der Speerbrücke war der Teufel los. Russische Panzer waren bereits über die Brücke gerollt und schossen jetzt die Trosse und vor allem die Sanitätswagen zusammen, die mit Verwundeten vollgepfercht waren.

Hundert Meter vor den sechs russischen Panzern ging ein Geschütz der 4. Batterie 118 in Stellung. Es war dies die Batterie des Hauptmanns Sornberger, der im Mai 1945 von einem Obergefreiten erschossen werden sollte.

Das Geschütz eröffnete sofort das Feuer auf den letzten Panzer, und schon die erste Panzergranate traf. Aber sie explodierte nicht. ,,Es war schrecklich", sagte Hermann Haßlacher, Gastwirt aus Winklern im Mölltal, der damals als Batterieoffizier bei diesem Geschütz das Feuer leitete. ,,Auch die zweite Granate klatschte auf den Leib des stählernen Kolosses. Schuß auf Schuß jagte der Richtkanonier aus dem Rohr. Jede Granate traf und keine explodierte. Dabei hatte ich erst einige Wochen vorher der Mannschaft beim Unterricht erzählt, welche tolle Wirkung diese neue Panzergranate habe." Jetzt schossen die Artilleristen wie mit einem Kindergewehr auf einen Panzer. Sieben Granaten waren Blindgänger. Erst die achte traf. Eine Stichflamme schoß aus dem Panzer.

Im gleichen Augenblick ließ ein furchtbarer Schlag den Boden erzittern: Volltreffer in die Gebirgskanone.

Das Geschütz war ein Haufen verbogener Eisenteile. Neben ihm lagen mit zerrissenen Leibern die zwei Kanoniere. Aus zahlreichen Splitterwunden schoß Leutnant Haßlacher das Blut. Er wurde kurze Zeit später im Feuer eines russischen MG auch noch durch einen Unterschenkelschuß verwundet. Und als er sich, mühsam auf seinen Karabiner gestützt, zurückschleppte, erhielt er auch noch einen Steckschuß ins Rückgrat. Lange Zeit bestand für ihn Lähmungsgefahr."

In jenen Oktobertagen 1944 schien alles drunter und drüber zu gehen. Die Lage war so verworren, daß es ein Wunder war, daß nicht ein totales Chaos entstand. „Unsere Batterie kämpfte bei Parkina, der Troß war 30 Kilometer abgedrängt, dazwischen überall die Russen", erinnert sich ein Artillerist.

General Degen, der Kommandeur der 2. Gebirgsdivision, fuhr mit seinem Gefechtsstab auf dem Weg von Salmijarvi nach Kolosjoki mitten in die Russen hinein.

Sein Kradmelder von damals, Alfons Ribitsch, Goldschmied in Klagenfurt, erinnert sich: „Es war am 22. Oktober. Wir dachten, wir hätten das Schlamassel schon hinter uns. Voraus fuhr der General mit seinem Adjutanten, im zweiten Wagen, den der Obergefreite Kamper aus Tirol lenkte, saß noch ein Feldgendarm und ein Schreiber. Dahinter wir zwei Kradmelder.

Plötzlich ratterten in einem Waldstück schwere russische MG, der Wagen vor mir stand, der Kamerad neben mir krachte in das Heck des Fahrzeuges, ich riß die Maschine nach links in den Straßengraben, drehte um und jagte mit Vollgas wieder auf die Straße zurück, bis ich auf eine auf der Straße daherkommende Gruppe vom Gebirgsjägerregiment 136 stieß, die sofort in Stellung ging und das Feuer auf die Russen eröffnete.

Erst später, in der Nacht darauf, als wir uns nach Kolosjoki durchschlugen, erfuhr ich, was geschehen war. Der Wagen des Generals war an den feuernden Russen vorbei durchgebrochen. Das zweite Fahrzeug stand noch auf der Straße. Die Besatzung lag tot daneben."

General Degen ist erst 1975 in Bayern gestorben. Er hatte im Westen 1945 ein Bein verloren. Seine Führung war umstritten. Er wurde vor allem für die Entscheidung verantwortlich gemacht, vor der russischen Offensive Anfang Oktober 1944 die Batterien seiner Divisionsartillerie fast unmittelbar hinter die Stützpunkte vorgezogen zu haben. Er wollte damit bessere Wirkung in die Tiefe des sowjetischen Bereitstellungsraumes erzielen. Die Folge dieser Maßnahme war katastrophal. Die Sowjets standen nach der Zertrümmerung der Stützpunkte sofort vor den Batterien, die zur Nahverteidigung übergehen mußten.

Ribitsch erinnert sich, daß Generaloberst Rendulic Ende Oktober dem Divisionskommandeur in seinem Stabsquartier an der Eismeerstraße deshalb heftigste Vorwürfe gemacht hat. „Ich war nur Ohrenzeuge. Wir Melder hörten die lautstarken erregten Vorwürfe von Rendulic durch die dünne Barackenwand.“

Merkwürdige Lebensrettung

Nördlich des berüchtigten Flugplatzes Luostari kämpfte das III. Bataillon. Bei diesem Bataillon diente der Uffz. Hans Krassnitzer aus Kärnten.

Eine Kompanie dieses Bataillons sollte im Wirbel der Vernichtungskämpfe eine von Sowjets eingeschlossene Gebirgsjägereinheit retten. Schon beim Vorgehen aber wurde die Kompanie vom Hammer einer Stalinorgel zerfetzt.

Die wenigen Überlebenden, die ratlos in Trichtern liegenblieben, sahen von Luostari in dichten Wellen Sowjets heranrücken und sie sahen etwas Unglaubliches: in der Menschenmauer eine Musikkapelle! Die Instrumente blitzten in der späten Oktobersonne. Gleichzeitig tauchten Sowjets feuernd in der linken Flanke auf. Die Versprengten setzten sich ab. Krassnitzer sprang und spürte einen Schlag im Arm, er sprang wieder und spürte den Schlag im Bein und er sprang wieder und jetzt brach er zusammen: Blut vor dem Mund, Atemnot, Lungenschuß.

Ein furchtbares Gefühl der Angst durchfuhr den Hilflosen, die Russen brachten jeden Verwundeten um. Sein Leutnant, ein Kärntner aus St. Veit, sah ihn, hörte seinen flehenden Ruf, aber er sprang um sein eigenes Leben, er ließ den Landsmann zurück. Krassnitzer wäre verloren gewesen, wenn das Schicksal nicht einen anderen Gebirgsjäger, nämlich Karl Schlintl aus Pisweg, an ihm vorbeigeführt hätte. Obwohl auch ihm die Russen schon im Nacken saßen, obwohl es von der linken Flanke her nur so zwitscherte, brachte er es nicht fertig, das verzweifelte flehentliche „Nimm mich mit" des Schwerverletzten zu überhören, der sich an das Bein des Kameraden klammerte. Im Kugelregen zerrte er ihn an die zehn Meter weit in Deckung, sich selber dabei den Russen als Zielscheibe anbietend. Hier kam ein anderer Jäger dazu, der den Verwundeten vor dem Ersticken rettete, in dem er die Wunde an der Lunge mit einem Verbandspäckchen schloß. Schlintl und der Kamerad zerrten dann Krassnitzer, der inzwischen das Bewußtsein verloren hatte, bis zu einer Straße, wo sie ihn dann auf einen deutschen Panzer laden konnten.

Krassnitzer ist heute Bauer mit Leib und Seele auf seinem 1000 Meter hoch gelegenen Hof in Straßburg.

Seine Tochter aber heiratete 1979 den Jungbauern Hellmut Schlintl, den Sohn jenes Gebirgsjägerpioniers, der ihn vor 35 Jahren aus dem Feuer trug. Und Hellmut Schlintl ist Bauer auf dem Hof des Mannes, dem sein Vater das Leben gerettet hat.

Der innere Wert einer Truppe offenbart sich in ihrer Sorge um die Verwundeten. Das Bewußtsein, nicht im Stich gelassen zu werden, erhöht die Kampfmoral.

Kameradschaft und Selbsterhaltungstrieb machen ungeahnte Kräfte frei.

An den 1. Jänner 1944 im Raum Nikopol erinnert sich

Oberst Max Jessenitschnig (Köttmannsdorf), der als Gebirgsjäger selber dreimal verwundet worden war:

„Die Kompanie wurde beim Gegenstoß im Feuer schwerer Granatwerfer aufgerieben, von 100 Mann kamen nur 22 zurück. Der angstvolle Schrei: ‚Sani, Sani' gellte durch den Nebel.

Aber die Sani waren tot.

In meiner Gruppe war ich der einzige, der unverwundet am Leben war. Im Nebel stieß ich auf Leutnant Duschitz aus Graz. Er war blutjung und erst vier Wochen bei uns, Offiziere lebten damals nicht lang.

Der Leutnant war bewußtlos. Aus seiner Schläfe tröpfelte Blut. Seine Lippen hauchten das Wort: ‚Mama, Mama.'

Wie soll ich ihn allein zurücktragen? dachte ich.

In der Nähe lag ein Gebirgsjäger mit einem Hodenschuß, der konnte nicht helfen. Aber da war ein Feldwebel mit einem Splitter im Rücken.

Im Frieden würde man einen Menschen mit einer solchen Verletzung mit Blaulicht ins Spital befördern. Aber hier erhob sich der Verletzte taumelnd und half. Zusammen trugen wir den Leutnant zurück, bis wir auf einen Schützenpanzer stießen, der nach vorne fuhr, wo es nur mehr Verwundete und tote Gebirgsjäger gab.

Der Leutnant starb vier Wochen später irgendwo in einem Lazarett."

Versagen und Heldenmut

Das Bild von einem verhinderten zweiten Stalingrad in Lappland wäre unvollständig, würden nicht auch jene deutschen Truppenteile genannt werden, die nach der Kapitulation Finnlands im August 1944 den südlichen Stoßkeil der Russen und später auch der Finnen gegen die Lapplandarmee abgewehrt haben.

Dipl.-Ing. Dr. Ferdinand Kirchner aus Salzburg schreibt dazu: „In diesem Zusammenhang muß vor allem die 7. Gebirgsdivision erwähnt werden. Sie war bis zum Herbst 1944 der südliche Flügel der deutschen Front in Finnland und stand zu Beginn der Rückzugskämpfe im Karelischen Urwald im Raum Kiestinki–Uchtua. Zunächst mußte in pausenlosen Gewaltmärschen die offene Südflanke von Karelien bis zur Ostsee mit einer Luftlinienstrecke von zirka 300 km (Strecke Salzburg–Wien) geschlossen werden. Es war ein Wettlauf mit den feindlichen Truppen, die einen Zangenangriff gegen die Lapplandarmee von Norden (Murmansk) und von Süden (Karelien) geplant hatten. Auch an der Südflanke gab es erbitterte Kämpfe. Besonders erwähnenswert sind hier die ständigen feindlichen Einkreisungsversuche gegen kleinere deutsche Kampfeinheiten.

Als blutjunger, aber bereits fronterprobter Gebirgsjäger habe ich diese Rückzugskämpfe als Melder und Zugtruppführer an vorderster Front miterlebt. Ich erinnere mich an Erlebnisse, die vom todesverachtenden Heldenmut bis zu menschlichem Versagen reichen. Unvergeßlich bleiben mir folgende Ereignisse:

Am 10. Oktober 1944 mußten wir als eine der Sturmkompanien des Gebirgsjägerregiments 206 einen Kessel sprengen, in dem eine Kompanie des Gebirgsjägerregiments 218 eingeschlossen war und sich wegen der großen Verluste nicht mehr selbst befreien konnte. Nach mehrstündigem Angriff waren wir selbst in Gefahr, eingeschlossen zu werden. In unserem Rücken war die Feuerstellung der unterstützenden eigenen Artillerie bereits überrumpelt worden. Unser Angriff zur Befreiung der eingeschlossenen Kompanie blieb stecken. Die Ursache für die ausgefallene Artillerieunterstützung und die eigene gefährliche Situation wurde uns mit Funkspruch mitgeteilt: Wir waren eingeschlossen.

Einer der „älteren" Kameraden (Mitte der Zwanzigerjahre) verlor daraufhin die Nerven und wollte nach ungestümer Schimpferei die Kameraden seiner Gruppe zum Überlaufen bewegen. Auch höhere Dienstgrade hörten schweigend zu. Die eigene – noch nicht 100prozentig ausweglose – Situation und die Tatsache, daß viele schwerstverwundete Kameraden der eingeschlossenen Kompanie sicher verzweifelt auf eine Befreiung und lebensrettende ärztliche Hilfe warteten, versetzten mich in Empörung. Ich schrie den renitenten Kameraden an und wies ihn mit harten Worten zurecht. Das wirkte. Die Stimmung beruhigte sich.

Etwas später kam die Meldung durch, daß die feindlichen Einkreisungsversuche in unserem Rücken abgewehrt werden konnten. Unser Angriff konnte fortgesetzt werden. Kurze Zeit darauf brach der aufwieglerische Kamerad im feindlichen Abwehrfeuer schwer verwundet zusammen. Er wurde trotz starker Flankenbedrohung nicht im Stiche gelassen, von anderen Kameraden zurückgebracht.

Unser Angriff wurde unter heftigem Abwehrfeuer und trotz stellenweise deckungslosem Gelände bei Neuschnee ohne Tarnkleidung mit Schwung fortgesetzt. Gegen Abend konnte die eingeschlossene Kompanie, die mehr Tote und Verwundete zählte als einsatzfähige Männer, befreit werden.

Bis es jedoch soweit war, kam es bei uns zu schweren Verlusten, aber auch zu tapferen Taten, wovon eine für viele genannt werden soll: Ein MG-Schütze wurde im Vorstürmen von einer russischen MG-Garbe schwerstens verwundet. Ein Sanitäter mit der Rotkreuzbinde eilte zur Hilfe; er wurde abgeknallt. Ein zweiter versuchte es; er brach im Feuer zusammen. Als dritter sprang trotz warnender Zurufe mit todesverachtendem Mut der immer einsatzbereite Sanitätsobergefreite Fritz Kandl vor. Es war wie ein Wunder – er blieb unverletzt und konnte den verwundeten MG-Schützen bergen. Die beiden ersten Sanitäter waren tot."

Mit jedem Tag, den die Gebirgsjäger im Durchbruchsraum

das sowjetische Vorgehen verzögerten, ermöglichten sie das Zurückströmen der deutschen Verbände zur Reichsstraße 50.

Der „fliegende Gebirgsjäger" Oblt. Hans Hirn entdeckte als Aufklärer rechtzeitig das russische Rentierkorps, das aus der Tiefe der Tundra vom Südosten her auf die Eismeerstraße zustieß. Er wurde dafür mit dem Ritterkreuz ausgezeichnet.

Die Haltung der Tiroler, Salzburger, Kärntner und Steirer der von den Sowjets fast vollständig umklammerten zwei Gebirgsdivisionen war um so bewundernswerter, als sie die Last der Abwehr allein zu tragen hatten. Eine miteingesetzte Radfahrbrigade versagte vollkommen. Ebenso das Luftwaffenfeldregiment 503, auch manche Einheiten eines Grenadierregimentes ließen die mit ihnen eingesetzten Gebirgsjäger im Stich.

Oberst Karl Ruef schreibt: „Die Grenadiere schlugen sich bei Petsomojokki zum Teil hervorragend, einige Einheiten aber wurden von Offizieren geführt, die wohl den Vorgang der Waffe beim Schuß erklären konnten, ihn aber am liebsten im theoretischen Unterricht im Lehrsaal erlebten. Die Leute des Luftwaffenfeldregimentes 503 aber waren zu wenig infanteristisch ausgebildet und besaßen keine Kampferfahrung. Als Korsettstützen kämpften zwischen diesen Einheiten die Gebirgsjägerbataillone. Diese gerieten dann durch das Versagen ihrer Nachbarn immer wieder in verzweifelte Situationen, weil sie die Sowjets plötzlich im Rücken hatten."

An der Nickelstraße sah eine ganze Grenadierkompanie zu, wie eingeschlossene Reste der 1. Kp. des Gebirgsjägerregimentes 143 zwischen Straße und Vallasee von den Russen aufgerieben wurden. Sie hätten gerettet werden können, wenn der Hauptmann, der nur 300 Meter vom jenseitigen Ufer liegenden Grenadierkompanie das Feuer auf die Russen eröffnet hätte. Er tat es aber nicht. Als er später beim Kriegsgericht um den Grund gefragt wurde, sagte er, er habe die Stellung seiner Kompanie „nicht verraten wollen".

Im Chaos des Durchbruchs drehten Männer durch, deren Nerven der Beanspruchung nicht gewachsen waren. F. Hanika erinnerte sich: „Im Isarlager war als Arbeitsmannschaft auch ein Strafzug der deutschen Marine untergebracht. Es waren degradierte Offiziere und Maate einer U-Bootbesatzung. Sie waren in einer Hütte eingesperrt. Ihr Kommandant ließ sie beim Einsetzen des russischen Trommelfeuers und der Offensive im Stich und flüchtete. Wir mußten im Feuer die Schlösser aufbrechen, um die Gefangenen zu befreien, die sich dann als Munitionsträger sehr bewährten. Der Oberleutnant wurde wenige Tage später noch während der Kampfhandlungen wegen Feigheit vor dem Feind standrechtlich erschossen."

Auch das gab es. Aber das waren Erscheinungen am Rande.

Dr. Grumm, der letzte Regimentskommandant der Geb. Jg. 137, urteilt: „Abgesehen von der Panik der ersten Stunden kämpften die Gebirgsjäger mit bewundernswerter Todesverachtung. Sie haben der ganzen Lapplandarmee durch ihren Heldenmut die „Rückmarschkarte" in die Heimat erkämpft."

Verheizt in den Lüften

Die 100 österreichischen Ritterkreuzträger der Fliegertruppe erzielten in Luftkämpfen 3500 Abschüsse. Der erfolgreichste österreichische Jagdflieger war mit 258 Luftsiegen Major Walter Nowotny (23) aus Wien. Er stürzte 1944 bei einem Einsatz gegen „Fliegende Festungen" über Achmer tödlich ab.

General der Jagdflieger wurde im Jänner 1945 mit 150 Abschüssen der Österreicher Gordon Gollob, der bis zu seinem Tod in Norddeutschland lebte. General der Schlachtflieger wurde mit 973 Feindflügen ebenfalls ein Österreicher: Helmut Bruck. Generaloberst Löhr, der aus der Fliegerei des Bundesheeres kam, wurde im Krieg Befehlshaber der Heeresgruppe E. Er wurde 1947 in Belgrad erschossen. Sein Gegenspieler Tito ließ ihn umbringen, denn Löhr wußte zuviel über Titos Geheimverhandlungen mit den Deutschen. Inzwischen hat Djilas einen Teil des Geheimnisses gelüftet. Tito hatte den Deutschen zugesagt, sie bei der Abwehr einer alliierten Landung an der Adria-Küste nicht zu behindern.

Ein Flieger-As war der Altösterreicher Otto Kittel aus dem Sudetenland. Nach 267 Luftsiegen wurde er 1945 über Kurland durch Flak abgeschossen.

Die Dokumentation über österreichische Ritterkreuzträger von W. Schröder und G. Wiesinger (Weishauptverlag Graz) berichtet über die Schicksale der Ritterkreuzträger.

Überraschend oft heißt es da: „Über russischem Gebiet abgesprungen oder notgelandet und seither vermißt." Die Sowjets schossen jeden notgelandeten Flieger nieder.

Ein einziger Ritterkreuzträger überlebte die sowjetische Gefangenschaft und kehrte 1949 zurück: Kurt Sohatzy aus Schloß Pragerhof in der Südsteiermark. Nach 38 Luftsiegen hatte ihm schon 1941 bei Kiew eine abgeschossene IL 2 die Tragfläche abgerissen; er sprang ab und wurde gefangen. Aus sowjetischer Gefangenschaft auf abenteuerliche Weise entkommen konnte der Nachtjäger Karl Theyerl aus Wien.

Bewundernswert war die Leistung der Nachtjagdverbände. 11 „Fliegende Festungen“ hatte der 22jährige Hauptmann Tichy Ekkehard abgeschossen, die zwölfte rammte er und fand dabei den Tod.

Der Salzburger Major Prinz Egmont Lippe-Weisenfeld stürzte nach 51 Nachtabschüssen bei einem Tagesflug in den Ardennen infolge Bodenberührung ab. Nach 56 Abschüssen von „Fliegenden Festungen“ starb Hptm. Kraft Josef aus Wien. Hptm. Pölz mußte nach dem Abschuß in Tunesien erleben, wie sein Bordschütze, am Fallschirm hängend, von Amerikanern abgeschossen wurde. Dasselbe Schicksal erlitt der Ritterkreuzträger Oberfeldwebel Ehrenberger Rudolf. Nach 49 Luftsiegen wurde er über Jüterbog am Fallschirm von US-Fliegern erschossen.

Manche Flieger hatten sagenhaftes Glück. Hptm. Schallanda z. B. wurde zweimal verwundet, siebenmal abgeschossen und brachte nach einem Fallschirmabsprung hinter den sowjetischen Linien einen Rotarmisten als Gefangenen mit. Über Murmansk abgeschossen wurde Lt. Hans Döbrich. Er kam nach 7 Tagen Fußmarsch durch Sowjetgebiet zu unseren Gebirgsjägern. 1943 wurde er über dem Petsamo Fjord wieder abgeschossen und von Marine aus dem Eismeer gefischt. Nach 1945 ging er zur Raumfahrt in die USA. Hptm. Lukesch Dieter wurde zweimal auf sowjetischem Gebiet abgeschossen und kam zweimal mit seiner Besatzung wieder zurück.

Ein ungewöhnliches Schicksal hatte der Linzer Oberfeldwebel Heinz Bartels. Nach dem 99. Luftsieg wurde er über Bonn abgeschossen und war spurlos samt der Maschine verschwunden. 1968 erst wurde die Me-110 mit seiner Leiche in 8 m Erdtiefe bei Bonn entdeckt.

Zwei Ritterkreuzträger erreichten ihre höchste militärische Stufe erst nach dem Krieg. Oblt. Oblesser Friedrich wurde General der Deutschen Bundeswehr; 120 Luftsiege hatte er zu verzeichnen. Hptm. Haiböck beendete den Krieg mit 77 Abschüssen und wurde 1955 Kommandant der österreichischen Luftstreitkräfte.

Ein böses Licht auf Schweden wirft das Schicksal des Oblt. Leibnitz. Er mußte 1945 in Schweden notlanden und wurde an die Sowjets ausgeliefert, die ihn erschossen. Die Schweden haben Tausende Internierte mit einer Herzlosigkeit ohnegleichen den Sowjets ans Messer geliefert.

Es ist natürlich ein Irrtum zu glauben, nur Ritterkreuzträger hätten Heldentaten vollbracht. Das Buch über die Ritterkreuzträger nennt, als Beispiel für viele, den Major des Bundesheeres Rudolf Sinner. Er flog schon im Bundesheer, er flog im Krieg an allen Fronten 390 Einsätze, erreichte 39 Abschüsse, wurde 15mal abgeschossen, fünfmal verwundet und bekam doch kein Ritterkreuz.

In der Wehrmacht mußte in der Beurteilung jedes Offiziers seine verläßliche NS-Gesinnung bescheinigt werden. Das tat jeder Vorgesetzte automatisch *ohne Rücksicht* auf den Wahrheitsgehalt dann, wenn er dem Untergebenen nicht schaden wollte.

Hatte Sinner in dieser Hinsicht einmal Pech gehabt?

In der Folge berichten Flieger über ihre Erlebnisse:

Ein Stukaflieger der ersten Stunde war der einstige Oberlt. Sepp Wochinz aus Villach. Die schwersten Einsätze erlebte er über Leningrad und Kronstadt: „Aus 1800 Flakgeschützen schlug uns das Feuer entgegen. Als wir das Schlachtschiff „Marat“ angriffen, stürzte mein Staffelkapitän vor mir. Im Sturz auf das Ziel alle Nerven gespannt, sah ich, wie der Staffelkapitän seine Maschine nicht abfing. Er stürzte mit ihr und der 1800 Kilobombe direkt auf das Schiff. Eine riesige schwarze Wolke schoß hoch. Der Staffelkapitän muß im Sturz getötet worden sein oder verwundet das Bewußtsein verloren haben."

Stuka als Flammenwerfer

Über 700 Feindflüge hat der Ritterkreuzträger Arthur Pipan im Krieg glücklich hinter sich gebracht. Er ging als Brigadier der österreichischen Luftwaffe in Pension.

Die Stuka waren beim Feind gefürchtet, aber nach dem Sturz war die langsame Ju 87 jedem feindlichen Jäger unterlegen. Schutz gegen Jäger war der Abwehrkreis, aus dem den Angreifern das Feuer aller Bordwaffen entgegenschlug.

Zahlreiche kritische Situationen überstand der Stukaflieger Pipan, aber abgeschossen wurde er nicht von einem Jäger, sondern von einer russischen Vierlingsflak, und das kam so:

Pipan flog mit seiner Staffel zu einem Ziel bei Moskau. Da wurde er aus der Luft Zeuge eines überraschenden Einbruches sowjetischer Panzer in die deutsche HKL. Um die Panzer wimmelte es nur so von vorgehender sowjetischer Infanterie. ,,Arme Kameraden", dachte der Staffelkapitän, ,,da unten geht es rund." Ohne Zögern stürzte er sich mit seiner Staffel im Tiefflug auf die sowjetische Infanterie.

Da sah er plötzlich, wie eine sowjetische Vierlingsflak Feuer spie. Sein Befehl an die Staffel: »Alle Bomben auf die Panzer, ich erledige die Vierlingsflak!"

Pipan holte weit aus und griff von der russischen Etappenseite her die gefährliche Kanone an. Aber deren Bedienung war auf Draht. Blitzschnell drehte das Geschütz auf den Sturzkampfbomber zu und schon prasselten Granaten in den Rumpf der Ju 87. Die Maschine brannte sofort lichterloh.

Der Bordschütze schrie: ,,Ich steige aus!" ,,Nein", schrie der Oberleutnant verbissen. Dieses NEIN rettete dem Bordschützen das Leben. Denn Pipan gab nicht auf. Er steuerte den fliegenden „Flammenwerfer" über die Köpfe der Sowjets hinweg in Richtung Heimathafen und jagte ihn dann nach zwei Minuten mit einer Bruchlandung in den Schnee. Wie durch ein Wunder überschlug sich die Maschine mit ihrem festen Fahrwerk nicht. Wie durch ein Wunder erloschen auch die Flammen aus dem brennenden Tank. Der Bordschütze zog seinen verletzten Staffelkapitän aus der Maschine, und wieder durch ein Wunder erreichten beide die deutschen Linien.

Die Staffel überwachte aus der Luft, im Abwehrkreis fliegend, den Weg ihres Staffelkapitäns, bis er in Sicherheit war.

Sturz aus 10000 Meter Höhe

„Ende 1944 gehörte der Himmel über Europa den Alliierten. Längst waren die Bombenströme vom Angriff in der schützenden Nacht zum Tagesangriff übergegangen. Endlos zogen die Geschwader der Viermotorigen über Deutschland. Aus blauem Himmel glitzerte silbern tausendfacher Tod. Wie Hornissenschwärme tummelten sich die Verbände der alliierten Jäger um die silbernen Pulks. Weit und breit gehörte der Himmel ihnen. Ihre Übermacht erdrückte die todesverachtende, todgeweihte schwache deutsche Jagdabwehr.

In dieser Zeit war es. Im Dezember 1944.

Eine deutsche Zerstörerstaffel hatte sich einem einfliegenden amerikanischen Bomberverband entgegengeworfen. Die Me 110 flogen in einer Höhe von 10000 m. Soweit das Auge reichte, glänzten die silbernen Punkte der Liberators unter der gläsernen Kuppel des Winterhimmels. Aus der Sonne sah der junge Staffelkapitän der Zerstörer zwei Mustang im Anflug auf seine Me 110. Aber im selben Augenblick erkannte er auch die tödliche Gefahr für seine Staffel. Jäger hoch über ihm. Mustang ohne Zahl, 20, nein, 30, 40, mehrere Staffeln, eine entsetzliche Übermacht, wie sie nur dieses Kriegsende zeigen konnte. Der riesige Pulk drückte auf die deutsche Staffel herunter.

Staffelkapitän H. Kowatsch aus Wien, in diesem Krieg schon viermal über Italien, Deutschland und Afrika abgeschossen und wie durch ein Wunder immer noch am Leben, weiß, daß es diesmal ums Letzte geht. Aber er kommt nicht mehr dazu, seine Befehle zu geben. Er spürt plötzlich einen grauenhaften Schlag ins Gesicht. Aus seinem Mund schießt Blut. Sein Sprechfunk ist weg, die Sauerstoffmaske fort. Rauch und Flammen schlagen aus der Schnauze der Me 110. Die Maschine brennt.

Raus aus der Kiste!

Hauptmann Kowatsch wirft das Kabinendach ab und stemmt sich von seinem Sitz hoch. Der Fahrtwind der noch immer mit 500 Stundenkilometer dahinjagenden Messerschmitt wirft ihn zurück. Mit aller Gewalt stemmt er sich wieder hoch. Aber die Maschine hält ihn fest. Der Fahrtwind müßte seinen Oberkörper längst aus der Maschine gerissen haben. Aber irgend etwas von seinem Fallschirm hat sich am Sitz verhängt und fesselt ihn an das brennende Flugzeug. Sekunden noch, und die Flammen hüllen ihn ein.

Mit letzter Kraft stemmt Kowatsch seinen Fuß nach unten. Mit seiner Fußspitze erreicht er den Steuerknüppel und drückt ihn nach vorn. Augenblicklich gehorcht die Maschine, stellt sich jäh auf die Schnauze und stürzt dann wie ein Stein unter dem Piloten weg.

Der Hauptmann fällt ins Bodenlose. Hatte sich sein Fallschirm beim Losreißen von der Maschine beschädigt? Er weiß es nicht. Zunächst stürzt er ins Nichts. Er weiß, er darf den Fallschirm in dieser Höhe nicht öffnen. Um keinen Preis. Wie ein tückisches Tier würde die Weltraumkälte über seinen ungeschützten Körper herfallen und ihn töten. Die wenigen Minuten, die er in der sauerstofflosen Atmosphäre schweben würde, sie würden genügen, um ihn auszulöschen. Er würde

Das Ende ist da. Deutsche Soldaten kapitulieren.

Luftwaffe, Heer und Waffen-SS wurden vom Sieger entwaffnet. Am teuersten bezahlten die Angehörigen der Waffen-SS die Niederlage. Selbst Verwundete wurden aus den Lazaretten geholt und in Lager gebracht. Es gab Geldstrafen mit Sühnearbeiten. Berufsbeschränkungen, Berufsverbote wurden verhängt, Versorgungsleistungen wurden versagt. Witwen und Waisen waren von den Zwangsmaßnahmen nicht ausgenommen.

Der Arzt Dr. Ernst Steinwender aus Kötschach-Mauthen rettete im Oktober 1944 Generaloberst Rendulic im Karelischen Urwald vor Tod oder Gefangenschaft. Er lag bei einer SS-Nachhut in Deckung, als Rendulic mit einem Begleiter durch das Kusselgelände blindlings auf die 200 m entfernten Sowjets zurannte. Rendulic wollte einem Richtschützen das EK 1 bringen, der am Vortag ganz allein mit seinem Vierlingsgeschütz die Sowjets aufgehalten hatte. Im Bild links von Rendulic Obstl. Hegenbart, der Kommandeur des Deserteurs Primburg (siehe Seite 257).

Im Kessel von Cholm. „Stützpunkt Süd" in einer Gefechtspause.

„Sie starben nicht für ein System sondern für das Vaterland"

Das größte und erste Mahnmal für die Gefallenen entstand nach dem zweiten Weltkrieg nicht etwa in Deutschland. Es wurde in Österreich errichtet. Auf dem fast 1000 m hohen Ulrichsberg bei Klagenfurt. Es besteht aus einer Kirchenruine und einem 28 m hohen Stahlkreuz, dem größten der Alpen.
Im Rahmen eines großen Heimkehrertreffens, zu dem auch eine Großaktion des Vermißtensuchdienstes des Roten Kreuzes gehörte, wurde das Mahnmal im Oktober 1959 eingeweiht.
Ein Teilnehmer des 1. Weltkrieges und SPÖ-Bürgermeister Hans Ausserwinkler, selbst Fallschirmjäger des 2. Weltkrieges, ergriffen bei der Veranstaltung das Wort.
12 000 Menschen waren zur Weihestunde auf dem Berg vereint. Unter ihnen Heimkehrer aus Südtirol, aus Deutschland, selbst aus der Ostzone war heimlich eine Delegation angereist.
Das offizielle Österreich stand damals hinter den Heimkehrern. Eine Ehrenkompanie des Bundesheeres war angetreten. Der damalige Verteidungsminister Ferdinand Graf, ein Kärntner, sagte in seiner Festrede: „Soldaten haben Heimatliebe und Pflichttreue vorgelebt. Sie starben nicht für ein System, sondern für das Vaterland."
Der katholische Bischof Dr. Köstner und Superintendent Glawischnig weihten das Kreuz.
Nach 2000 Jahren trug der Ulrichsberg wieder ein Heiligtum.
Seit mehr als 25 Jahren ragt das größte Stahlkreuz der Alpen mahnend in das Land. Ergreifend ist die Symbolik auf diesem Berg.
An die Zerstörung des Krieges mahnt die konservierte Kirchenruine, deren Mauern vielfach aus Römersteinen bestehen.
Der offene Himmel schaut in das Innere, anklagend und mahnend an Vergänglichkeit des Menschenwerks. Von den Mauern geschützt ragt das hohe schlichte Birkenkreuz empor. Es ist überdimensional, denn es ist kein Kreuz für nur e i n e n Toten. Es steht stellvertretend da für Millionen Birkenkreuze, die in der UdSSR und in Jugoslawien eingeebnet und niedergewalzt worden sind.
Zahlreiche Verbände aus Österreich, Deutschland, Italien, Norwegen und Holland haben in ehrenden Worten das Gedenken an ihre Gefallenen in Tafeln aus Marmor an die Mauern der Ruine gemeißelt. Ergriffen steht der Beschauer vor den Gedenksteinen für die Gefallenen der europäischen Waffen-SS.
Arnold Brecker widmete dem Ulrichsberg das Relief, das den sterbenden Krieger im Arm des Kameraden zeigt. Auf Marmorblöcken melden, bezirksweise geordnet, die Kärntner Gemeinden ihre Verlustzahlen aus zwei Weltkriegen und aus dem Kärntner Abwehrkampf. Über 30 000 Tote.
Ein Kranz erinnert an das tragische Ende der schicksalsverbundenen Südslawen, für die es auf heimischer Erde kein Denkmal gibt.
Der Ulrichsberg ist im deutschsprachigen Raum wohl das erste Mahnmal an den totalen Krieg, der nicht nur die Soldaten verschlang.
Das Gedenken auf dem Berg gilt auch den Opfern des Bombenkrieges, den Millionen, die nach dem Krieg Opfer des Hasses wurden und es gilt auch den Müttern und Frauen, die ihre Söhne und Männer verloren haben.
In den Jahren seit Errichtung des Ehrenmals ist der Ulrichsberg zu einer europäischen Gedenkstätte geworden. Weit über 200 000 Menschen haben aus allen Teilen des freien Europas am alljährlichen Heldengedenken teilgenommen. Bundeskanzler Klaus und die Minister Weiß, Graf, Prader, Schleinzer, Landtagspräsidenten, Landeshauptleute, Mitglieder der Landesregierung aller Parteien, Bürgermeister der Landeshauptstadt und Militärkommandanten hielten ihre Ansprachen auf dem Ulrichsberg.
Sie alle bekannten sich zu den Werten soldatischer Überlieferung, die Grundlage jedes Staates sind, der einen Frieden in Freiheit erhalten will.
In einer unfriedlichen, von expansiven Kräften bedrohten Welt wird dieser Frieden ohne Verteidigungswillen und Opfergeist nie sicher sein.
Opfergeist haben ihrer Schicksalsgemeinschaft die Toten vorgelebt. Ob sie still verlöschten oder vor dem Sterben in Leiden und Leistung zu Titanengröße heranwuchsen: Ihr Tod ist heilig.
Wehe dem Volk, das seine Gefallenen vergißt.

Heimkehrergedenkstätte Ulrichsberg bei Klagenfurt

beim Eintreten in die rettenden Luftschichten schon erstickt in den Gurten hängen.

Vor allem aber durchzuckt ihn die Erinnerung an den unbarmherzigen Feind. Erst in den letzten Tagen hatte er beste Kameraden aus seiner Staffel verloren, die die Reißleine zu früh gezogen hatten. Die Killer in den Lightnings und Mustangs hatten die hilflosen Piloten gnadenlos abgeknallt, indem sie mit ihren Bordkanonen die schwebenden Fallschirme in Fetzen schossen.

Kowatsch stürzte, sich überschlagend, in die Tiefe. Er hatte eigentlich nicht das Gefühl sich zu überschlagen, er fiel vielmehr durch den Raum, und vor ihm wechselten zwei riesige Scheiben immerfort. Einmal sah er die riesige lichte Scheibe des Himmels, dann wieder die riesige dunkle Scheibe der Erde. Immer, wenn die gigantische helle Scheibe vor seinen Augen erschien, suchte er auszumachen, was am Himmel vorging. Noch in diesem Sturz zwischen Tod und Leben riß die Sorge um seine Staffel seine Augen zum Himmel hoch. Wo waren die Messerschmitts in dieser Turbulenz der dunklen Punkte? Wo waren die verlorenen Kameraden?

Aber ehe seine Augen das Bild auf der hellen Scheibe erfaßten, war schon wieder die dunkelgraue Scheibe da.

‚Ich muß sehen, was oben zugeht‘, durchzuckte es ihn. ‚Ich muß *ruhig* stürzen.‘ Er tat das, was er unzählige Male in Gedanken trainiert hatte: Er streckte Arme und Beine, riß das Kreuz durch und balancierte seinen Körper so aus, daß er nun mit dem Kopf nach unten im freien Fall in die Tiefe schoß.

Jetzt sah er die weiße Scheibe endlich ständig über sich, und sein Herzschlag setzte aus: Aus der weißen Scheibe stürzte ein brennender Ball direkt auf ihn zu. Ein Staffelkamerad, eine in Flammen gehüllte Me 110 fiel trudelnd auf ihn zu. Die stürzende Maschine mußte ihn erfassen, sie mußte ihn im Sturz erschlagen. Nach Sekunden lähmenden Entsetzens erst verschwand die brennende Maschine mit dem schwarzen Balkenkreuz hinter seinem Kopf.

Jählings wurde es vor seinen Augen schwarz. Mit Entsetzen durchfuhr ihn die Angst: ‚Ich bin blind!' Seine angstvoll aufgerissenen Augen sahen nichts als Grau. Eben noch gleißende Helle über sich und nun plötzlich Finsternis!

Das Verwundern spülte in Gedankenschnelle eine Erinnerung ins Hirn: Die Erinnerung an die Wettermeldung vor dem Start: Wolkenobergrenze 800 m! ‚Jetzt', schrie es in ihm, ‚jetzt, sonst ist es zu spät!'

Seine Hand griff nach der Reißleine.

Ein fürchterlicher Ruck belehrte ihn, daß der Fallschirm sich geöffnet hatte. Mit unheimlicher Schnelligkeit schoß ihm ein schneebedecktes Stoppelfeld entgegen. Er pendelte stark; das konnte nicht gutgehen. Da schlug er auch schon mit einer Wucht auf der gefrorenen Erde auf, die ihm beide Beine brach. Er merkte es nicht. Die Angst der Versehrten vor neuer Verwundung packte ihn. Die Mustangs würden jetzt im Tiefflug über die Schneewüste jagen und Jagd auf ihn machen.

Er sprang auf und stürzte wie vom Blitz getroffen wieder zusammen. Ein zweiter Versuch mißlang ebenso. Noch immer war er bei vollem Bewußtsein.

Bauern stürzten herbei, und nun geschah das Unbegreifliche: Sie legten Gewehre auf ihn an. Sie machten Anstalten, ihn zu erschießen! Wegen seiner Lederkombination hielten sie ihn für einen alliierten Flieger!"

„Nein", wollte er schreien, „ihr seid wahnsinnig, ich bin ein deutscher Flieger!"

Aber sein zerrissener Mund war tot. Die Bordkanonenkugel in 10000 m Höhe hatte ihm den Unterkiefer total zerschmettert. Ein herbeigeeilter Soldat griff ein und verhinderte die Lynchjustiz.

Der schwerverletzte Flieger verbrachte als fast hoffnungsloser Fall beinahe zwei Jahre im Lazarett. Man machte ihn schonend mit dem Gedanken vertraut, daß er niemals wieder ungehindert sprechen, niemals wieder werde feste Speisen zu sich nehmen können. Er konnte später beides. Ein Wunder ärztlicher Kunst.

Kowatsch flog nach 1955 wieder als Reserveoffizier im österreichischen Bundesheer. Er hatte im Krieg 5 Abschüsse überlebt. Am Wörthersee starb er – an einem Herzinfarkt.

Katastrophe am Neujahrsmorgen

Zu einer Katastrophe wurde der letzte große Schlag der deutschen Luftwaffe, durch den am frühen Morgen des Neujahrstages 1945 die hoch überlegene alliierte Luftwaffe auf ihren Einsatzflughäfen in Frankreich am Boden zerstört werden sollte. Über die Hälfte der angreifenden deutschen Flugzeuge wurde abgeschossen. Der Überraschungsschlag mißlang durch unglaubliche Fehler der höheren Führung. Ein Österreicher, der diesen mörderischen „Start im Morgengrauen" überlebt hatte, ist der einstige Staffelkapitän der 3. Staffel im Jagdgeschwader Richthofen, Dr. Hannes Santner, der heute in Krumpendorf lebt. Er schreibt:

„Es war eine ungeheure Nervenanspannung, als wir im Morgengrauen in den Maschinen saßen und der Startbefehl nicht kam. Jede Minute Warten verringerte unsere Überlebenschancen. Es war unfaßbar. Über unsern Häuptern flogen bereits die Bomber, die wir ‚am Boden' vernichten sollten.

Der Startbefehl kam eine volle Stunde später als geplant. Eine Stunde zu spät.

Die ersten Maschinen verschwanden hinter den Baumspitzen, der Kurs ging befehlsgemäß zuerst nach Westsüdwest, in Richtung Wiesbaden. Nach ca. 10 Minuten Schwenk nach Westnordwest. Jetzt müßte bald die Front mit kräftigem Abwehrfeuer kommen. Der Zauber begann, so wie immer, mit

Leuchtspurgarben von vorne, dann auch von der Seite, und dann von allen Seiten, also auch von rückwärts. Das war schon sehr eigenartig. Mit dem Überfliegen der Front müßte das Abwehrfeuer doch allmählich versiegen.

Aber genau das Gegenteil war der Fall. Der Beschuß wurde immer ärger, der ganze Luftraum um uns herum war ein Feuerwerk mit Perlenschnüren aus Leuchtspur, mit grauen und schwarzen Explosionswolken, mit angeschossenen Maschinen, die eine Rauchspur zogen oder brennend in den Wald stürzten.

Wir nützten im Tiefstflug jede Bodensenke aus, streiften förmlich die Baumwipfel, drückten auf Wiesen und Stoppelfelder steil hinunter und waren wütend, daß dieses intensive und mörderische Abwehrfeuer kein Ende nahm.

Es war wie verhext! – Diese Strecke war mit Flak förmlich gepflastert. Immer wieder griffen die giftig-roten Perlenschnüre, erschreckend zielgenau, gierig nach uns. Unsere Verluste wurden immer ärger. Und so nebenbei, aus den Augenwinkeln heraus, registrierte ich, wie vor mir eine Maschine gegen einen Hügel knallte, eine lichterloh brennende FW 190 hochzog und abstürzte, eine andere mit starker Rauchfahne hochzog. Links vor mir streifte ein Kamerad die Baumwipfel, ein anderer schlug hart am Boden auf und rechts über mir explodierte eine Maschine in der Luft. – Eine solche Feuerhölle hatte ich noch nie erlebt!

Aber der Befehl lautete: ‚Unbedingt zum Ziel!' – Und das alles, obwohl wir wußten, daß seit einer Stunde die alliierten Jäger und Bomber in der Luft waren und unser Angriff ins Leere gehen würde. Im Zielgebiet würde kein Flugzeug mehr am Boden sein. –

Das Vernichtungsfeuer nahm kein Ende. Wir rasten durch Waldschneisen, kleine Täler, übersprangen Hindernisse, unterflogen Leitungsdrähte und versuchten verzweifelt den Leuchtspurgarben zu entrinnen.

Plötzlich, nach ca. 20 Minuten des Fluges durch die Hölle, sah ich vor mir das Angriffsziel! Und schlagartig endete das Flakfeuer, verschwanden die gierigen Leuchtspurgarben und die Explosionswolken. –

Aber nirgendwo am großen Flugplatz war auch nur eine Spur von einem Flugzeug zu sehen.

Diese plötzliche Stille, diese Leere ringsumher, war unheimlich! Ich wußte doch aus den Luftaufnahmen, daß dieser Platz gespickt war mit Flak und daß jeden Augenblick erneut ein mörderisches Abwehrfeuer auf uns niederprasseln mußte.

In der Hoffnung auf eine schützende Wolke riß ich die Maschine mit Kraft hoch. Aber ich war kaum einige hundert Meter hoch, ging der Flakzauber los.

Von allen Seiten donnerte es auf mich ein, harte Schläge erschütterten meine Maschine, ohrenbetäubendes Krachen erfüllte die Kabine, ein Treffer nach dem andern riß Fetzen aus den Tragflächen, aus dem Querruder, aus der Motorverkleidung. Explosionen wirbelten das Flugzeug um die Längsachse, Glas splitterte, Qualm überall.

Und die rettenden Wolken kamen nicht. Fluchend riß ich den Knüppel an den Bauch, trat das Seitenruder brutal nach links und erreichte durch diese ungesteuerte gerissene Rolle unorthodoxe Flugbewegungen. Kein gutes Ziel also für die Geschütze am Boden. Ich trudelte, solange ich es verantworten konnte, fing knapp über dem Boden die Maschine ab und beharkte die mich beschießenden Stellungen mit allen Bordwaffen fast bis zum Rammen.

Ich hatte über dem feindlichen Flugplatz eine Unmenge von Treffern einkassiert. Öl rann über die Motorhaube, Panzerscheibe und Flächenwurzel. Der Motor lief so unrund und unwuchtig, daß er herauszufliegen drohte. Ich ließ Vollgas stehen und schaltete die Notleitung dazu, damit die ersten Kolbenfresser nicht sofort den ganzen Motor blockierten. Durch die Treffer im rechten Querruder wollte die Maschine dauernd links abschmieren, ich mußte daher mit großer Kraft den Knüppel mit Armen und Beinen stark nach rechts drükken. Die Sicht nach vorne war nun gleich Null, weil der Ölfilm sich mit dem Pulverschmauch vermischte und der Scheibenreiniger den Geist aufgab. Ein Tiefstflug ohne Sicht nach vorne ist Selbstmord.

Aber ich mußte tief bleiben, oben lauerten haufenweise die Jäger.

Der Gestank verbrannten Öles, der Qualm und die Unwucht des Motors wurden immer ärger. Am Boden der Kabine bildeten sich Pfützen, und es roch intensiv nach Sprit. Jeden Augenblick konnte die Maschine brennen oder explodieren, jeden Augenblick der Motor sich festfressen, jeden Augenblick das Flugzeug steuerlos in den Boden stürzen. Aber – Bis zu diesem 1. 1. 1945 wurde ich 9mal abgeschossen. Dreimal davon mußte ich mit dem Fallschirm aussteigen, um mein Leben zu retten, diesmal wollte ich um jeden Preis über die Frontlinie! – Die Maschine war kaum mehr zu steuern, der Qualm unerträglich, und die Sicht gleich Null! – Da blieb nur mehr ein Entschluß: Komme was wolle, Bauchlandung! –

Ich zog hoch. Links unter mir ein deutscher Landser in weiblicher Begleitung, Hand in Hand, am Ufer eines kleinen Flusses. Fast zur gleichen Zeit sehe ich links vor mir einen Flugplatz mit Betonlandebahn. Aber verstellt, versperrt, verbarrikadiert mit Stacheldraht, Fässern, Holzpflöcken und Kisten! – Doch da, am Ostrand, war ein Stück freigeblieben. Davor eine kleine Wiese, groß genug für eine Bauchlandung.

Am Abend, als sich alles, auch meine Nerven, beruhigt hatten, ließ ich mich zu meiner braven, gelben 13 bringen. Unter meiner D 9 schimmerte ein Teich aus Öl, Benzin und Kühlstoff im Abendlicht. Rumpf, Motor, Flächen und Leitwerk waren von Einschüssen zerfleddert, die Bleche überall aufgebördelt, die Panzerscheibe und vorderen Sichtfenster zersplittert, das rechte Querruder zerfetzt, die Holzluftschraube hatte in einem Blatt ein kopfgroßes Loch, das linke Federbein stand auf der zerbrochenen Felge, weil der zerschossene Reifen bei der Landung herausgefetzt worden war – und in der Plexiglashaube sah ich einen glatten Durchschuß, der nur einige Zentimeter hinter meinem Kopf vorbeigezischt sein mußte.

Meine tapfere Fw 190, war, wie sie so zerschossen, zerfleddert, durchlöchert und geknickt vor mir stand, ein „Fliegerdenkmal" von starker symbolischer Kraft. Denn deutlicher hätte dieses, mit 27 Volltreffern und ungezählten Splitterlöchern total zerstörte Jagdflugzeug nicht augenscheinlicher machen können, wie es um die deutsche Luftwaffe am 1. Januar 1945 bestellt war.

Nach Merzhausen zurückgekehrt, erfuhr ich hintenherum, daß seit vielen Wochen genau auf dem uns „befohlenen" Einsatzkurs die WUNDERWAFFE V1 in den belgisch-holländischen Raum (Amsterdam-Rotterdam) geschossen wurde. Was Wunder also, daß die Alliierten die ganze V1-Strecke mit Fliegerabwehrwaffen gepflastert hatten.

Nun wurde uns klar, warum das Abwehrfeuer nicht und nicht enden wollte, warum so mörderisch zielgenau geschossen wurde, warum wir durch eine Flak-Allee fliegen mußten, – und warum nur ganz wenige Maschinen, und die schwerst beschädigt, zum Heimatflughafen zurückgekehrt sind.

Von der Hälfte der gestarteten Kameraden haben wir nie wieder etwas gehört! – Die andere Hälfte hat sich im Laufe von Tagen und Wochen entweder mit dem Fallschirm in der Hand oder aus dem Lazarett gemeldet!

Wer, so frage ich mich seit Jahrzehnten, trägt Schuld am späten Startbefehl? Wer hat uns die mörderische V1 Einflugstrecke befohlen? Wer überhaupt hatte es zugelassen, daß wir noch am hellichten Tag auf Flugplätze gehetzt wurden, wo, nachweisbar schon im Morgengrauen alle Feindflugzeuge zum Einsatz in den frontnahen Raum gestartet waren?

Kamikaze bei Remagen

Als die Brücke bei Remagen in die Hände der Amerikaner fiel, war Hitler wütend. Dr. Hannes Santner erinnert sich:

„Am 13. März 1945 lagen wir am Flughafen Rhein-Main. Es herrschte diesiges, regnerisches Wetter mit tiefliegenden Wolken.

Befehl: „Alles zum Gefechts-Stand“! – Vor dem Tower standen wir im Halbrund postiert und harrten der Dinge. Der Kommandeur mit seinem Stab erschien, blickte ernst ins Halbrund und las aus einem Fernschreiben den Einsatzbefehl vor:

Der Führer und Reichskanzler sowie der Reichsmarschall befehlen, die Brücke von Remagen sofort und nachhaltig zu zerstören. Jeder Flugzeugführer ist verpflichtet, sich mit der Maschine und mit der eingeklinkten 500 kg-Bombe in Selbstvernichtung auf die Brücke zu stürzen! Sollte jedoch jemand umkehren oder umkehren müssen, hat er solange diesen Befehl im Alleingang auszuführen, bis die Selbstaufopferung erfolgt ist.

Ich hatte seit 1942 schon viele Einsatzbefehle erhalten, viele, auch unsinnige ausführen müssen, aber das, was sich hier abspielte, war zweifellos einsame Spitze. Die todbleichen Gesichter, das betretene Schweigen über das soeben verhängte Todesurteil muß man verstehen, hatten wir Jagdflieger doch bei den bisherigen Feindflügen, auch wenn sie noch so aussichtslos schienen, die Chance der Wiederkehr.

Ich meldete mich zum Wort und erklärte rundheraus, daß dieser Befehl nicht ausgeführt werden könnte. Die Blicke des Kommandeurs, der ja nicht mitfliegen mußte, verdunkelten sich, die Kameraden aber hatten einen winzigen Hoffnungsschimmer in ihren Augen. – „Warum?“ schnarrte die Kommandeurstimme? – „Wenn wir uns mit der Bombe unter dem Bauch auf die Brücke stürzen, entsteht höchstens ein kleines

Loch und etwas verbogenes Winkeleisen in der Konstruktion der Brücke.“ – Die Bombe wird nämlich erst dann scharf, wenn sie elektrisch ausgeklinkt wird, wenn sie sich vom Flugzeug löst und wenn sie mindestens 5 Sekunden im freien Fall zurücklegt. (Ich habe das auf der Schule der Bombenübungswürfe gelernt!) Die Leute vom Stab schauen sich gegenseitig erstaunt an und beordern mit barscher Stimme: „Der technische Offizier muß her.“ – Dieser kommt und bestätigt meine Aussage!

Daraufhin wurde der ominöse Befehl abgeändert mit dem Auftrag, alles zu tun, damit die Brücke zerstört wird, und dadurch die Chance bestand, den 1. amerikanischen Brückenkopf östlich des Rheins einzudrücken.

Unsere Maschinen wurden bestückt, ich selbst bekam einen 500 kg Abwurfbehälter, in dem sich 250 Splitterbomben befanden. Der Wetterfrosch erläuterte noch rasch, daß über dem Zielgebiet eine geschlossene Wolkendecke liege mit einer Untergrenze von ca. 500 Metern. Bei Gefahr könne man sich darin verstecken.

Nun brausten wir staffelweise los. Die Nerven waren zum Zerreißen gespannt, wußten wir doch aus Erfahrung, wie die Amis Brückenköpfe zu verteidigen pflegten, und welch verheerende Wirkung die Panzerspitzen mit ihren Flakpanzern hatten. Bei solch diesigem, regnerischem Wetter flogen wir natürlich tief und aufgelockert. Plötzlich, wie durch Geisterhand, wurde der Wolkenvorhang weggezogen, und uns überraschte ein strahlend blauer Himmel, und wohin ich auch blickte, glitzerten und blinkten feindliche Flugzeuge in Schwarmformation. Nirgendwo gab es auch nur ein kleines Wölkchen, in dem man sich hätte verstecken können. – Ich aber mußte zum Brückenkopf, mußte rasch Höhe gewinnen, um das Ziel anvisieren zu können und um für den Luftkampf Spielraum zu erhalten! – Jetzt sehe ich deutlich den Rhein, die Brücke von Remagen – und den feuerspeienden Brückenkopf! Nun nichts wie rein, steiler Angriffswinkel mit Vollgas, Panzerspitzen anvisiert und Bombe los! Sofort wieder steil hoch und mit Rechtskurve Richtung Heimat. – Aber hinter mir und vor mir, überall, Lightnings „en masse“! – Ich hielt auf den Lightning-Schwarm vor mir hin, daraufhin teilte sich dieser, ich verfolgte die rechte Rotte, diese teilte sich wiederum und ich nahm den rechten aufs Korn. Jetzt war ich in Schußposition! – Ein Feuerstoß mit meiner ganzen „Musik“, und die erste Garbe trennte den Leitwerksträger eines Gegners von Fläche und Rumpf. Genau in diesem Augenblick wirbelte mich ein wuchtiger, schwerer Schlag auf den Rücken und steil nach unten.

Ich ließ Vollgas stehn, drehte mich im Negativsturz einigemale um meine Längsachse und war gewiß, aus den Pulks der mich umschwirrenden Lightnings herausgekommen zu sein. – Ich blickte zurück und bemerke einige hundert Meter entfernt, einen Verfolger. Ich lasse weiterstürzen, denn die FW 100 ist robuster als alle anderen! Jetzt erst sehe ich in der linken Fläche ein Riesenloch, aufgebördelte Beplankung, und eine kolossale Kondensbildung über der ganzen Fläche! Nun weiß ich auch, warum die Lightning mir überhaupt folgen konnte, denn so ein Riesenloch von einer 3,7 cm Flak bremst stark. –

Nun aber kommt die Erde rasend näher, jetzt heißt es abfangen!

Aber der Knüppel rührt sich nicht! – Na gut, dann eben mit der Trimmung! – Als selbst unter Aufbietung aller Kräfte der Sturzflug weitergeht, erfaßt mich Panik! Die letzte Stunde hat geschlagen. Bei einer Geschwindigkeit von rund 900 km/h gibt es keine Rettung mit Fallschirm! Das Leitwerk würde mich (bei drei Fallschirmabsprüngen habe ich Erfahrung hinreichend gesammelt) bei so hoher Fahrt regelrecht zerreißen.

In dieser Ausweglosigkeit lockerte ich die Schultergurte und streifte sie ab, beugte mich vor, umfaßte den Knüppel mit beiden Ellbogenbeugen und zog ihn mit allen Muskeln nach hinten. Die Todesangst, der Mut der Verzweiflung und ein unbändig starker Wille, überleben zu wollen, verliehen mir ungeahnte Kräfte.

Verteufelt nahe der Erde konnte ich die Maschine abfangen!

Ich kam zu mir, als meine Maschine, fast im Messerflug, durch eine Baumlücke am Kamm des einige hundert Meter hohen Bergrückens durchflutschte. Sofort fing ich die Talfahrt wieder auf und bemerkte gleichzeitig, daß mich eine Lightning verfolgte. In einem dramatischen Zweikampf hätte ich den Gegner beinahe gerammt. Der Schrecken muß meinem Gegner in die Glieder gefahren sein, als er, um den Zusammenprall mit mir zu vermeiden, in einer Reflex-Reaktion seine Maschine scharf hochriß. Und dabei hatte er mich wahrscheinlich aus den Augen verloren.

Wiederum mußte ich den rasanten Sturzflug abfangen, wiederum mit dem Grau- und Schwarzschleier vor den Augen kämpfen, und immer wieder, den Luftraum hinter mir kontrollierend, mit letzter Kraftanstrengung zu verhindern suchen, daß durch die Kopflastigkeit mein Flugzeug senkrecht zu Boden stürzt.

Bei Limburg knallt meine gute FW 190 auf den Boden, mein Kopf schlägt an das Reflexvisier, ich verliere die Besinnung. Drei Tage lang quälten mich Fieberträume.

Die Brücke von Remagen bekam durch unseren Einsatz einige Löcher in Tragkonstruktion und Schienenkörper. Zwei Tage später hatten die Amerikaner eine neue Pontonbrücke gebaut, eine Woche später waren es schon drei.

Der Abteilungskommandeur, der für die rechtzeitige Sprengung der Brücke verantwortlich war, wurde zum Tode verurteilt und erschossen.

Tragödie in Jugoslawien

Ein Millionenheer ging im Mai 1945 in Gefangenschaft. Tausende ließ man in amerikanischen Lagern im Westen Deutschlands verhungern. Hunderttausende deutscher Soldaten wurden den Sowjets zur Sklavenarbeit und zum Sterben ausgeliefert. Auch diese „Befreier“ haben Gefangene erschossen.

Die Zahl der österreichischen Gefangenen in der Sowjetunion betrug 300000. Davon sahen 100000 die Heimat nicht wieder.

Der Kaufmann Norbert Rencher in Klagenfurt ist einer von denen, die zu Weihnachten 1945 zum Tode verurteilt wurden. Das Urteil wurde in 25 Jahre Zwangsarbeit umgewandelt. Achteinhalb Jahre erlebte er die seelische Folter der Gefangenschaft. Er, der Obmann des Heimkehrerverbandes, weiß, viele, die die Gefangenschaft überlebten, erlagen erst in der Heimat den Spätfolgen der Hungerödeme, viele kamen zurück mit seelischen Schäden, die irreparabel waren. Ihre Zahl hält keine Statistik fest. Norbert Rencher hält trotz allem bitteren Leides den russischen Menschen nicht für schlecht! „Der Mensch macht eben Systeme, sagt er, und die Systeme drücken dann dem Menschen ihren Stempel auf.“

Noch schlimmer als die sowjetische Gefangenschaft war die Hölle, die die Gefangenen in Jugoslawien durchlitten.

Die Hölle war Jugoslawien

Daß Millionen Deutsche als Gefangene im Krieg und vor allem nach dem Krieg von Siegern gnadenlos ermordet wurden, das drang bis heute nicht ins Bewußtsein unserer Zeit.

Es hatte viele Jahre nach dem Krieg gedauert bis erste Stimmen über die Massenmorde in Jugoslawien, über die in der Geschichte in ihrer Grausamkeit einmalige Mordorgie in der ČSSR, über die Vertreibung, über das Schicksal der Kriegsgefangenen, in die Öffentlichkeit drangen.

Die Stimmen wurden kaum gehört. Die „nützlichen Idioten" in den Massenmedien und die Historiker der Umerziehung wollten sie nicht hören. Sie sahen wie Kaninchen vor der Schlange nur Auschwitz, Lidice und Oradour. Die Leichenberge derer, die abgeschlachtet wurden, weil sie Deutsche waren, die sehen sie bis heute nicht.

Nicht die Sieger, ihre Knechte in Hörsälen und Redaktionen sind schuld am grundfalschen Geschichtsbild der Nachkriegsgeneration.

Bis heute ist der breiten Öffentlichkeit unbekannt, wie die Titopartisanen zu Zehntausenden die Volksdeutschen erschossen, die im Vertrauen auf ihre Unschuld nicht geflüchtet waren. Sie wurden liquidiert, weil sie Deutsche waren und weil man ihre Höfe wollte.

Selbst ehemalige Kriegsteilnehmer wissen nicht, daß die schlimmste aller Gefangenschaften die in Jugoslawien war. Das war die Hölle. Von 150 000 Mann, die bei der Kapitulation noch auf jugoslawischem Boden waren, kamen fast 100 000 um.

Das große Morden begann schon bei den Nachhuten, die den Rückzug deckten. Hauptmann d. R. Hans Antonitsch hat seine Erinnerungen in einem Buchmanuskript festgehalten, das seinerzeit niemand drucken wollte, weil man sich scheute, den Jugoslawen die Wahrheit zu sagen. Das Manuskript liegt heute im Museum in Villach.

Antonitsch berichtet, daß sein Nachhut-Baon am 8. Mai 1945 nur mehr aus 35 Mann bestand, alles andere war gefallen oder verwundet worden, was auch Tod durch Genickschuß bedeutete.

„Lt. Seel aus Hannover und ich", schreibt er, „waren die letzten Offiziere. Die 35 Überlebenden wurden im Hof einer Dorfschule südlich Agram nackt ausgezogen und dann vor unseren Augen erschossen. Wir zwei Offiziere wurden in den Sokolsaal geführt, zur Vernehmung. Dazu wurden wir an Händen und Füßen mit Draht gefesselt. Lt. Seel machte mit den Schultern eine Abwehrbewegung, als ihm ein Kommissar das EK 1 von der Brust reißen wollte. Da schoß ihm ein Unmensch eine ganze MP-Garbe in den Bauch."

Antonitsch überlebte dann den Todesmarsch zu den Lagern. „Wer gute Schuhe hatte, mußte sie ausziehen. Wer barfuß nicht weiter konnte wurde erschossen. Hunger und Durst marterten die Gefangenen. Mitleidige Dorfbewohner stellten Wassereimer auf die Straße. Wer versuchte, eine Handvoll Wasser aus den Eimern zu holen, wurde erschossen, wer nach einem Brot griff, das Menschen mit Herz an den Straßenrand legten, der wurde niedergeknallt wie ein toller Hund.

In einem Dorf bedauerte eine hochschwangere Frau unser Aussehen. Sie muß wohl ein kritisches Wort über unsere Behandlung gesagt haben. Ein Partisane schlug sie mit dem Gewehrkolben so lange, bis sie tot zusammenbrach."

„In einem volksdeutschen Dorf sah ich es mit eigenen Augen. Partisanen zwangen Männer, Frauen und Kinder sich gefesselt in zwei Reihen auf die Straße zu legen. Dann fuhr ein Panzer über die Unglücklichen hinweg."

„Wenn Rast oder Nächtigung befohlen wurde, warfen wir uns vor Hunger auf die Wiese und grasten wie das Vieh. Schlimmer als die körperliche Qual war die seelische. Die Sorge um die Lieben daheim. Neben mir wankte ein Dresdner, der seine Frau und vier kleine Kinder auf der Flucht wähnte, er war verzweifelt. Eines Tages wurde er mit andern aufgerufen und in einem nahen Wald erschossen. Es waren Angehörige einer Nachrichtenabteilung. Man hielt die Funker und Fernsprechleute für Spionspersonal."

Antonitsch erinnert sich an die heroische Hilfsbereitschaft deutscher und österreichischer Sanitäter. Sie leisteten Übermenschliches. Abwechselnd luden sie sich Hinfällige auf die Schultern und trugen sie mit, um sie vor dem Erschießen zu retten. „Dieser Opferbereitschaft", schreibt Antonitsch „verdanken viele ihr Leben."

Andere Jugoslawienheimkehrer erinnern sich daran, daß die Titopartisanen sich tödliche Späße leisteten. Da hieß es: „Sani und Fußmarode zur Rast austreten." Jene, die der Aufforderung folgten, wurden erschossen und die Sanitäter mit.

Die Gefangenen waren schutzlos der Mordlust der Bewacher ausgesetzt. Der Kaufmann Pluder aus Klagenfurt erinnert sich: „Wir sahen einmal wie ein Partisan einen Kameraden an einem Zaun festband. Wir hörten seinen Schrei ‚Grüßt die Mutti, grüßt die Kinder, die Kinder'. Da schoß der Partisan, und als das Opfer zusammensackte, schoß der Mörder noch einmal."

Die Foltermühle von Werschetz

Bis 1948 wurden laufend Gefangene aus den Lagern geholt und erhängt oder erschossen. Es waren Wehrmachtsangehörige, die erfolgreiche Unternehmen gegen Partisanen geführt oder an ihnen teilgenommen hatten. Bei solchen Unternehmen kamen ja Partisanen ums Leben. „Mitschuld" am Tod eines Partisanen war immer ein „Kriegsverbrechen".

Heute noch spukt solcher Irrsinn durch die Hirne österreichischer Medienleute. Sie rücken Waldheim in die Nähe von Kriegsverbrechen, weil er „an Aktionen gegen Partisanen" teilgenomen haben soll.

1948 wurden die Offiziere, denen man Verantwortung für angebliche Kriegsverbrechen nicht nachweisen konnte, aus den Gefängnissen in Lager entlassen, aber jetzt kam jemand in Belgrad auf einen teuflischen Plan.

Um die Wiedergutmachungsforderungen an die Deutschen ins Phantastische steigern zu können, sollten in einem Weißbuch ungeheuerliche Untaten verzeichnet werden. Da es solche bei der Wehrmacht nicht gab, sollten sie erfunden werden und die „Beweise" dazu.

Als Opfer ausersehen wurden 1200 reichsdeutsche und 120 österreichische Offiziere, die von Antifa-Spitzeln als Antikommunisten denunziert worden waren.

Von ihnen wurden nun in Werschetz die unglaublichsten Geständnisse erpreßt. Antonitsch überlebte in einem finsteren Verschlag, an Händen und Füßen mit dünnem Draht gefesselt, 21 Nächte und Foltertage. Er war stets so raffiniert gefesselt, daß er nachts auf keiner Seite ruhen konnte. Tagsüber machten sich dann die Folterknechte an die Arbeit.

Man hatte verschiedene Methoden. Die Unglücklichen wurden an Händen und Füßen gefesselt und dann krumm geschlossen. Das heißt, die Hände und die Füße wurden auf dem Rücken festgebunden. Im entstandenen Knoten wurde ein Strick befestigt, der an einem Deckenbalken festgebunden war. Das Opfer wurde dann mit dem Strick hochgezogen und schwebte frei in der Luft.

Das konnte man nur 10 Minuten aushalten, schrieb Antonitsch , dann schienen die Schulter und Hüftgelenke zu zerreißen, so furchtbar wirkte das Körpergewicht auf diese Stellen.

Dazu aber schlugen die Verbrecher noch mit Knüppeln auf den Körper ein bis der Gepeinigte ohnmächtig wurde. Dann wurde er zu einem Brunnen geschleift und dort mit eiskaltem Wasser wieder geweckt. Und die Tortur wurde fortgesetzt, denn man brauchte von jedem ein Bündel von Geständnissen, zur Auswahl offenbar.

Es gab deshalb Steigerungsstufen der Folter. Der Delinquent wurde an Händen und Füßen gefesselt an die Wand gestellt, die Hände waren auf den Rücken gebunden. Er mußte sich auf die Zehenspitzen stellen und wurde mit einem Strick an den Händen rückwärts hochgezogen und in dieser Stellung belassen. Ließ die Kraft der Zehen nach, wirkte sich die Schwere des Körpers in den Schultergelenken aus. Der Schmerz war furchtbar. Aber dann wurden dem nackten Opfer auch noch schwere Eimer an den Geschlechtsteil angebunden. Das hielt auch bei Brüllen und Toben niemand aus. Antonitsch schildert, wie Kameraden wahnsinnig wurden und Selbstmord begingen. Sie erhängten sich oder sprangen aus dem Fenster, um sich von Posten ,,auf der Flucht" erschießen zu lassen. Ein Kärntner, Hauptmann Puschhautz aus Feldkirchen, rannte gefesselt mit dem Kopf in die Fensterscheiben, um sich die Schlagadern durchzuschneiden.

Zur Folter kamen noch die Folgen der ununterbrochenen Mißhandlungen und der Fesseln, die die Glieder wie Krapfen anschwellen ließen. Das geschwollene Antlitz der Gefolterten hatte nichts Menschenähnliches mehr. Allein in der Zeit, in der Antonitsch in der Foltermühle war, starben im Revier 25 Kameraden an den Folgen der Folter. Stabsarzt Roth mühte sich vergebens. Er hatte zuviel gesehen. 1949 nach dem Abschluß der ,,Vernehmungen" wurde er durch Genickschuß umgebracht.

Die Phantasie der Gefolterten hatte abenteuerliche Geständnisse erdichtet. Antonitsch erfand 100 Partisanen, die er mit Genickschuß erschossen habe. Er hatte das Volksvermögen von halb Syrmien auf dem Gewissen. Auf solche Geständnisse war man besonders erpicht, denn Deutschland sollte ja dafür zahlen. Oberleutnant Küfig gab zu, er habe persönlich 2000 Partisanen erschossen. Leutnant Kropf gestand, daß er mit Vorliebe neugeborene Kinder ermordet, gebraten und verspeist habe.

Das erfuhr man meist nur über die Vernehmer. Untereinander sprachen die körperlichen und seelischen Wracks über ihre aus Qual geborenen Phantasien nicht. Sie ahnten ja, daß sie mit dem Protokoll ihr Todesurteil unterschrieben hatten.

Aber auf den Tod ließ man die Opfer noch ein Jahr warten. Wer die Foltermühle hinter sich hatte kam ins Arbeitslager. Dort lernte Antonitsch andere lebende Leichen kennen, die die Folterperiode überlebt hatten. Die meisten hatten blutende, eiternde Hand- und Fußgelenke, ,,Beulen und Flecken an allen Stellen des ausgemergelten Körpers schillerten in Regenbogenfarben. Wir sahen wie vorsintflutliche Salamander aus, blutunterlaufene Augen, geschwollene Lippen, alle Körperteile waren mit eitrigen Wunden bedeckt, wir sahen wie Aussätzige aus.“ Dem Major Steyrer aus Klagenfurt hatte man den Hüftknochen des rechten Beines bei der Folter kunstgerecht zerschlagen. Dem Oberleutnant Zmölnig aus Spittal/Drau hatte ein Unmensch in den Hodensack gebissen. Einem anderen hatte man den Hodensack zerquetscht. Der Rücken des Hptm. Lang aus Innsbruck war eine einzige offene eiternde Wunde, die vom Hals bis zum Hosenbund reichte, er litt furchtbar. Und diese hinfälligen Gestalten wurden bei der Zwangsarbeit neuen Torturen ausgesetzt.

Antonitsch schildert nur das, was er in seinem kleinen Gesichtsfeld erlebte.

,,Immer wieder wurden Gefangene nach Werschetz zurückgeholt, viele kamen nicht wieder. Von Oberst Perthold erfuhren wir später, daß er erschlagen wurde, als er keine weiteren Geständnisse mehr machen wollte. Oblt. Valentinitsch aus Graz, Träger der Goldenen Tapferkeitsmedaille der alten Armee, wurde beim Verhör durch Genickschuß umgebracht.

Im September 1949 wurden in Werschetz Todesurteile am Fließband verkündet und die Todeskandidaten grausam mißhandelt. Dann ließ man die meisten noch viele Monate lang auf die Vollstreckung warten. Überlebende, die begnadigt worden waren, wurden dann am 19. September 1950 entlassen. Unter ihnen, an Leib und Seele gebrochen, General Windisch, der Held von Narvik.

Überlebende Folteropfer waren bei diesem Transport. Der Leutnant Adolf Schneeberger zum Beispiel. Ihm hatte man die Hoden zerquetscht und dann weggeschnitten. Seine Frau wußte das noch nicht, als sie ihn am Bahnhof Rosenbach umarmte."

Der Heimkehrer Wolfgang Franke schrieb später in Kanada über die vier Jahre Jugoslawien, wo „Hunderttausende um ihn starben und Mais über riesigen Massengräbern gepflanzt wurde". Er denkt an seinen „Freund Mark, der gefesselt von der Decke hing, mit einem Eimer an den Hoden. Der Kerl mit dem roten Stern an der Uniform hatte einen Stein nach dem andern in den Kübel geworfen. Ich kann noch immer Marks Schreie hören. Sie wollten von ihm Geständnisse herauspressen. Sie haben ihn kastriert und dann zu Tode geprügelt. Als sie ihn auf einer Schubkarre fortschafften, habe ich zum letztenmal geweint. Seitdem habe ich vergessen wie man weint."

Der Münchner Historiker Karl Hlinicka schildert in seinen Erinnerungen das Schicksal der zahllosen deutschen Nachrichtenhelferinnen und Rotkreuzschwestern auf den Todesmärschen. „Die Frauen wurden bis auf das Hemd ausgezogen und während der Rastpausen von den Bewachungsmannschaften vergewaltigt." Er sah wie eine Nachrichtenhelferin in ihrem wahnwitzigen Durst zu einem Brunnen lief. Sie wurde mit andern in den Brunnen gestürzt. Über solche Untaten berichten auch andere Überlebende. Bei Belgrad wurden Mädchen und Soldaten aneinandergebunden und von einer Brücke in die Save gestoßen.

Heimkehrer berichteten 1950, daß sie sich von der Österreichischen Botschaft in Belgrad im Stich gelassen fühlten. Zu Weihnachten 1949, als von Wien ein Gnadengesuch für

Österreicher eintraf, sind noch rasch 50 Offiziere hingerichtet worden.

Die Österreicher, die heute Urlaub in Jugoslawien machen, wissen nicht, daß sie überall über Massengräber ermordeter Menschen fahren. Zu vielen Tausenden liegen die Gebeine ermordeter Kriegsgefangener und anderer Partisanenopfer in den Schächten zwischen Triest und Adelsberg. In der Gottschee ist heute der Hornwald noch immer Sperrgebiet. Dort knatterten viele Monate lang ununterbrochen, wie auf Schießständen, die kurzen Feuerstöße, mit denen die zusammengefesselten Gefangenen vom Rand der Schächte in die Tiefe geschossen wurden.

Erst 1985 verriet ein ehemaliger Partisan in Kanada, daß im Mai 1945 auf der Insel Rab Massen von deutschen Kriegsgefangenen mit auf den Rücken gefesselten Händen in einen Stollen geführt wurden. Das Stollensystem wurde dann zugemauert. Der Expartisan nannte sogar den Ort: Ein Hügel in der Nähe des Hotel Imperial. Die Meldung wurde von den meisten deutschen Medien ignoriert.

Die Letzten beißen die Hunde

Dramen ohne Zahl spielten sich beim Rückzug der Wehrmacht aus Rußland und Jugoslawien bei den verlorenen Haufen ab, die als Nachhut oft so lange halten mußten, bis es für ihr eigenes Zurückgehen zu spät war. Wieviele Offiziere griffen da zur Pistole! Der Weg in die Gefangenschaft war ein Weg in langsamen Tod.

Den Letzten, die am Feinde blieben, verdanken die andern, die Glücklicheren, den Weg zurück.

Stellvertretend für die verlorenen Bataillone dieser Zeit sei hier das Schicksal der Besatzung der Adria-Insel Brač erwähnt.

In Erwartung der von Churchill so nachdrücklich geforderten alliierten Invasion an der Adria, war auch diese Insel von Verbänden der 118. Jägerdivision besetzt worden, die zum größten Teil aus Österreichern bestand.

Churchill wollte nach einer Landung an der Adriaküste nach Ungarn und Prag vorstoßen. Mitteleuropa sollte nicht den Sowjets überlassen werden. Tito bot den Deutschen in Geheimverhandlungen indirekte Unterstützung an. Die Verteidigung an der Küste würde durch die Partisanenarmee nicht behindert werden, ließ er durchblicken.

Stalin bestand auf der Invasion an der Atlantik-Küste und Roosevelt fügte sich wie immer blindlings den Wünschen des Diktaktors, dessen Herrschaft einzig und allein von der amerikanischen Hilfe abhing.

Die Invasion an der Küste unterblieb. Aber britische Kommandoeinheiten versuchten dennoch im Juni 1944 im Handstreich die Insel Brač zu erobern. Die Unternehmung mißlang. Unter den Gefangenen befand sich auch der Führer des Angriffs, der britische Oberstleutnant John Torpe Churchill.

Diese Gefangennahme hatte ein bedeutsames Nachspiel. Der gefangene Befehlshaber, der das Unternehmen in vorderster Linie mitgemacht hatte, war ehrenvoll behandelt worden. Der Baonskommandant Mjr. Thörner dachte gar nicht daran nach dem Führerbefehl zu handeln, demzufolge Führer von Kommandounternehmen liquidiert werden sollten. Der Befehl war erlassen worden, nach dem Kanadier bei Dieppe gefangene Deutsche gefoltert und getötet hatten.

Der Gefangene Brite wußte welchem Schicksal er entgangen war und er bedankte sich bei Mjr. Thörner mit einem Brief, in dem er ihn für Friedenszeiten auf sein Gut in Schottland einlud.

Oberstlt. Churchill, den man für einen Neffen Churchills hielt, kam in ein Gefangenenlager, wo er nach einigen Monaten bereits ausbrach und über Frankreich nach England gelangte.

Sein Brief sollte dann nach dem Krieg Mjr. Thörner das Leben retten. Der Ritterkreuzträger schwebte viele Monate lang in britischer Gefangenschaft zwischen Leben und Tod. Jugoslawien verlangte seine Auslieferung als „Kriegsverbrecher". Als Oberstlt. Churchill davon erfuhr, tat er alles um Thörner zu retten.

Zwischen Churchill und der Kameradschaft der 118. Jägerdivision riß die Verbindung auch im Frieden nicht ab. Churchill nahm sogar an Kameradschaftstreffen in Österreich teil.

Das Schicksal der Besatzung der Insel Brač erfüllte sich bereits im September 1944. In einem Verzweiflungskampf wehrten sich die Stützpunkte auf der Insel gegen den Ansturm der bereits wohlorganisierten, reichlich mit Artillerie und schweren Waffen ausgerüsteten Truppen Titos. Die Besatzung eines Marinestützpunktes zeigte sich nervlich den Anforderungen nicht gewachsen; der Führer drehte durch. Ein Leutnant und 50 Jäger verstärkten den Stützpunkt, bis er vernichtet wurde.

Am 18. September 1944 sollten Boote der bewährten Division Brandenburg die Reste der Inselbesatzung retten. Aber als diese kämpfend den befohlenen Punkt erreicht hatten, waren die sonst so verläßlichen, todesmutigen Brandenburger nicht da.

Irgend etwas war in der Befehlsgebung schiefgelaufen.

Das Bataillon des Hptm. Raunjak wurde aufgerieben. Ein Leutnant namens Hecht entkam, indem er fast 6 Stunden zum Festland schwamm.

Sein Bericht blieb erhalten, obwohl er selbst den Krieg nicht überlebte. Er schildert die vier Tage des Ansturms und dann die Krise:

„Feindliche Batterien legen Trommelfeuer auf Marinestützpunkt. Stützpunkt ist in Rauch und Flammen gehüllt. Munition detoniert. Marinestützpunkt befindet sich in aussichtsloser Lage. Der Feuerwalze folgend stößt der Feind, sich wechselseitig vorarbeitend, nach. Stellungen werden genommen, Rest der Verteidiger auf Ostspitze Sumartin zusammengedrängt, vernichtet oder gefangen genommen. Sämtliche Geschütze und le. Flak-Geschütze wurden gesprengt.

Gegen 15.00 Uhr erscheint der in Gefangenschaft geratene Lt. Herrmann von der Marine-Küsten-Artillerie, um im Auftrag der Partisanen Übergabeverhandlungen einzuleiten. Die Antwort des Btls.-Führers lautet klar. ‚Es wird nicht verhandelt, das Btl. tut seine Pflicht.' Inzwischen ist Gegner rund um den Stützpunkt in Bereitstellung gegangen. Gegen 17.00 Uhr erscheint Oberarzt Anders vor Ostausgang als zweiter Unterhändler. Btl.-Führer Hauptmann Raunjak lehnt jede Unterhandlung ab und erteilt Befehl, auch auf Oberarzt Anders zu schießen und jede fdl. Bewegung unter Feuer zu nehmen. Der Feind setzt erneut Lautsprecherwagen an und fordert zur Übergabe auf. Mittlere Granatwerfer nehmen Feuer auf Lautsprecherwagen in Selca auf. Mit allen Mitteln versucht Gegner, sein Ziel zu erreichen, wenn keine Übergabe erfolgt, sollen in Gefangenschaft geratene Offiziere erschossen werden. Darauf kann der Btl.-Führer keine Rücksicht nehmen, ihm ist das Leben von 250 deutschen Soldaten anvertraut und wenn es sein muß, sagte Hptm. Raunjak, muß auch ein deutscher Offizier dafür sterben können. Alle Offiziere gehen wie bisher die Stellungen ab und sprechen ihren Männern Mut zu. Wir müssen aushalten, das Unternehmen zum Entsatz wird bestimmt eingeleitet. Es gibt in dieser Stunde einige Leute, deren Nerven schwach werden, aber durch die Mutigen werden sie wieder hochgerissen. Die Mun.-Lage ist bedenklich. Für den Abend wird der zusammengefaßte Einsatz aller eigenen Batter. festgelegt. Der eigene Mun.-Mangel muß durch das Art.-Feuer, das notfalls ganz an den Stützpunkt herangezogen wird, ausgeglichen werden. Alle Männer wissen: Es geht um das Letzte. Die Artilleristen setzten sich nach Sprengung ihrer

Geschütze im Erdkampf ein. Von allen Seiten versucht Gegner, in den Stützpunkt einzudringen. Einbrüche im Norden, Nordosten, im Westen und Osten. Jeder Mann wird im Erdkampf eingesetzt. Es gibt keinen Koch, keinen WuG-Uffz., der nicht als Schütze seine Pflicht erfüllt. Krisenlagen werden durch die Entschlossenheit des Btls.-Führers gemeistert, zu dem alle mit ruhigem Vertrauen aufsehen. Auch in schwierigsten Lagen verliert Hptm. Raunjak nie die Nerven. Klar und sicher kommen seine Befehle. Unser Hauptmann ist stolz auf den Ausbau der Stellungen. Immer wieder hat er in den letzten Wochen den Stellungsbau vorgetrieben. Nun erweist sich die Richtigkeit seiner Bemühungen. Die Verluste sind gering, wenn sie in Beziehung gebracht werden zum ungeheuerlichen fdl. Mun.-Aufwand. Von Pak und Flak wurden oft in einer Stunde 1000 Einschläge auf Stützpunkt 160 gezählt.

Am 18. 9. 1944 soll die Räumung des Stützpunktes 160 durchgeführt werden. Abmarsch 01.00 Uhr. Zum Durchstoß nach Lascatna. Bis 04.30 Uhr Übernahme durch eigene Boote.

Alle Vorbereitungen werden getroffen. Geheimsachen, geheime Kommandosachen, Funkschlüssel und Unterlagen werden verbrannt. Das wertvolle Nachrichtengerät wird zerstört. Was an Gerät zu transportieren ist, wird mitgenommen. Btl.-Führer bespricht eingehend mit Kp.-Führern die Absetzbewegungen.

Das Loslösen wird erst 500 m nach Verlassen des Stützpunktes bemerkt. Jetzt starkes M.G.-Feuer des Gegners aus vorgeschobenen Stellungen um Selca.

In der Mitte die Verwundeten, erfolgt Marsch durch das Gelände. Die Männer haben 4 Tage und Nächte fast ohne Schlaf hinter sich, sie sind erschöpft.

Es kommt zu Marschverzögerungen. Hptm. Raunjak erkennt die Gefahr. Mit Spitzengruppe wird rücksichtslos durchmarschiert, um rechtzeitig Verbindung zu eigenen Booten zu bekommen. Wege und Stege gibt es nicht, die Truppe kämpft sich durch steiniges von mannshohen Büschen bestandenes Gelände. Hier und dort bricht einer der Männer zusammen und reißt sich wieder hoch. Von Hängen südlich Marschweg und aus Raum Rasotica s. M.G.- u. Gew.-Feuer. Feind ist aufmerksam geworden und aus Zurufen ist zu erkennen, daß er folgt. Plötzliche Meldung: Verwundete und Nachzügler in Feindeshand gefallen. Jetzt schießt es auch vor uns. Jetzt gilt nur rücksichtsloses Durchschlagen. Im Gelände entwickeln sich überall Einzelkämpfe. Bei der Dunkelheit und Unübersichtlichkeit reißt Verbindung ab. Auflösung in einzelne Kampfgruppen. Plötzlich Anruf durch Kennwort „Horrido", unsere Antwort „Joho". Das müssen die Leipziger sein! Aber die Burschen schießen auf uns. Feind weiß unsere Parole. Wir finden dafür keine Erklärung. Unter Führung Hptm. Raunjak erreicht Spitzengruppe 05.15 Uhr den befohlenen Punkt. Etwa 60 Mann des Btls. haben bisher Ziel erreicht. Hinter uns stetiges Geschieße. Feind folgt rasch nach.

Von eigenen Booten nichts zu sehen.

Das ist für alle die schwerste Stunde. Hat man uns verlassen? Warum konnten die Boote nicht kommen? Die Männer, die bisher tapfer durchgehalten hatten, verlieren zum Teil die Nerven. Jeder weiß, jetzt geht es ums Leben. Viel Zeit zur Verteidigung läßt uns der Feind nicht mehr. Als deutsche Soldaten müssen wir unsere Pflicht erfüllen. Igelstellung wird bezogen. 10 Minuten später greift Feind an. Funk geht bis zum Schluß des nun beginnenden Gefechtes auf Verbindung. Gegenstelle antwortet nicht. Mit Restmunition wird der letzte Kampf durchgeführt. Beispielhaft ist jetzt die Haltung unserer Soldaten. Bereits von allen Seiten umschlossen, feuern unsere deutschen M.G., die Ma. Pi., und Gewehre, werden Handgranaten geworfen. Wir wollen noch einmal den Klang unserer guten deutschen Waffen hören, sagt Hptm. Raunjak. Von allen Seiten umschlossen, wird der aussichtslose Kampf zu Ende geführt. Ohne ausreichende Munition ist die Lage unhaltbar. Hptm. Raunjak läßt sich von Oblt. Mathis die Pistole geben. Er will nicht lebend in Gefangenschaft geraten. Mit gezogener Pistole sehe ich ihn zum letzten Mal. Ein aufrechter, zielbewußter Führer. Ich habe ihn nicht mehr wiedergesehen. Ein Offizier verliert die Nerven. Tapfer schlagen sich Lt. Schulte und Lt. Hüttl. Oberarzt Dr. Radecke ist gelassen und ruhig, auch unsere Männer selbst sind sehr still. Der Feind hat uns vollkommen eingeschlossen. Jeder Widerstand ist zwecklos geworden. Der Rest des II. Btls. hat seinen Kampf zu Ende geführt. Ich schlage mich im letzten Augenblick durch, verberge mich und werde nicht gefunden. Ich habe die feste Absicht, wenn vielleicht auch als einziger, dem Rgt. über den letzten Kampf des Btls. zu berichten. Am 19.9. 44 abends 19.30 Uhr bei sinkender Sonne schwimme ich ab. Am 20.9. 44 01.00 Uhr konnte ich mit letzter Kraft schwimmend das Festland erreichen."

Das war des tapferen jungen Leutnants letzte Meldung. Vier Wochen später starb er den Heldentod.

Die Überlebenden der Besatzung wurden zuerst zum Minenräumen eingesetzt, dann erschossen.

Der Todesschatten lag schon über der Heeresgruppe E.

Apokalypse

In der Endphase des Krieges brach die Apokalypse über die deutschen Frauen und Kinder herein. Sie verglühten im Feuersturm der alliierten Bomber, sie starben auf den Fluchtstraßen unter sowjetischen Panzerketten, sie wurden Opfer der größten Massenvergewaltigung aller Zeiten, sie wurden bei Schiffskatastrophen verschlungen, die alles in den Schatten stellen, was bisher auf den Meeren geschehen war. Aber man spricht nur von der „Titanic" und der „Lusitania", von der Tragödie in der Ostsee nicht. Am 31. Jänner 1945 sank die „Gustloff" in der Ostsee mit 5381 Flüchtlingen, meist Frauen und Kindern an Bord.

Ein Österreicher hat einen Schiffsuntergang in der Ostsee erlebt. Fahnenjunker Oberfeldwebel Anton Zankl, ein Prototyp des Ostfrontsoldaten, viermal verwundet, Silberne Nahkampfspange, Infanteriesturmabzeichen, Cholmschild und EK 1. Er lebt heute in Villach. Er hatte die Nerven, im Tod und Verderben des 2. Weltkrieges ein Tagebuch zu führen. Es beginnt im Cholm, im „Fegefeuer" des Jagdkommandos 8. Das war eine über 1000 Mann starke Sondereinheit, die fast durchwegs aus Österreichern bestand, meist Reserveoffiziersanwärter, die zur Frontbewährung bestimmt waren.

4200 Mann waren im Kessel, als er sich Mitte Jänner 1942 schloß. Rund 900 Mann wurden später mit Lastenseglern eingeflogen. Versprengte Gruppen von 60 verschiedenen Verbänden wurden in Cholm eingeschlossen. Kern der Kampfgruppe des General Scherer war das „Jagdkommando 8", das direkt dem OKW unterstellt war.

Zankl schildert die 105 Tage der Einschließung aus der Sicht seines Stützpunktes, in dem die Verteidiger bei −40 und −50 Grad in Schneelöcher dem 40 m entfernten Feind gegenüberlagen, für den es keine Gefangenen gab. Die meisten Männer hatten keine Winterbekleidung. Der Sumpfboden war 10 m tief gefroren. Die grauenhafte Kälte und das Feindfeuer dezimierten die Besatzung. Der mörderische Frost und die ständigen Angriffe der Russen zerrütteten die Nerven, selbst harte Männer drehten durch.

Zankl bekennt: „Wir wären trotz aller sagenhaften Tapferkeit ohne Stuka oft verloren gewesen.“ Ing. Josef Woschitz, ein Stukaflieger von damals, lebt heute in Villach: „Unsere Einsätze waren mörderisch, weil Freund und Feind im Kessel so ineinander verzahnt waren, daß wir die 500-Kilo-Bomben nie aus großer Höhe werfen konnten. Um die Kameraden am Boden nicht zu gefährden, mußten wir herunter ins Flakfeuer der Russen und die Bomben aus 50 m Höhe im Schrägflug ins Ziel setzen, wobei die Splitter uns selbst bedrohten. Kameraden mußten sterben, weil die Luftschrauben durch die große Kälte Haarrisse bekamen und abmontierten“.

Den furchtbaren Ernst im Kessel kennzeichnet der Befehl des Kampfgruppenkommandeurs: „Wer seine Stellung oder seinen Standort ohne Befehl verläßt, wird erschossen.“

Der Kessel schrumpfte dennoch auf einen Quadratkilometer zusammen, aber er hielt. „Als wir am 5. Mai 1942 die ersten deutschen Sturmgeschütze sahen, haben wir vor Freude geweint.“ 2150 Mann waren im Kessel gefallen, 2100 waren verwundet, kampffähig waren nur mehr 859 Mann. Heute leben noch 30 Cholmkämpfer in Österreich.

Der Fahnenjunker-Oberfeldwebel Anton Zankl, viermal verwundet, Silberne Nahkampfspange, Infanteriesturmabzeichen, Cholmschild und EK 1, der Prototyp des Ostfrontkämpfers, kam durch. Die vierte Verwundung rettete ihn vor dem Massensterben im Kurland. Er bekam einen Platz auf einem Rotkreuzschiff mit 1500 Verwundeten, Frauen und Kindern. Hunderte von Frauen und Kindern wateten im Hafen bis zu den Knien im Wasser auf das Schiff zu und baten verzweifelt mit erhobenen Händen, doch mitgenommen zu werden. Aber das Schiff war voll.

Zankl berichtet: „Trotz wehender Rotkreuzflaggen beschossen russische Jäger das Schiff und dann traf ein Torpedo das Heck. Eine furchtbare Explosion erschütterte das Schiff. Der Kapitän befahl ‚Alle Mann von Bord!‘ und schoß sich eine Kugel in den Kopf. Panik brach aus. Das Schiff sank schnell. Ich sprang 15 m in die Tiefe, das Wasser war eiskalt. An der Reeling hingen in Massen Frauen und Kinder und schrien grauenhaft. Wie sollten sich verzweifelte Mütter mit kleinen Kindern haushoch in die Tiefe stürzen? Sie schrien an der Reeling, bis sie die Flut verschlang.

Die „Moero“ schoß mit dem Bug kerzengerade in die Höhe und versank mit allen Verwundeten, die bewegungsunfähig waren. Autos und Lasten, die an Deck waren, stürzten ins Wasser und erschlugen Schiffbrüchige. Der Sog riß Rettungsboote in die Tiefe. Ich schwamm auf ein Metallfloß zu, auf dem zwei Frauen mit Kindern saßen. 2 und 3 m hohe Wellen schlugen über das Floß. Eine Mutter flehte mich an, ich sollte ihr bewußtloses Kind über die Wogen halten. Ein irrer Wunsch der Verzweiflung. Die Mutter weinte, ich konnte das nicht mitansehen und verzichtete auf den Halt am Floß.“

Zankl wurde halbtot an einem Balken hängend von deutschen Matrosen geborgen. Von den 1500 „Passagieren“ überlebten nur 70.

Das Bild mit den Müttern und Kindern an der Reeling und auf dem Floß ließ ihn nie mehr los.

Das Bild ist ein Blitzlicht aus der größten Katastrophe, die jemals über Millionen deutsche Frauen und Kinder kam.

Die Nachwelt aber spricht nur von den Vernichtungslagern. Die Millionen Deutschen, die in den Bombennächten, auf der Flucht und bei der Vertreibung ums Leben kamen, werden aus dem Bewußtsein der Zeit verbannt.

Das Gefecht nach dem Waffenstillstand

Die Schilderungen dieses Buches sind nur Tröpfchen aus einem Meer von Schicksalen. Stellvertretend für die Dramen der letzten Stunde sei hier die im April 1945 im Semmeringgebiet gebildete „9. Gebirgsdivision" erwähnt, deren Geschichte der Gendarmeriebeamte Friedrich Brettner geschrieben hat. Er war als Zehnjähriger Zeitzeuge. Sein Vater war 1945 in Ostpreußen gefallen. Das Zeichen Division war ein Pickel und ein Propeller, denn infantristisch eingesetzte Flieger und Bodenpersonal gaben neben Ersatzeinheiten der SS und der Gebirgsjäger dieser zusammengewürfelten Division das Gepräge, die im April 1945 am Semmering verblutete, während die Wehrmacht schon in Auflösung begriffen war. In dem Monat fielen 600 Mann. Das läßt sich an Gräbern ermitteln. Die Zahl der Verwundeten blieb unbekannt. Ein großer Teil der Mannschaften bestand aus 16 und 17jährigen, die reihenweise gefallen sind. Insgesamt liegen heute auf österreichischem Gebiet, die Gräber von 40000 deutschen Soldaten. Opfer der letzten Stunde.

Auch nach dem 8. Mai wurde auf österreichischem Boden noch gekämpft. Drei Tage nach dem 8. Mai, am 11. Mai 1945, eroberte eine starke Kampfgruppe der „Prinz Eugen" die Draubrücke bei Ferlach. 8,8 Geschütze schlugen die Partisanen in die Flucht, die 80 Tote zurückließen. Die Briten sahen von der Hollenburg aus untätig der Verletzung des Waffenstillstandes zu. Die SS kam durch.

Das war der letzte Angriff der Deutschen Wehrmacht. Die allerletzten Schüsse des Zweiten Weltkrieges in Europa fielen in Österreich.